Futh

Rationalisierung der Datenverarbeitung
Band VIII

Dipl.-Kfm. Horst Futh

Rationalisierung der Datenverarbeitung

Band VIII
Die EDV in den Griff bekommen

EDV für Führungskräfte

Mit 126 Abbildungen

CIP-Kurztitelaufnahme der Deutschen Bibliothek

Futh, Horst:
Rationalisierung der Datenverarbeitung / Horst Futh. – München, Wien : Oldenbourg.

Bd. 8. Die EDV in den Griff bekommen : EDV für Führungskräfte. – 1979.
ISBN 3-486-20791-1

Druck: Hofmann-Druck KG, Augsburg
Bindearbeiten: R. Oldenbourg Graphische Betriebe GmbH, München

ISBN 3-486-20791-1

Inhalt

Vorwort zur Gesamtausgabe

Alle mit der Datenverarbeitung zusammenhängenden Fragen sind heute aktueller denn je. Nicht nur, daß die Anzahl der installierten EDV-Anlagen von Jahr zu Jahr wächst und immer mehr Anwendungsgebiete auf die EDV umgestellt werden, auch die EDV-Probleme haben erheblich zugenommen. Während in den 60er Jahren die maschinelle Abwicklung von Massen- und Routinearbeiten im Vordergrund stand, werden heute Lösungen für Dispositions- und Informationssysteme, für den Einsatz von Dialoggeräten und für den Aufbau von Datenbanken gesucht. Diese Entwicklung stellt neue Fragen und verlangt ein Abweichen von eingefahrenen Wegen. Hinzu kommt, daß die Unternehmen heute aus wirtschaftlichen Gründen gezwungen sind, in der EDV rationellere Verfahren und Techniken einzusetzen: Mehr Planung und Überwachung, der Einsatz normierter Organisations- und Programmierungstechniken und die Einführung von Kostenbudgets und Wirtschaftlichkeitsrechnungen werden bald zum Maßnahmenkatalog jeder EDV-Abteilung gehören.

Dem Wandel in der EDV und den Anforderungen, die künftig an die EDV-Mitarbeiter, aber auch an die Geschäftsleitungen und Mitarbeiter in den Fachabteilungen gestellt werden, will diese Buchreihe Rechnung tragen. Sie erstreckt sich auf das Gesamtgebiet der EDV-Technik und wird nur dort eingeschränkt, wo sich die EDV-Aktivitäten auf herstellerbezogene Hardware- und Softwaretechniken beziehen.

Die neue Buchreihe umfaßt folgende Bände:

Band I	Grundlagen der EDV - Hardware, Software, Orgware -
Band II	Planung und Einrichtung von EDV-Abteilungen - Aufgaben- und Datenanalyse, Gesamtsystem, Hardware- und Softwareauswahl, Wirtschaftlichkeitsanalyse, Gesamtplanung, organisatorischer, personeller und räumlicher Aufbau der EDV-Abteilung -
Band III	Entwicklung und Einführung von EDV-Systemen - Voruntersuchung, Projektsteuerung, Projektrealisierung, Änderungsdienst -
Band IV	Rechenzentrumsorganisation - Arbeitsplanung und Ablaufvorbereitung, Datenerfassung und Datenverarbeitung, Kontrolle und Abstimmung -
Band V	EDV-Systemrevision - Revision der Projektumstellung, Revision der RZ-Abwicklung, Revision projektunabhängiger Bereiche -
Band VI	EDV-Personalführung - EDV-Personalorganisation, EDV-Personalplanung, EDV-Personalmanagement -
Band VII	Datenschutz und Datensicherung - Begriffe, Bundes-Datenschutzgesetz, Risiken, Maßnahmen, Kosten, Überwachung, Realisierung -
Band VIII	Die EDV in den Griff bekommen - EDV für Führungskräfte -

Januar 1979

Horst Futh

Vorwort zu Band VIII

Umfang, Kosten und Risiken der EDV haben heute in vielen Unternehmen eine beachtliche Größenordnung erreicht. Im Gegensatz zu früher, wo Computer nur zur Abwicklung von Routineaufgaben und einfachen Abrechnungsvorgängen eingesetzt wurden, verwendet man diese Maschinen heute auch für dispositive Aufgaben sowie für Planungs- und Informationsprozesse. Und mit dem Einsatz der Datenfernübertragung, der Datenbanktechnik und des Dialogverkehrs rücken die Computer der III. und IV. Generation eng an die Arbeitsplätze in den Fachabteilungen heran.

Die genannten Techniken bieten den Unternehmen nicht nur neue und interessante Anwendungsmöglichkeiten, sie bergen auch bisher nicht gekannte Investitions- und Organisationsrisiken, die es zu beherrschen und einzuschränken gilt. Deshalb kann man die EDV nicht allein den EDV-Spezialisten überlassen, sondern die Führungskräfte des Unternehmens selbst müssen die EDV in den Griff bekommen, weil EDV-Anwendungen und der Einsatz eines Computers große Vorleistungen verlangen und das Unternehmen langfristig binden. Während die EDV-Lösungen und -Techniken vorwiegend Sache des EDV-Personals sind, müssen die Formulierung einer langfristigen EDV-Zielsetzung, die EDV-Planung, die Kontrolle der EDV-Abteilung und wichtige EDV-Einzelentscheidungen unbedingt zu den Aufgaben der Geschäftsführung und des oberen Managements gehören. Es versteht sich von selbst, daß solche EDV-Aktivitäten nur erfolgreich durchgeführt werden können, wenn die Führungskräfte über das hierzu erforderliche EDV-Grundwissen verfügen und mit den Steuerungs- und Kontrolltechniken umgehen können.

Dieses Wissen und diese Methoden zur Steuerung und Kontrolle zu vermitteln hat sich das Buch zum Ziel gesetzt. Hierbei wollen wir möglichst alle technischen Details vermeiden, die nicht unbedingt zum Rüstzeug der Führungskräfte gehören. Sofern der Leser da und dort eine Vertiefung des Stoffes wünscht, sei auf die anderen Bände dieser Buchreihe des Verfassers verwiesen. Zum besseren und einfacheren Verständnis haben wir alle Abschnitte des Buches durch Fotos, Bilder oder Formulare ergänzt.

Januar 1979 Horst Futh

1. Einführung

Das Buch umfaßt drei voneinander unabhängige Teilgebiete, im einzelnen

- Hardware und Software - die Grundlagen der EDV

- Steuerung und Kontrolle der EDV-Aktivitäten und

- EDV-Anwendungen und Management-Informationssysteme.

Der erste Teil über die Hardware und Software als die Grundlagen der EDV soll den Leser mit dem notwendigen EDV-Grundwissen vertraut machen, ohne ihn technisch zu überfordern. Denn immer wieder stellt sich heraus (als Leiter einer EDV-Seminarreihe für Führungskräfte hat der Verfasser einschlägige Erfahrungen), daß es nicht möglich ist, EDV-Steuerungs- und -Kontrolltechniken zu begreifen und mit EDV-Anwendungen und Management-Informationssystemen umzugehen, wenn man nicht wenigstens ein Minimum an EDV-Grundwissen besitzt und die Begriffswelt des EDV-Personals kennt.

Den Hauptteil des Buches bilden die Techniken zur Steuerung und Kontrolle der EDV-Aktivitäten. Mitglieder der Geschäftsführung und Führungskräfte, die die Verantwortung oder Mitverantwortung für das EDV-Geschehen im Unternehmen tragen, können heute nicht mehr auf die Kenntnis und Beherrschung solcher Techniken verzichten. Neben den EDV-Aktivitäten außerhalb der EDV-Abteilung (EDV-Aufgaben der Geschäftsführung selbst, der Betriebsorganisation und der Fachabteilungen, EDV-Überprüfung durch die Revisionsabteilung, Stellung und Aufgaben des Datenschutzbeauftragten) erstrecken sich die Steuerungs- und Kontrollmaßnahmen naturgemäß auf die EDV-Abteilung selbst, im einzelnen auf die Fragen der EDV-Strukturorganisation, des EDV-Personalwesens, der Hardware- und

Softwareausstattung, der EDV-Arbeitsabläufe, der EDV-Kosten und der Maßnahmen des Datenschutzes und der Datensicherung.

Der Schlußteil des Buches befaßt sich mit den EDV-Anwendungen und Management-Informationssystemen. Denn neben der Verantwortung, die Geschäftsführung und Führungskräfte für die EDV-Abteilung und EDV-Prozesse im Unternehmen haben, sind sie selbst, beispielsweise als Leiter eines Fachbereichs, EDV-Anwender und Empfänger von Computer-Informationen. Deshalb müssen sie wissen, wo die Möglichkeiten und Grenzen wirtschaftlicher EDV-Anwendungen liegen und worauf es bei der Einrichtung von Management-Informationssystemen ankommt.

Jedes Kapitel schließt mit einer Zusammenfassung, in der wir jeweils noch einmal die wichtigsten Punkte des Abschnittes zusammengefaßt und diejenigen Merkmale hervorgehoben haben, die es besonders zu beachten gilt. Hiermit wollen wir den Leser, in der Form eines Nachschlagewerkes, nicht nur schnell und zusammenfassend informieren, sondern ihm zugleich Entscheidungshilfen für besondere Anlässe in die Hand geben. Solche Anlässe können z.B. die Erweiterung eines vorhandenen oder die Anschaffung eines neuen Computers, überhöhte Gehaltsforderungen des EDV-Personals oder die Überprüfung der EDV-Kosten mit Hilfe von Kennziffern sein. Zur besseren Kommunikation mit dem EDV-Personal verwenden wir die gebräuchlichen englischen Fachausdrücke, die wir aber sowohl an Ort und Stelle als auch in den anhängenden Begriffserklärungen ausführlich erläutern.

2. Hardware und Software – die technischen Grundlagen der EDV

2.1 Begriffe und Übersicht

Jede Büro- und Verwaltungstätigkeit besteht darin, Daten aufzunehmen (Datenerfassung), sie an andere Stellen weiterzuleiten (Datenübertragung) und sie anschließend zu verarbeiten und auszuwerten (Datenverarbeitung) - ganz gleich, ob der Datenverarbeitungsprozeß nun manuell, maschinell oder automatisch mit Hilfe einer EDV-Anlage abläuft.

Bei der elektronischen oder automatischen Datenverarbeitung (EDV oder ADV) werden die Daten auf Datenerfassungsbelegen und Datenträgern erfaßt, per Boten oder Post an das Rechenzentrum gesandt und dort mit Hilfe einer EDV-Anlage verarbeitet (herkömmlicher EDV-Prozeß). Erfolgt die Datenerfassung mit Hilfe der Direkteingabe, so werden die Daten direkt in den Fachabteilungen erfaßt, per Leitung in die EDV-Anlage übertragen und dort verarbeitet (EDV-Prozeß mit Direkteingabe). Folgt der Datenverarbeitung auch noch die sofortige Rückgabe der Verarbeitungsergebnisse an den Absender der Direkteingabe oder einen Dritten, so sprechen wir vom EDV-Prozeß mit Dialogverkehr.

Die Bilder 1 bis 3 zeigen einen herkömmlichen EDV-Prozeß, einen EDV-Ablauf mit Direkteingabe und das Beispiel eines Computer-Dialogs.

Während man unter dem englischen Begriff "Hardware" alles versteht, was der EDV-Anwender an maschinellen Einrichtungen und Geräten für die EDV benötigt, bezeichnet die "Software" die Gesamtheit aller Programme, die zum Betrieb einer EDV-Anlage erforderlich sind oder verwendet werden.

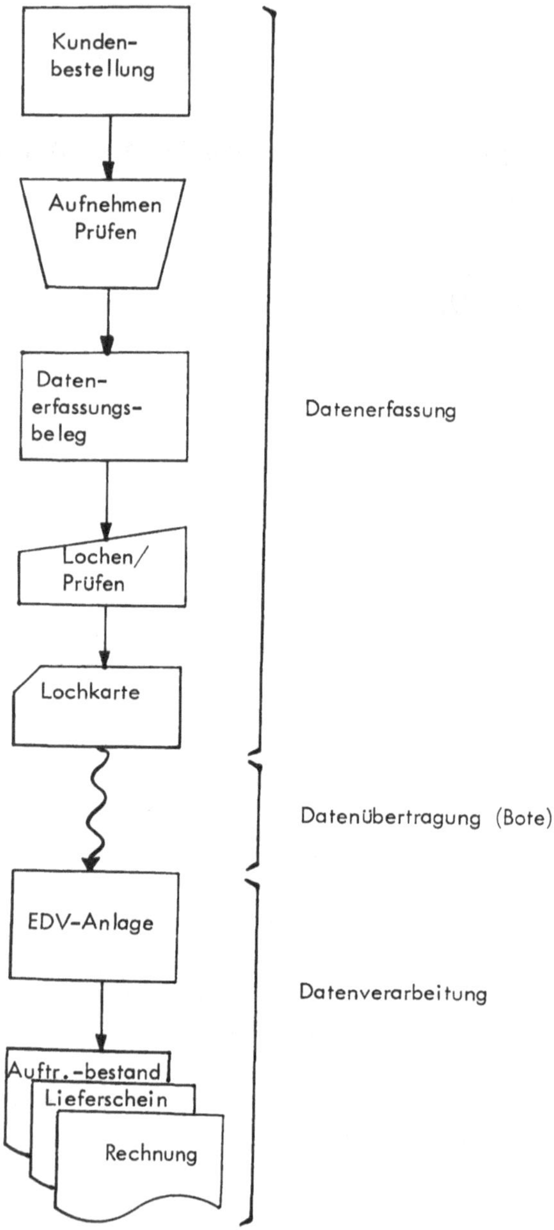

Bild 1: Herkömmlicher EDV-Prozeß

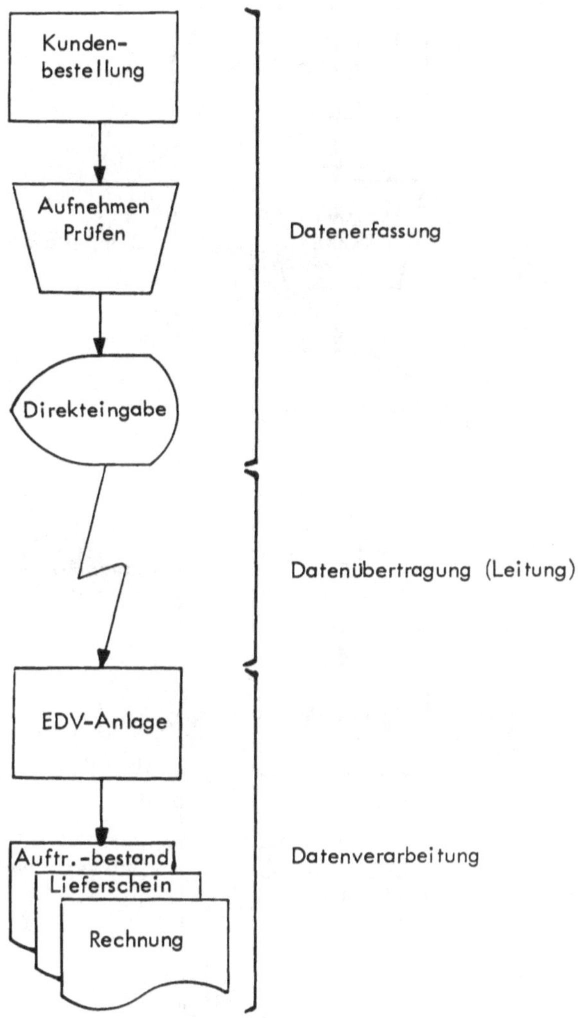

Bild 2: EDV - Prozeß mit Direkteingabe

Entsprechend dem Ablauf eines maschinellen und automatischen Datenverarbeitungsprozesses gliedern wir die Hardware in die Geräte, Einrichtungen und Anlagen der

- Datenerfassung (Datenerfassungsgeräte)

- Datenübertragung (Datenübertragungs- und Datenfernübertragungseinrichtungen) und

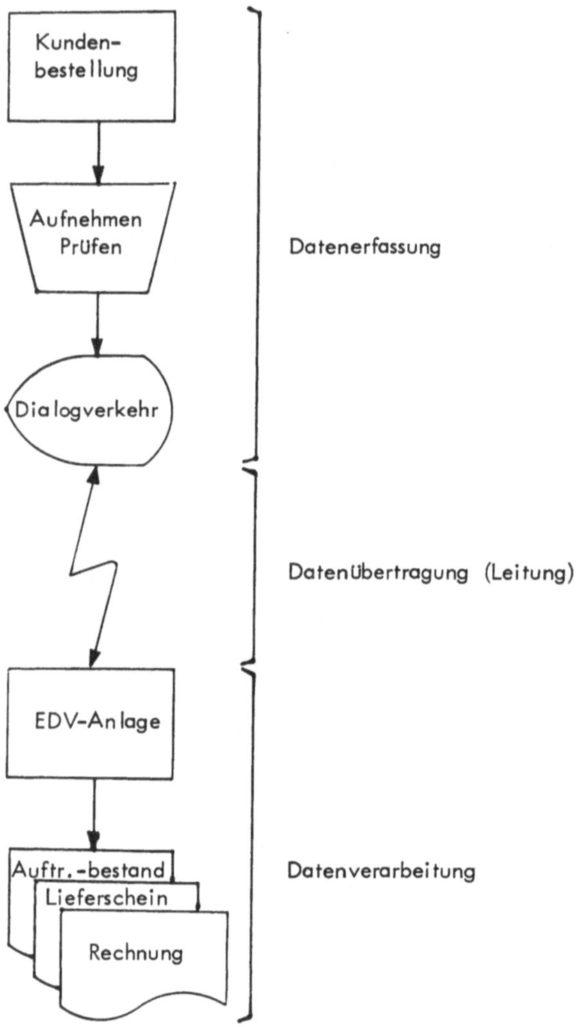

Bild 3: EDV - Prozeß mit Dialogverkehr

- Datenverarbeitung (EDV-Anlagen, MDT-Systeme, Mini- und Mikrocomputer).

Denn, wie schon dargestellt, müssen die Daten auf Datenträgern erfaßt und in die EDV-Anlage übertragen und eingegeben werden, bevor sie von der Anlage verarbeitet und ausgewertet werden können.

Bei der Software unterscheiden wir die System- von der Anwendungssoftware. Während die Systemsoftware diejenigen Programme umfaßt, die ganz allgemein den Betrieb einer EDV-Anlage sicherstellen und anwendungsunabhängige Arbeiten ermöglichen, wie z.B. das Duplizieren von Daten auf Magnetband, versteht man unter der Anwendungssoftware die Programme zur Abwicklung der EDV-Arbeiten eines Unternehmens. Beispiele für Anwendungssoftware sind Programme für die Auftragsbearbeitung, die Fakturierung, die Buchhaltung und die Materialbestandsfortschreibung.

Hardware und Software (dies gilt vornehmlich für die Systemsoftware) bilden eine funktionale Einheit, von deren günstigem Zusammenwirken die Leistungsfähigkeit einer EDV-Anlage entscheidend abhängt. Wenn beispielsweise das sogenannte Betriebssystem (Steuerprogramm, als Hauptbestandteil der Systemsoftware) zu aufwendig oder schlecht gelöst ist, nützt die noch so große Hardware-Leistung verhältnismäßig wenig, weil der Gesamtprozeß in der EDV-Anlage durch das Betriebssystem behindert wird.

Bild 4 zeigt noch einmal eine Übersicht über die Einrichtungen der Hardware und Software.

Zusammenfassung

- Hardware: Die maschinellen und automatischen Einrichtungen für die Datenerfassung, Datenübertragung und Datenverarbeitung.

- Software: Die Gesamtheit aller Programme, unterteilt in System- und Anwendungssoftware.

Hardware = maschinelle Einrichtungen für die		
Daten- erfassung	Daten- übertragung	Daten- verarbeitung

Software = Programme, unterteilt in	
System- software	Anwendungs- software

Bild 4: Übersicht über Hardware und Software

2.2 Hardware

2.21 Daten, Dateien und Datenbanken

Daten sind ganz allgemein verschlüsselte Nachrichten, die verarbeitet und ausgewertet werden sollen, ganz gleich, ob die Verarbeitung manuell, maschinell oder automatisch mit Hilfe eines Computers erfolgt.

Nach ihrer Art unterscheiden wir

- numerische Daten
  (= Ziffern von 0 bis 9)
- alphabetische Daten
  (= Buchstaben von A bis Z) und
- sonstige Daten
  (= Sonderzeichen wie z.B. Punkt, Strich, Prozentzeichen usw.).

Eine andere Unterteilung ist die nach ihrem Verwendungszweck, im einzelnen

- Bewegungsdaten
  (neue Geschäftsvorfälle wie Kundenbestellungen, Zahlungseingänge, Materialbewegungen usw., die nur vorübergehend, sozusagen als durchlaufende Posten, in der EDV-Anlage zwischengespeichert werden)
- Stamm- oder Bestandsdaten
  (Daten, die dauernd auf Magnetband oder Magnetplatte gespeichert sind und die entweder bei Anfall oder periodisch verändert werden; Beispiele sind Personalstammdaten, Materialbestandsdaten, Buchhaltungskonten u.a.).

Damit die Daten richtig und in richtiger Reihenfolge verarbeitet werden können, müssen sie in einer hierarchischen Datenstruktur angeordnet und nach bestimmten Methoden organisiert und gespeichert werden. Bei der Organisation der Daten unterscheiden wir ganz allgemein die herkömmliche Dateiorganisation von der Datenbanktechnik.

Die herkömmliche Dateiorganisation der Speicherung und Wiedergewinnung von Daten hat folgende Nachteile:

- Es ist eine Vielzahl voneinander unabhängiger Dateien vorhanden.

- Die große Anzahl von Dateien führt zur Datenredundanz, d.h. gleiche Daten sind in verschiedenen Dateien gespeichert, die bei der Änderung eines Datensatzes alle geändert werden müssen.

- Es besteht eine enge Kopplung zwischen Dateien und Programmen, was dazu führt, daß bei einer Dateiänderung nicht nur sämtliche redundante Dateien, sondern auch alle auf die betreffenden Dateien zugreifenden Programme geändert werden müssen.

- Bei jeder Auswertung, die nicht in der Folge des Ordnungsbegriffes (Schlüssel) vorgenommen werden soll, muß die Datei zunächst umsortiert werden.

- Sollen mehrere Dateien, die nach verschiedenen Ordnungsbegriffen gespeichert sind, gemeinsam verarbeitet werden, so ist in der Regel zunächst ein Umsortieren und Zusammenmischen nach einem gemeinsamen Ordnungsbegriff erforderlich.

Datenbanken, als ein neues Organisationsprinzip der Speicherung und Wiedergewinnung von Daten, vermeiden die genannten Nachteile der herkömmlichen Dateiorganisation. Ihre Vorteile bestehen darin, daß

- Programme und Dateien nicht mehr miteinander gekoppelt sind, die benötigten Daten also unabhängig von ihren Programmen aufgebaut und in einer Datenbank gespeichert werden

- gleiche Daten nicht mehr in getrennten Dateien gespeichert sind, wodurch sowohl die Redundanz von Daten als auch die Notwendigkeit zur Kettung von Dateien entfällt

- der Zugriff zu den Daten in der Datenbank nicht mehr durch die Verarbeitungsprogramme selbst, sondern über ein besonderes Datenzugriffssystem erfolgt, was zur Vereinfachung der Programmierung und zur Reduzierung des Änderungsdienstes beiträgt

- mehrere Benutzer gleichzeitig die in der Datenbank gespeicherten Daten ansprechen können, ein Vorteil, der sich vor allem beim Dialogverkehr auswirkt, und

- beliebige Auswertungen aus den in der Datenbank gespeicherten Daten gewonnen werden können, ohne daß es hierzu umfangreicher Sortier- und Mischarbeiten bedarf.

Während eine Datenbank die Sammlung von Daten in externen Speichern ist, wird unter dem Begriff Datenbanksystem die Einheit von Datenbank, Datenzugriffssystem und Datenverwaltungssystem, d.h. das gesamte System zur Speicherung, Wiedergewinnung und Sicherung von Daten in Datenbanken, verstanden.

Die Bilder 5 bis 7 zeigen die Darstellung der Datenstruktur, der herkömmlichen Dateiorganisation und der Datenbanktechnik.

Zusammenfassung

- Die Daten (ihre Erfassung, Speicherung und Auswertung) haben heute eine größere Bedeutung als die Programme selbst.

- Es muß unbedingt sichergestellt sein, daß die Daten des Unternehmens organisatorisch sinnvoll, sicher und wirtschaftlich erfaßt, eingegeben, gespeichert und verwaltet werden.

technische Bezeichnung	organisatorische Bezeichnung	Beispiele
Datum	Zeichen, numerisch oder alphabetisch	1, A, %
Datenfeld	Begriff, meist aus mehreren Zeichen bestehend	Name, Menge, Betrag
Datengruppe	mehrere zusammengefaßte Begriffe	Adresse
Datensatz	alle Begriffe einer Einheit (mit Inhalt einer Karteikarte vergleichbar)	Kundenstammsatz, Personalstammsatz, Debitorenkonto
Datei	Summe gleicher Dateieinheiten oder Datensätze (mit dem Inhalt einer ganzen Kartei vergleichbar)	Kundenstammdatei, Personalstammdatei, Debitorendatei
Datenbank	alle Daten eines Unternehmensbereiches mit neuartigen Strukturen und gegenseitigen Verknüpfungen	Vertriebsdatenbank, Personaldatenbank, Datenbank Finanzbuchhaltung

Bild 5: Datenstruktur

- Sofern, vor allem bei kleinen und mittleren EDV-Anlagen und MDT-Systemen, mit herkömmlichen Dateien gearbeitet wird, sollte gewährleistet sein, daß diese Dateien zweckmäßig aufgebaut sind und zumindest teilweise miteinander verknüpft werden können.

- Beim Einsatz von größeren EDV-Anlagen, insbesondere aber beim Dialogverkehr, bei dem mehrere Benutzer gleichzeitig auf die gleichen Datenbestände zugreifen, sollte die Einführung eines Datenbanksystems geprüft werden; Umfang und Schwierigkeitsgrad von Datenbanktechniken erfordern, daß bei der Installation eines Datenbanksystems mit größter Sorgfalt und

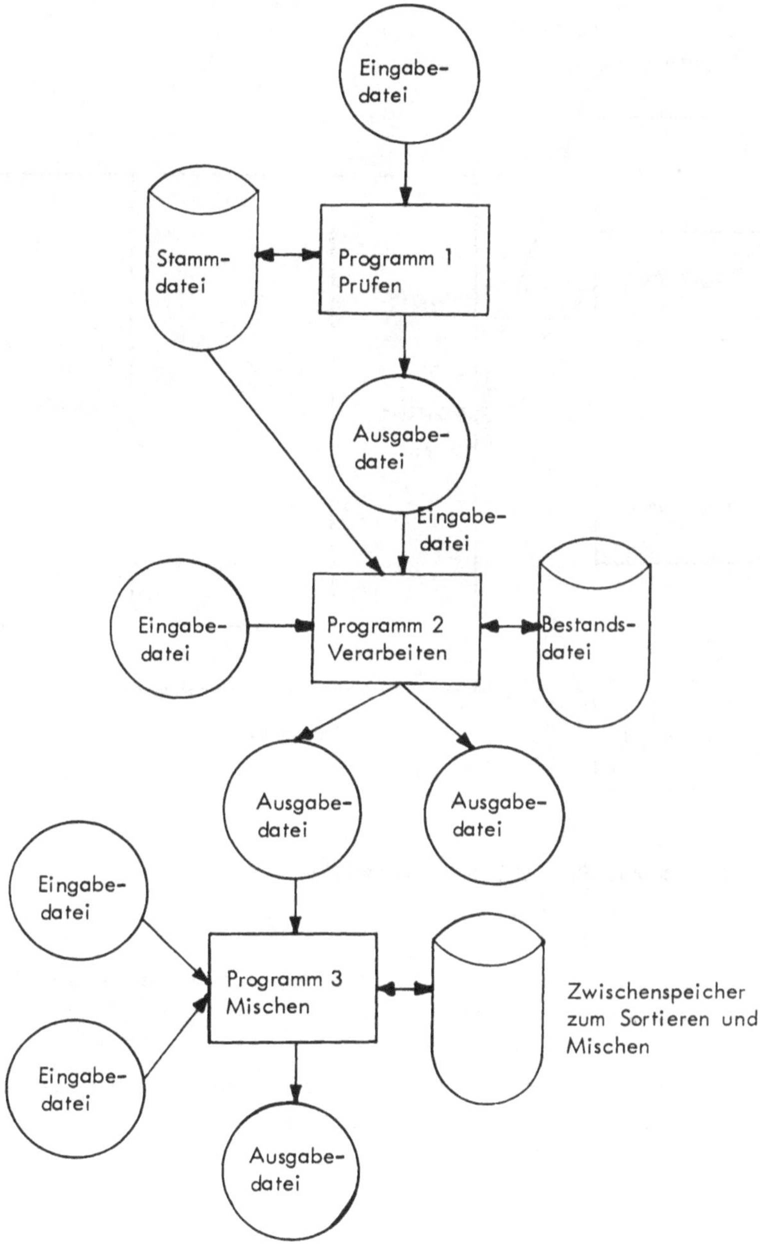

Bild 6: Herkömmliche Dateiorganisation

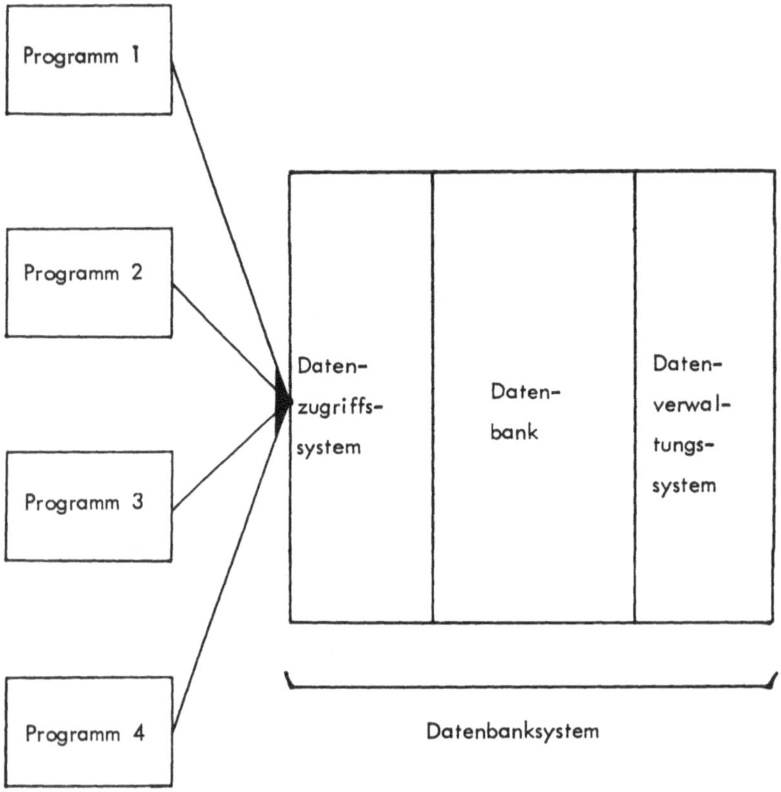

Bild 7: Datenbank und Datenbanksystem

ausreichender Vorbereitungszeit (in der Regel 2 bis 3 Jahre) vorgegangen wird.

- Sowohl bei herkömmlicher Dateiorganisation als auch beim Einsatz von Datenbanksystemen ist vor allem auf ausreichende Datenschutz- und Datensicherungsmaßnahmen zu achten.

2.22 Verfahren und Geräte der Datenerfassung

2.221 Einleitung und Übersicht

Daten, die in eine EDV-Anlage eingegeben und dort verarbeitet werden sollen, müssen zunächst in eine Form gebracht werden, in der sie von der Anlage gelesen oder aufgenommen werden können.

Abhängig vom eingesetzten Verfahren umfaßt die Datenerfassung die folgenden Schritte oder einen Teil davon:

- Das gezielte Zusammentragen der Daten, die verarbeitet werden sollen.

- Die Prüfung auf Richtigkeit der Datenaufnahme und die Ergänzung der Daten.

- Die Übertragung der Daten in einen besonderen Datenerfassungsbeleg.

- Die Erfassung der Daten vom Datenerfassungsbeleg auf einen Datenträger (Lochkarte, Lochstreifen oder magnetischer Datenträger).

- Die Prüfung auf richtige Datenerfassung.

- Die Weiterleitung der erfaßten und geprüften Daten an das Rechenzentrum.

- Die alternative Verwendung der Urbelege selbst als Datenträger (lesbarer Beleg).

- Die alternative Direkteingabe der Daten mit Hilfe von Datenstationen.

Wir unterscheiden drei Grundformen der Datenerfassung:

- Die Übertragung der gesammelten Daten vom Urbeleg in einen Datenerfassungsbeleg und von dort auf einen Datenträger (Datenträgerverfahren).

- Die Verwendung des Urbeleges selbst als Datenträger (Beleglesung).

- Die Direkteingabe der Daten ohne Verwendung eines Datenerfassungsbeleges und Datenträgers (Direkteingabe); sofern die direkt eingegebenen Daten von der EDV-Anlage sofort verarbeitet und die Verarbeitungsergebnisse an den Absender oder einen Dritten zurückgegeben werden, erweitert sich die Direkteingabe zum Dialogverkehr.

Die Bilder 8 und 9 zeigen noch einmal eine Übersicht über die Grundformen sowie Verfahren und Geräte der Datenerfassung.

Zusammenfassung

- Datenträgerverfahren: Übertragung der Daten vom Urbeleg in einen speziellen Datenerfassungsbeleg(bei betriebsinternen Daten sollten Urbeleg und Datenerfassungsbeleg identisch sein!) und von dort auf Datenträger (Lochkarte, Lochstreifen oder magnetischer Datenträger).

- Beleglesung: der Urbeleg selbst wird als Datenträger verwendet (magnetische oder optische Beleglesung, Markierungsverfahren).

- Direkteingabe und Dialogverkehr: Eingabe über dezentral aufgestellte Datenstationen (engl. Terminals) ohne Verwendung von Datenerfassungsbeleg und Datenträger, beim Dialogverkehr mit Abruf und Rückantwort.

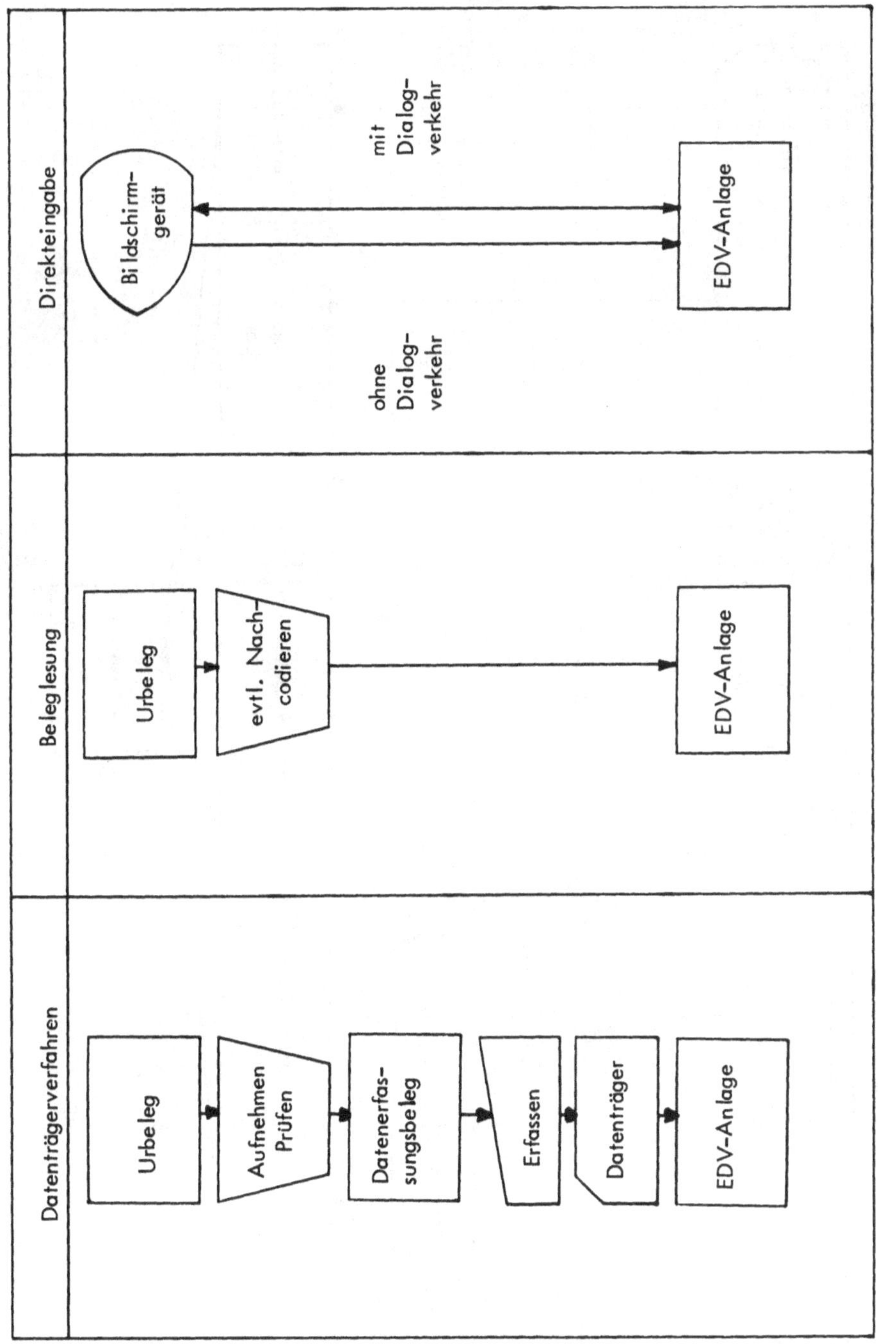

Bild 8: Grundformen der Datenerfassung

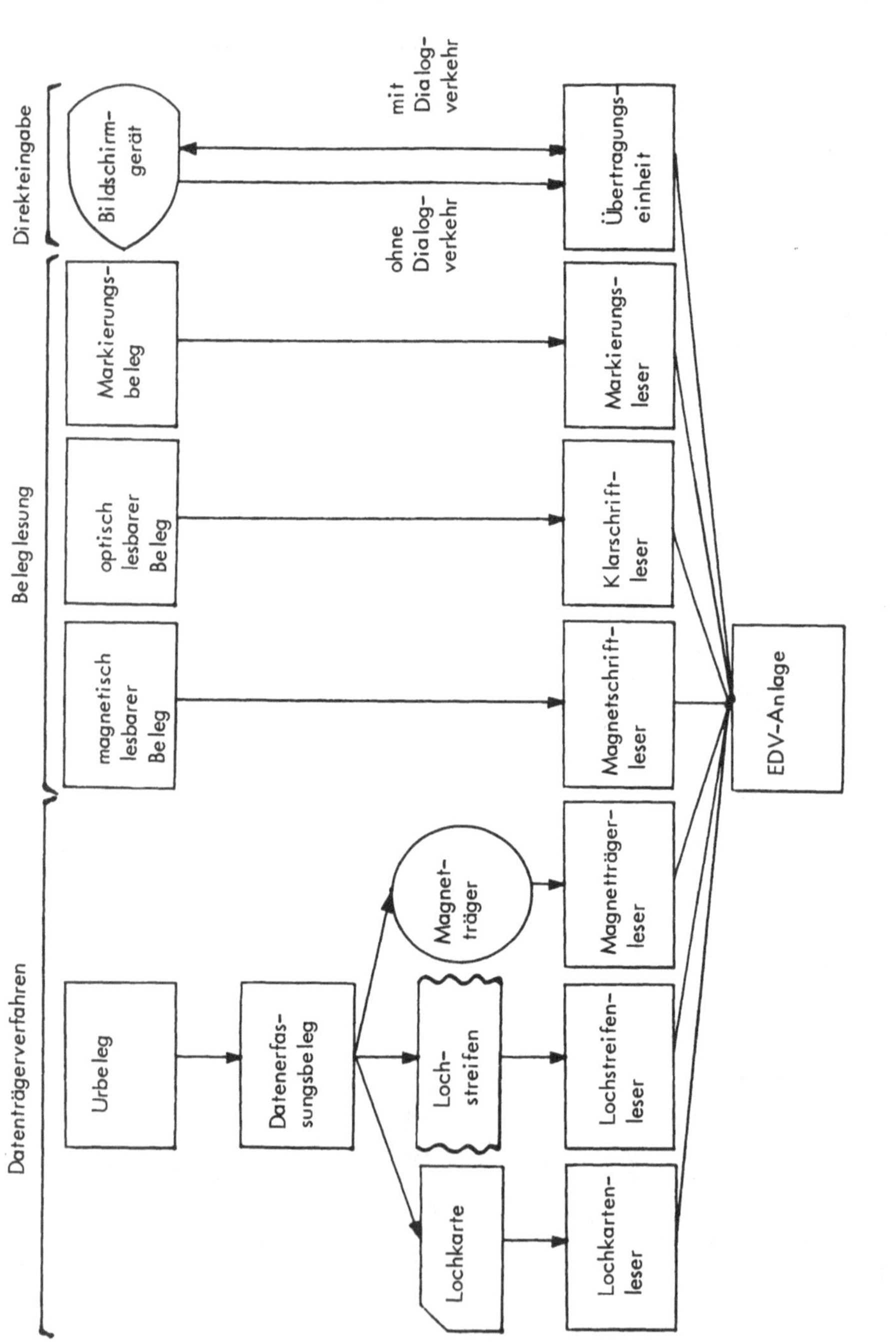

Bild 9: Verfahren und Geräte der Datenerfassung

2.222 Datenträgerverfahren

Das Hauptmerkmal dieser Verfahren ist die Trennung von Datenerfassungsbeleg und Datenträger. Sofern die Daten von außerhalb des Unternehmens kommen, müssen sie in der Regel noch zusätzlich vom eingehenden Urbeleg (Kundenauftrag, Zahlungseingang, Lieferantenrechnung usw.) in einen gesonderten Datenerfassungsbeleg übertragen werden, weil der Urbeleg sich selten für eine wirtschaftliche und sichere Datenerfassung eignet. Beim Datenträgerverfahren werden die Daten überwiegend dezentral in Datenerfassungsbelege erfaßt und zentral durch Datatypistinnen auf Datenträger übertragen.

Wie in Bild 9 dargestellt, sind die verwendeten Datenträger

- die Lochkarte
- der Lochstreifen oder
- ein Magnetträger
  (Magnetband, Magnetbandkassette oder Diskette).

Im folgenden seien die drei Datenträgerverfahren mit ihren wichtigsten Einzelheiten dargestellt:

Lochkartenverfahren

1. Datenerfassung

   a) Normalverfahren: Urbeleg - Ergänzen / Übertragen - Datenerfassungsbeleg - Lochen - Prüfen.

   b) Verbundverfahren: Vorgestanzte Normal- oder Zeichenlochkarte - manuelle Ergänzungen - Nachlochen oder Zeichenlochen.

c) Synchronverfahren: Schreiben, Buchen oder Fakturieren mit Lochkarten-Synchrongewinnung.

2. Datenträger Lochkarte

Vorteile: Preisgünstige Datenerfassung,
Daten durch Lochschriftübersetzung lesbar,
als manuelle Kartei verwendbar,
bei Verbundkarten kein weiterer Beleg erforderlich,
sortierfähig,
sichere Datenerfassung durch Lochen und Prüfen.

Nachteile: Nicht wiederverwendungsfähig,
relativ hoher Platzbedarf,
feste, begrenzte Satzlänge (80 Spalten),
niedrige Ein- und Ausgabegeschwindigkeit.

3. Eingabe

Über Lochkartenlesegerät (Ø 24.000 bis 60.000 Karten/Std.), mit oder ohne externe Gruppierung (Sortieren, Mischen).

Lochstreifenverfahren

1. Datenerfassung

Synchrone Gewinnung durch Kopplung eines Lochstreifenlochers mit einer Rechen-, Schreib-, Buchungs- oder Fakturiermaschine.

2. Datenträger Lochstreifen

Vorteile: Preisgünstige Datenerfassung,
variable Feld- und Satzlänge,
leichte Transportierbarkeit,

geringer Platzbedarf,
Übermittlungsmöglichkeit über Fernschreiber
(5-Kanal-Streifen).

Nachteile: Nicht wieder wiederverwendungsfähig
nicht sortierfähig,
keine lesbare Darstellung möglich.

3. Eingabe

Über Lochstreifenlesegerät (Ø 250 bis 1.000 Zeichen/Sekunde) oder nach Umwandlung Lochstreifen in Lochkarten über Lochkartenlesegerät.

Datenerfassung auf Magnetband, Magnetbandkassette oder Diskette

1. Datenerfassung

Vergleichbar mit dem normalen Lochkartenverfahren: Übertragen vom Urbeleg bzw. Erfassungsbeleg direkt auf Magnetband; Prüfen wie beim Lochkartenverfahren möglich.

2. Datenträger Magnetband, Magnetbandkassette, Diskette

Vorteile: Schnellere Datenerfassung (30-40% höher als bei Lochkarten),
wiederverwendungsfähig,
Korrekturmöglichkeit,
sichere, geräuschlose Erfassung,
variable Feld- und Satzlänge,
hohe Eingabegeschwindigkeit.

Nachteile: Keine lesbare Darstellung.

3. Eingabe

Über normale Bandeinheit (Ø 30.000 bis 100.000 Zeichen/Sek.) oder über zusätzliches Magnetbandkassetten- oder Disketteneingabegerät.

Die Bilder 10 bis 15 zeigen verschiedene Datenträger und Geräte der Datenerfassung nach dem Datenträgerverfahren.

Zusammenfassung

- Die Datenträgerverfahren machen heute noch über 50% der gesamten Datenerfassung aus, obwohl ihr Umfang und ihre Bedeutung vor allem gegenüber der Direkteingabe schwinden.

- Datenträgerverfahren setzt man vor allem dort sinnvoll und wirtschaftlich ein, wo keine Beleglesung möglich ist und es sich um einen Massendatenanfall handelt, der zweckmäßigerweise zentral durch Datatypistinnen erfaßt wird.

- Gegenüber der Erfassung auf Magnetträger haben das Lochkarten- und Lochstreifen-Verfahren stark an Boden verloren.

- Welchem Magnetträger (Magnetband, Magnetbandkassette oder Diskette) man den Vorzug gibt, hängt von firmenindividuellen Gegebenheiten ab; von einem bestimmten Umfang der Datenerfassung an ist Sammelsystemen gegenüber Einzelerfassungsplätzen der Vorzug zu geben.

- Da das Gebiet der Datenerfassung häufigen technischen Änderungen unterliegt, sollte alle 2 bis 3 Jahre eine Untersuchung über die günstigsten Datenerfassungsverfahren stattfinden.

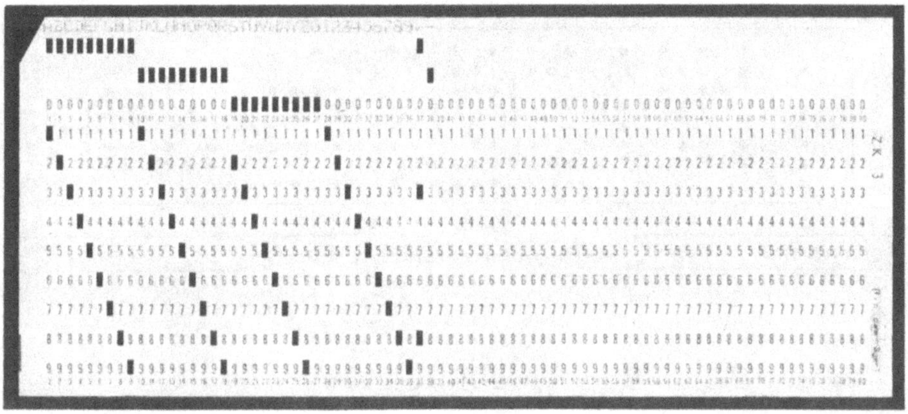

Bild 10: Lochkarte mit Code

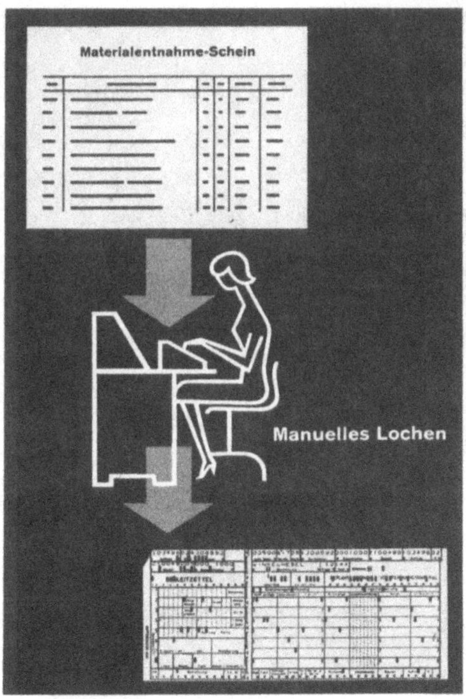

Bild 11: Manuelles Lochen (Werkbild IBM)

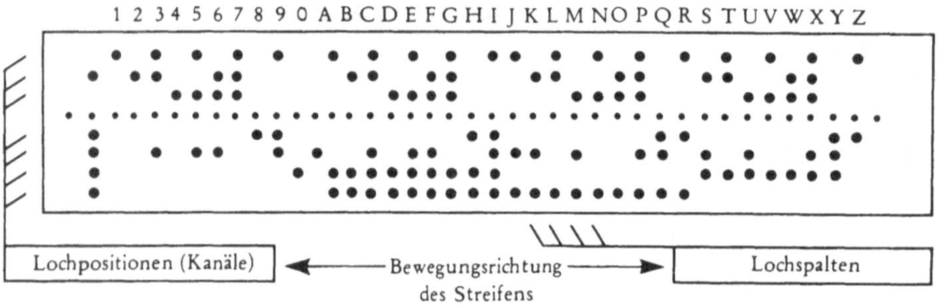

Bild 12: 7-Kanal-Lochstreifen mit Code-Übersetzung

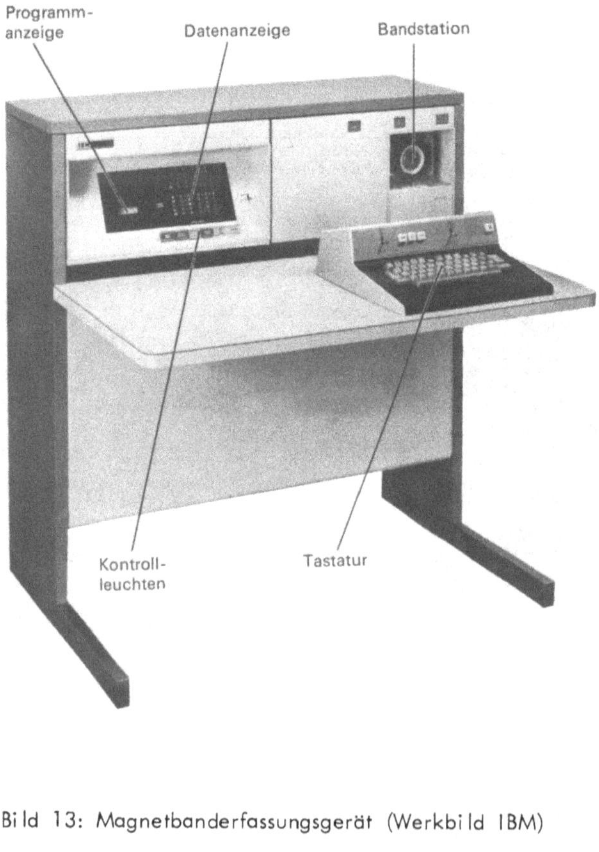

Bild 13: Magnetbanderfassungsgerät (Werkbild IBM)

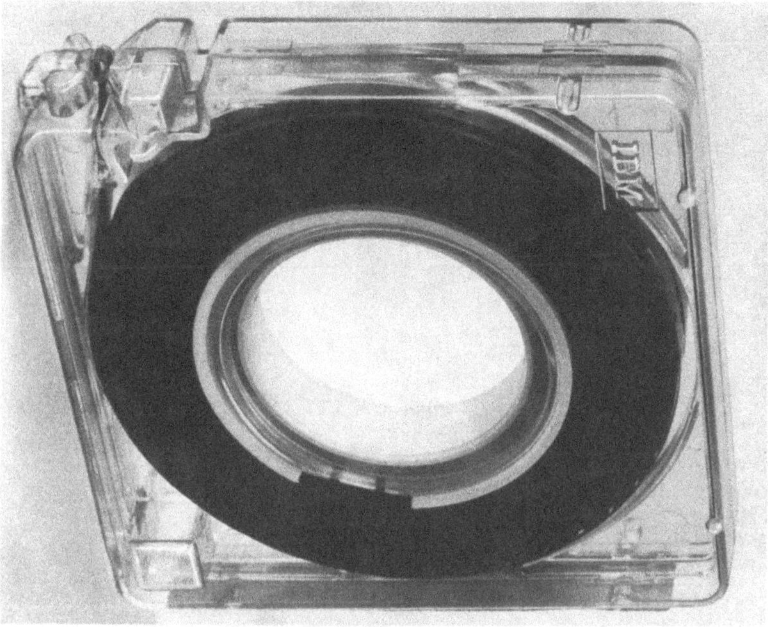

Bild 14: Magnetbandkassette (Werkbild IBM)

Bild 15: Disketten-Erfassungssystem (Werkbild Siemens)

2.223 Beleglesung

Der immer größer werdende Unterschied zwischen dem vorwiegend manuellen Vorgang der Datenerfassung einerseits und der elektronischen Verarbeitung der Daten andererseits hat zu der Forderung geführt, den Weg der Daten von ihrer Entstehung bis zur maschinellen Verarbeitung zu verkürzen. Dies kann entweder durch eine beleglose Erfassung und Eingabe (Direkteingabe) oder aber, wenn das Ausschreiben und Benutzen eines Beleges vorgeschrieben, unumgänglich oder vorteilhaft ist, durch die Möglichkeit der direkten Beleglesung erfolgen. Bei diesem Verfahren werden die Originalbelege selbst, also ohne Übertragung auf einen besonderen Datenträger, als Eingabemittel verwendet. Da die Verfahren der indirekten Datenerfassung, also die herkömmliche Umsetzung der Daten vom Datenerfassungsbeleg auf Datenträger nach dem Datenträgerverfahren, besonders zeit-, kosten- und personalaufwendig sind, kommt dem Verfahren der direkten Beleglesung eine zunehmende Bedeutung zu.

Unter der direkten Beleglesung werden sämtliche Verfahren und Techniken verstanden, die geeignet sind, visuell lesbare Daten vom Urbeleg ohne zusätzliche menschliche Aktivität und mit Hilfe eines Beleglesers sofort in eine EDV-Anlage zu übertragen. Belegleser bieten den Vorteil der schriftlichen Kommunikation zwischen Mensch und Maschine. Die Beleglesung setzt jedoch voraus, daß eine Schrift vorliegt, die gleichermaßen gut von Mensch und Maschine gelesen werden kann und daß Maschinen in der Lage sind, verschiedene Papierstärken und Papiergrößen zu verarbeiten.

Drei unterschiedliche Verfahren und Gerätetypen haben eine, wenn auch bislang noch eingeschränkte technische, organisatorische und wirtschaftliche Lösung des Problems gebracht: das Magnetschriftverfahren, das Klarschriftverfahren (die optische Beleglesung) und das Markierungsverfahren. Magnetschrift-, Klarschrift- und Markierungslesegeräte dienen dann als Eingabegeräte zum Lesen der Belege in die EDV-Anlage.

Magnetschriftverfahren

1. Datenerfassung

In der Regel werden die festen Angaben (z.B. beim Scheck die Bankleitzahl und die Konto-Nummer) vorgedruckt und die variablen Daten (z.B. beim Scheck der Betrag und das Datum) mit Hilfe einer Spezialschreibmaschine nachcodiert. Von diesem Zeitpunkt an sind die Daten auf dem Beleg lesbar und können automatisch ausgewertet werden.

2. Datenträger Magnetschriftbeleg

Vorteile: Urbeleg-Direktlesung, hohe Sicherheit, keine Falschlesung durch Verschmutzung.

Nachteile: Geringe Zeichendichte je Beleg, feste Lesezeile, hohe Anforderung an die Druckqualität, zusätzliche Aufmagnetisierung erforderlich.

Verfahren: Magnetschriften CMC-7 und E 13-B.

3. Eingabe

Über Magnetschriftlesegerät (Ø 60.000 bis 90.000 Belege je Stunde).

Klarschriftverfahren

1. Datenerfassung

In der Regel werden hier die festen Angaben vom Computer-Schnelldrucker vorgedruckt und die variablen Daten (sofern überhaupt variable Daten anfallen) meist von Hand auf den Beleg geschrieben. Von diesem Zeitpunkt an sind die Daten auf dem Beleg maschinell lesbar und können automatisch verarbeitet werden.

2. Datenträger Klarschriftbeleg

Vorteile: Urbeleg-Direkteingabe, gebräuchliche Zeichen von Schnelldrucker oder Schreibmaschine, handschriftliche Zeichenlesung möglich.

Nachteile: Verschmutzungsgefahr der Belege, hohe Anforderungen an Belege und Erfassung, teures Verfahren.

Verfahren: Schriften OCR-A, OCR-B, CZ-13, Handschriftenlesung.

3. Eingabe

Über Klarschriftlesegerät (Ø 60.000 bis 100.000 Belege je Stunde).

Markierungsverfahren

1. Datenerfassung

Handschriftliche Markierung der variablen Daten auf Markierungsbelegen. Von diesem Zeitpunkt an sind die Daten maschinell lesbar und können automatisch verarbeitet werden.

2. Datenträger Markierungsbeleg

Vorteile: Urbeleg-Direkteingabe, einfache Handhabung, billiges Verfahren.

Nachteile: Begrenzte Anwendungsfähigkeit, aufwendige manuelle Erfassung (Strichmarkierung).

Verfahren: Keine Normung.

3. Eingabe

Über Markierungslesegerät On-Line (direkt an die EDV-Anlage angeschlossen) oder Off-Line (getrenntes Markierungslesegerät mit Zwischenspeicherung in Lochkarten oder auf Magnetband).

Die Bilder 16 bis 20 zeigen Beispiele und Einrichtungen der Beleglesung.

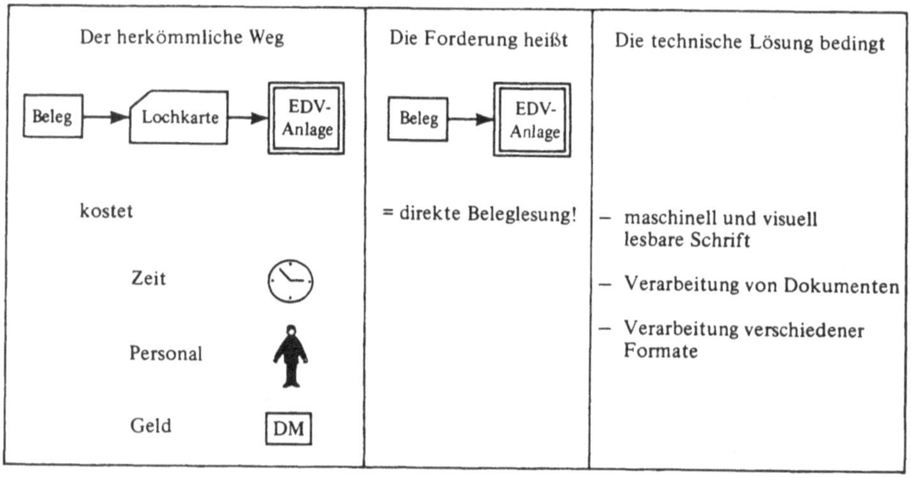

Bild 16: Herkömmliche Datenerfassung und direkte Beleglesung

Ziffern

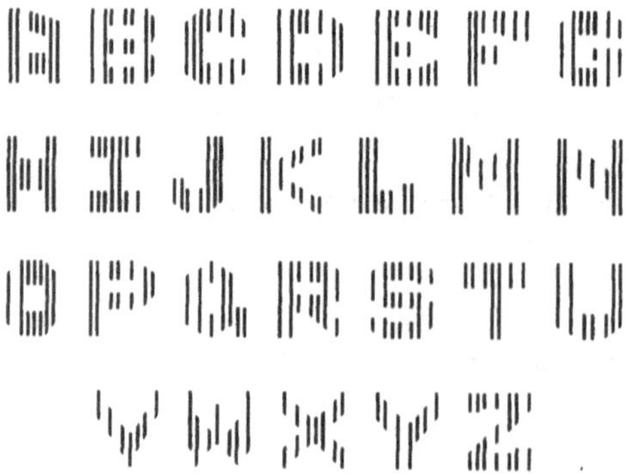

Alphabet

Bild 17: Magnetschrift CMC - 7

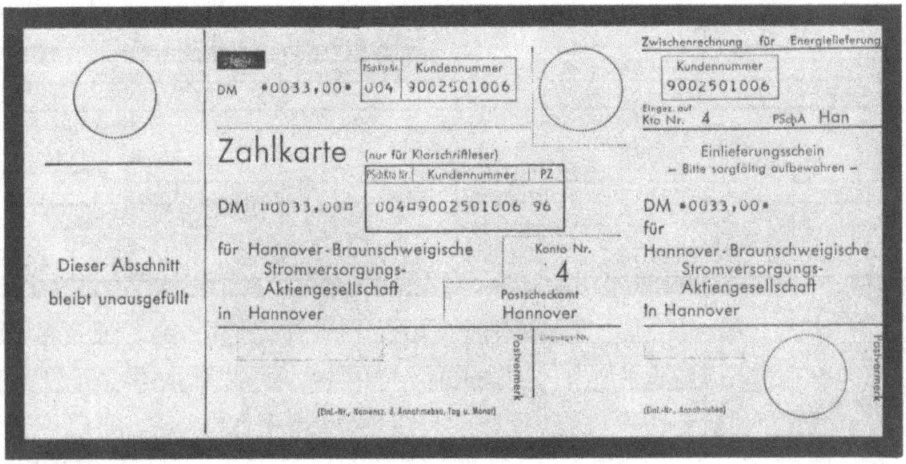

Dieser Abschnitt bleibt unausgefüllt

DM *0033,00* | PSchKto Nr. 004 | Kundennummer 9002501006

Zahlkarte (nur für Klarschriftleser)

DM ⑈0033,00⑈ | PSchKto Nr. / Kundennummer / PZ: 004⑈9002501006 96

für Hannover-Braunschweigische Stromversorgungs-Aktiengesellschaft in Hannover

Konto Nr. 4 | Postscheckamt Hannover

Postvermerk

Zwischenrechnung für Energielieferung

Kundennummer 9002501006

Eingez. auf Kto Nr. 4 PSchA Han

Einlieferungsschein – Bitte sorgfältig aufbewahren –

DM *0033,00* für Hannover-Braunschweigische Stromversorgungs-Aktiengesellschaft in Hannover

Postvermerk

Bild 18: Beispiel eines Klarschriftbeleges

Die handschriftlichen Ziffern sind durch entsprechenden Formularentwurf voneinander getrennt

Klarschrift wird durch Strichanalyse, Handschrift durch Konturenverfolgungstechnik erkannt

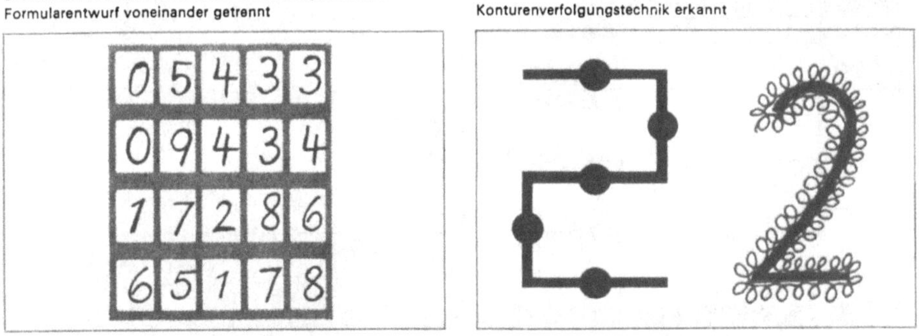

Bild 19: Handschriftliche Ziffern (links) und Abtastsystem (rechts) beim Belegleser IBM 1287 (Werkbild IBM)

Zusammenfassung

- Magnetschriftverfahren wurden für den Einsatz in Banken und Kreditinstituten entwickelt und werden fast nur in diesen Unternehmen verwendet.

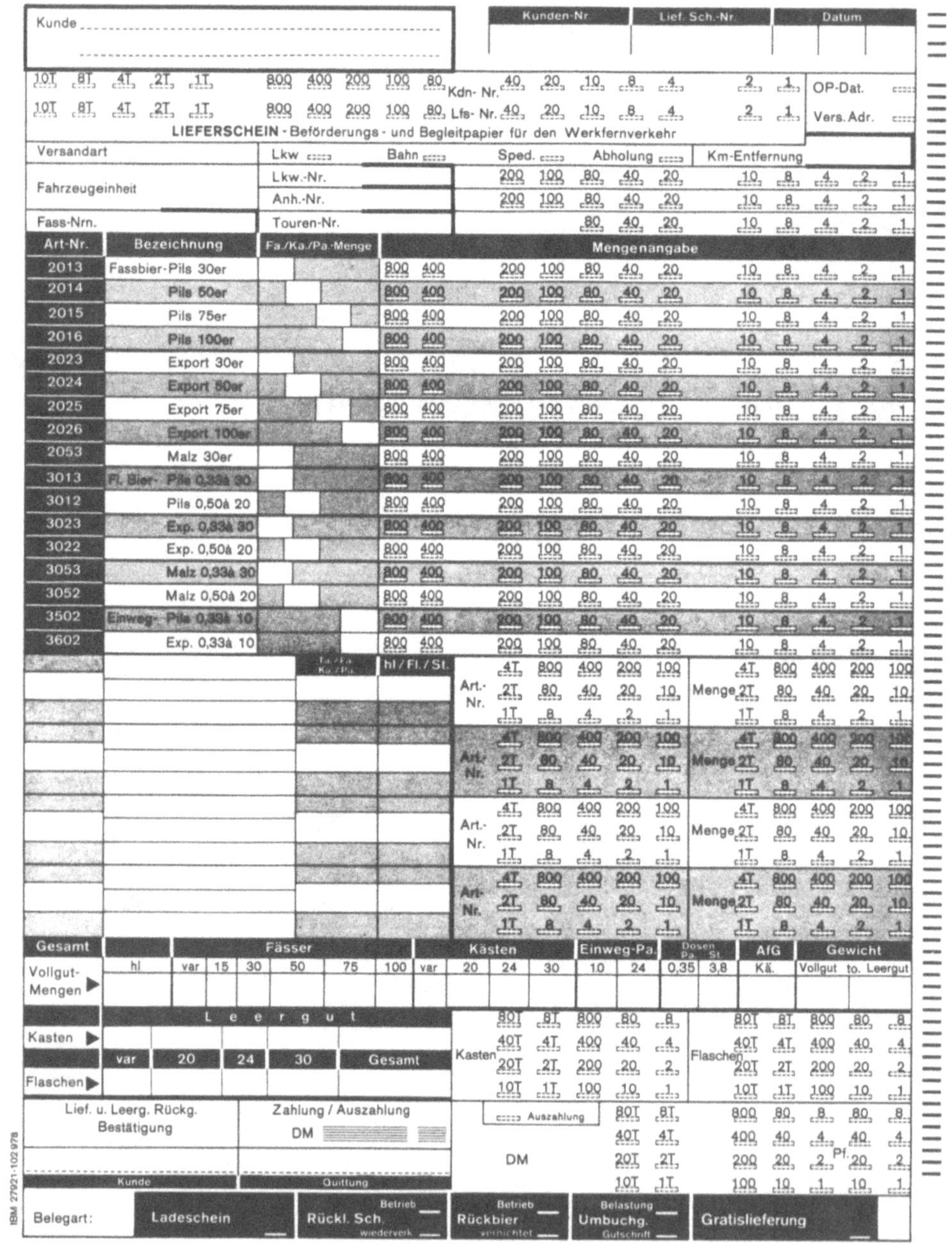

Bild 20: Beispiel eines Markierungsbeleges

- Klarschriftverfahren lassen sich wegen der verhältnismäßig hohen Kosten für Belege und Klarschriftlesegeräte im allgemeinen nur dort wirtschaftlich einsetzen, wo ein permanent hoher Beleganfall vorhanden ist (Banken, Versicherungen, Dienstleistungsunternehmen) und die Daten über Schnelldrucker in die Klarschriftbelege gedruckt werden können (z.B. Zahlkarten mit festen Beträgen).

- Markierungsverfahren können dort sinnvoll und wirtschaftlich eingesetzt werden, wo verhältnismäßig wenige Daten je Geschäftsvorfall von Hand am Ort des Datenanfalls zu erfassen sind (z.B. bei Brauereien, Filialunternehmen mit geringem Artikelsortiment, Inventurdatenerfassung).

2.224 Direkteingabe und Dialogverkehr

Während beim Datenträgerverfahren Urbelege, Datenerfassungsbelege und Datenträger vorhanden sind und bei der Beleglesung ein maschinell lesbarer Beleg für die Erfassung und Eingabe verwendet wird, verzichtet die Direkteingabe auf Datenerfassungsbeleg und Datenträger. Statt dessen werden die Daten in der Regel sofort bei Anfall und am Ort ihrer Entstehung oder ihres Eintreffens mit Hilfe einer Datenstation (engl. Terminal) in die EDV-Anlage eingegeben.

Hierbei ist es im Prinzip gleich, ob die Daten mit Hilfe einer lokalen Übertragungsleitung innerhalb des Unternehmens oder aber mit Hilfe einer DFÜ-Leitung (DFÜ=Datenfernübertragung) von außerhalb des Unternehmens in die EDV-Anlage übertragen werden. Die in der Praxis am meisten verwendete Art einer Datenstation ist das Bildschirmgerät (Bildschirmarbeitsplatz).

Werden die Daten, wie schon an anderer Stelle beschrieben, nicht nur über Bildschirmgerät eingegeben und in die EDV-

Anlage übertragen, sondern dort auch sofort verarbeitet und als Ergebnis zu einer Datenstation zurückgesandt, so spricht man von Dialogverkehr, On-Line-Datenverarbeitung oder Auskunftssystemen.

Verfahren der Direkteingabe und des Dialogverkehrs

1. Direkteingabe ohne sofortige Prüfung

   Vorteile: Sehr schnelle Eingabe, kein Stop bei Eingabefehlern.

   Nachteile: Eingabefehler werden erst später geprüft, ausgedruckt und korrigiert.

2. Direkteingabe mit sofortiger Prüfung

   Vorteile: Daten werden sofort per Prüfprogramm geprüft und am Bildschirm korrigiert; Eingabe durch fachkundigen Sachbearbeiter.

   Nachteile: Eingabe wird durch Prüfung und Korrektur erheblich langsamer.

3. Begrenzter Dialogverkehr

   Vorteile: Sachbearbeiter gibt nicht nur Daten ein, sondern kann zusätzlich im begrenzten Umfang Daten abrufen und Auskunft vom System einholen.

   Nachteile: Aufwand bei Hardware und Software erheblich größer, da während des Dialogs die entsprechenden Programme und Dateien im Einsatz sein müssen.

4. Voller Dialogverkehr

   Vorteile: Komplette Kommunikation zwischen Mensch und Maschine ohne Einschränkungen.

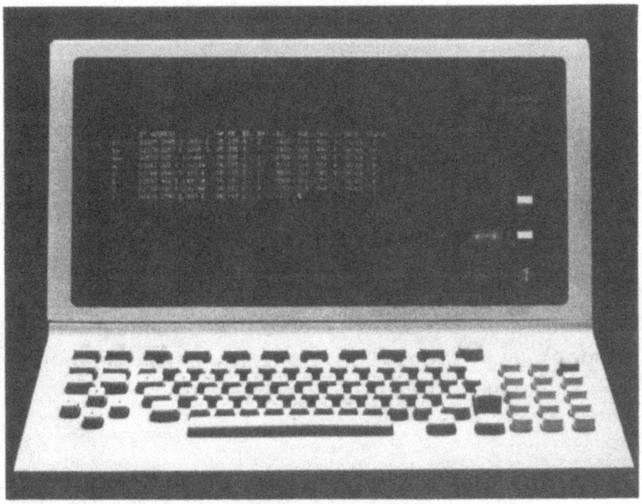

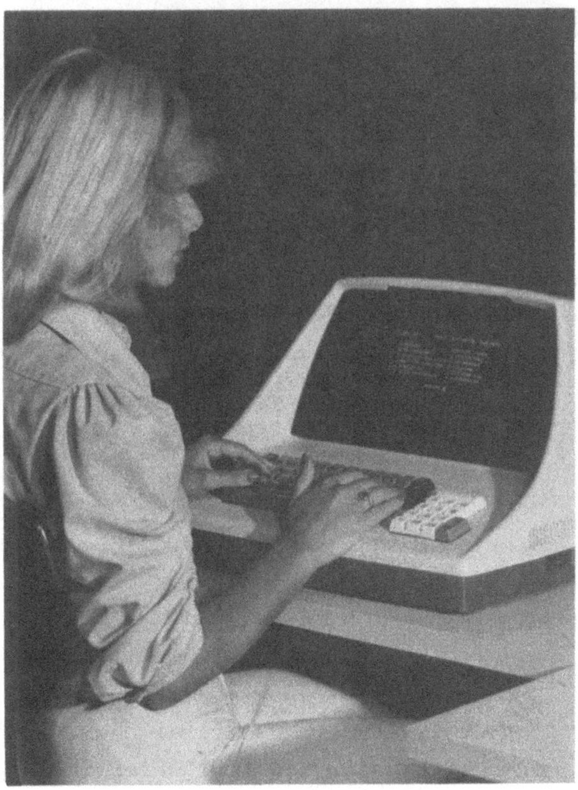

Bild 21: Bildschirmgeräte (Werkbild Sperry Rand)

Nachteile: Hoher Aufwand an Hardware, Software und Sicherung; Probleme bei Systemausfall.

Bild 21 zeigt Darstellungen von Bildschirmgeräten.

Zusammenfassung

- Direkteingabe ohne sofortige Prüfung der eingegebenen Daten im Computer nur sinnvoll bei zentraler Eingabe von Massendaten durch Datatypistinnen.

- Direkteingabe mit sofortiger Prüfung der eingegebenen Daten im Computer bei dezentraler Eingabe durch Sachbearbeiter in den Fachabteilungen, ohne Auskunftserteilung.

- Begrenzter Dialogverkehr sinnvoll für Mitarbeiter in den Fachabteilungen, die nicht nur Daten direkt eingeben, sondern wobei es auf Auskünfte für Disposition, Kundenservice usw. ankommt.

- Voller Dialogverkehr in der Regel heute aus Kostengründen nur für Spezialanwendungen (Flugplatzbuchungssysteme, Schalterservice, Produktionssteuerung usw.) wirtschaftlich.

2.23 Einrichtungen der Datenübertragung

Die Übertragung von Daten zwischen zwei Stellen mit Hilfe einer lokalen Übertragungsleitung wird als Datenübertragung (innerhalb des Firmengrundstücks) oder als Datenfernübertragung (innerhalb der Verfügungsgewalt der Bundespost) bezeichnet. Demgegenüber handelt es sich bei der Datenfernverarbeitung (abgekürzt DFV) um eine Datenfernübertragung mit anschließender sofortiger Verarbeitung der übertragenden Daten und Rückübertragung der EDV-Ergebnisse an den Absender oder einen anderen Empfänger.

Bild 22 zeigt die schematische Darstellung eines kompletten DFÜ-Systems. Wie ersichtlich, besteht jedes DFÜ-System aus der Datenübertragungseinrichtung, den beiden Datenendeinrichtungen und den Ein-/Ausgabegeräten. Und in Bild 23 ist eine unabhängige (Off-Line) und eine abhängige (On-Line) Datenfernübertragung dargestellt.

Erläuterungen zu Bild 22

Die Ein-/Ausgabegeräte haben den Zweck, Daten in das Übertragungssystem einzugeben bzw. vom System aufzunehmen. Für die Datenfernübertragung wurden eine Vielzahl verschiedener Ein- und Ausgabegeräte entwickelt. Sie lassen sich zu drei Gruppen zusammenfassen:

- Automatische Ein- und Ausgabe (die Daten werden direkt von einer EDV-Anlage oder Meßgeräten in das Datenfernübertragungssystem eingegeben bzw. aus dem System aufgenommen).

- Ein- und Ausgabe über Datenträger.

- Manuelle Eingabe über Tastatur, visuelle Ausgabe mit Hilfe eines Bildschirms und Sprachausgabe mit Hilfe eines Telefons.

Datenendeinrichtungen dienen dazu, die Daten aus den Eingabegeräten in den Übertragungscode zu verschlüsseln und die zu übertragenden Daten zu sichern bzw., auf der Ausgabeseite, die Daten aus dem Übertragungscode zurückzuschlüsseln und sie auf richtige Übertragung zu kontrollieren. Ihren Funktionen entsprechend unterscheidet man

- Codier- bzw. Decodiergeräte (B1 und B2) und

- Datensicherungsgeräte (C1 und C2).

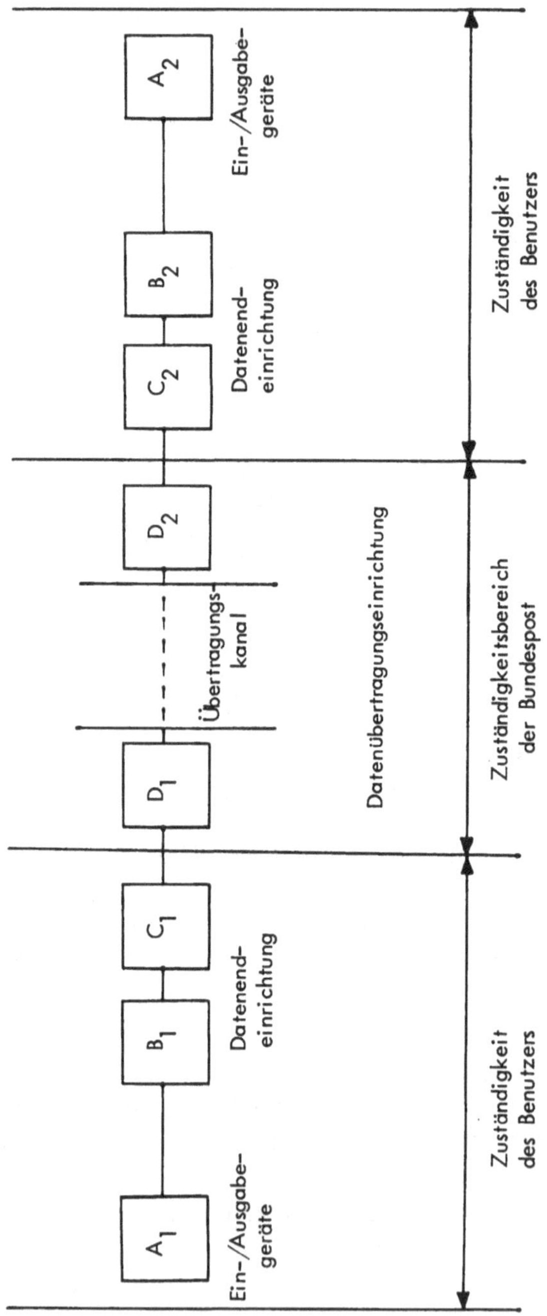

Bild 22: Schematische Darstellung eines Datenfernübertragungssystems

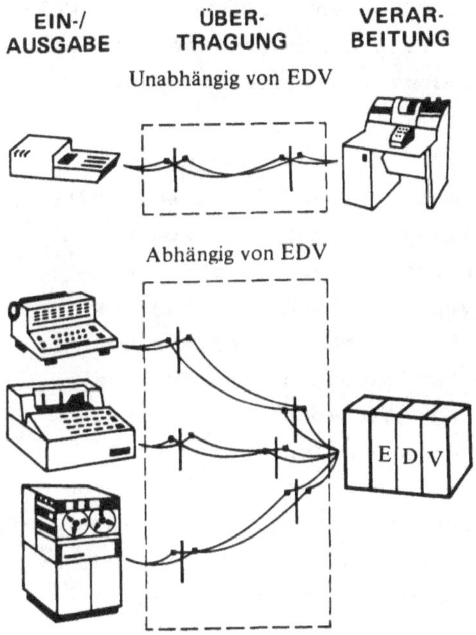

Bild 23: Unabhängige und abhängige Arbeitsweise der Datenfernübertragung (nach einer Vorlage der IBM)

Zur Datenübertragungseinrichtung schließlich gehören

- die Modems (D1 und D2) und
- der Übertragungskanal.

Modem ist ein zusammengesetzter Fachausdruck und steht für Modulator und Demodulator. Modems sind von der Bundespost zu mieten und werden beim Benutzer aufgestellt. Die Modulation bzw. Demodulation sei am Beispiel der Fernübertragung über Fernsprechleitung beschrieben: um die von der Datenendeinrichtung in Impulse aufgelösten Zeichen über Fernsprechleitung übertragen zu können, ist es erforderlich, die Gleichstrom-Impulse der Eingabegeräte in Wechselstrom-Impulse für die Übertragungsleitung zu verändern (zu modulieren). Umgekehrt werden auf der Empfangsseite die Wechselstrom-Impulse in entsprechende Gleichstrom-Impulse umgesetzt (demoduliert) und dann zum Ausgabegerät weitergegeben.

Bei den Übertragungskanälen oder Übertragungswegen (wie sie von der Bundespost bezeichnet werden) sind festgeschaltete Telegraphie- und Fernsprechleitungen von öffentlichen Wählnetzen und von Sondernetzen zu unterscheiden, die speziell für den Datenverkehr vorgesehen sind. Auch die drahtlose Fernübertragung von Daten ist technisch möglich, bisher jedoch im Bereich der Deutschen Bundespost nicht zugelassen. Die Datenübertragungseinrichtung (mit Modem und Übertragungskanal) ist grundsätzlich eine Angelegenheit der Bundespost. Eine Ausnahme hiervon machen nur Privatleitungen, also Übertragungswege von genehmigungsfreien Privatfernmeldeanlagen. Sie dürfen die Grenze des eigenen Grundstücks nicht überschreiten und nicht mit Einrichtungen des öffentlichen Fernsprechnetzes zusammengeschaltet werden. Für alle anderen Fälle ist die Bundespost einzuschalten, die die Modems zur Verfügung stellt und die gewünschten Leitungen schaltet und einrichtet.

Ausführliche Merkblätter, die die verschiedenen Benutzungsformen der Datenfernübertragung eingehend behandeln, können unter dem Bezug "Datenübertragung" angefordert werden von:

Fernmeldetechnisches Zentralamt
Abteilung Fernmeldeeinrichtungen
Am Kavalleriesand 3
6100 Darmstadt
Telefon: 06151 / 83-2826.

Zusammenfassung

- Datenübertragung (DÜ), Datenfernübertragung (DFÜ) und Datenfernverarbeitung (DFV) dienen der schnellen Überbrückung von Zeit und Raum und damit der beschleunigten Verarbeitung und Auswertung der anfallenden Daten.

- Bei Einrichtung einer Datenübertragung müssen sehr sorgfältig die Art (Datenübertragung, Datenfernübertragung oder Datenfernverarbeitung) sowie die Kosten für das gesamte System geprüft werden. In der Regel sind die vergleichsweise hohen Kosten für die Datenfernübertragung und Datenfernverarbeitung nur gerechtfertigt, wenn eine wesentliche Zeitersparnis (DFÜ) oder eine organisatorische Notwendigkeit (DFV) besteht und nicht andere Übertragungsarten (Postversand, Bote) den gleichen oder einen ähnlichen Zweck erfüllen.

2.24 Aufbau und Arbeitsweise einer EDV-Anlage

2.241 Einleitung und Übersicht

Unter einer EDV-Anlage (abgekürzt EDVA, engl. Computer) versteht man eine elektronisch arbeitende, programmgesteuerte Rechenanlage zur Verarbeitung von Daten im administrativen und technischen Bereich. Sie ist, für die genannten Zwecke, eine digitale Rechenanlage, d.h. ein Rechner, der mit numerischen Werten (Ziffern) rechnet - im Unterschied zum Analogrechner, der physikalische Maßeinheiten (z.B. Drücke, Temperaturen usw.) als Basiswerte benutzt und dessen bekanntester (nichtelektronischer) Vertreter der Rechenschieber ist. Auch eine Maschine der mittleren Datentechnik (MDT-System genannt) ist ein Elektronenrechner, unterscheidet sich aber von einer größeren EDV-Anlage (auch als Universalrechner bezeichnet) dadurch, daß seine Leistungen und seine Kapazität, vornehmlich bei der Eingabe, Ausgabe und Speicherung, begrenzt sind und das System deshalb nur für Anwendungen mit begrenzten Datenmengen eingesetzt werden kann. Minicomputer sind im Gegensatz zu den Systemen der MDT spezialisierte Kleincomputer, die ursprünglich für die Überwachung technischer Prozesse entwickelt wurden (Prozeßrechner), heute aber auch für kommerziell-administrative Aufgaben verwendet werden.

Bei Mikrocomputern (Mikroprozessoren) handelt es sich dagegen um Kleinstrechner mit neuartigen Schalttechniken (Tausende von Befehlen und Daten sind auf einige Quadratmillimeter große Kristallflächen untergebracht). Mikrocomputer werden im nächsten Jahrzehnt zu neuen Formen der Datenverarbeitung führen (Computer-Verbundnetze mit dezentralem Einsatz von Mikrocomputern bei zentraler Steuerung durch einen Universalrechner).

Bei den Grundbegriffen der Computertechnik darf die historische Entwicklung der Computer nicht unerwähnt bleiben, die wir im Bild 24 dargestellt haben.

Wie aus Bild 25 hervorgeht, besteht eine EDV-Anlage aus der Zentraleinheit (engl. CPU = Central Processing Unit) mit Steuerwerk, Recheneinheit und Arbeitsspeicher sowie den peripheren Geräten (Randgeräten), im einzelnen

- <u>Eingabegeräte</u>

  (Geräte, die nur zur Eingabe von Daten und Programmen dienen)

- <u>Ausgabegeräte</u>

  (Geräte, die nur zur Ausgabe von Verarbeitungsergebnissen dienen)

- <u>Dialoggeräte</u>

  (Geräte, die sowohl zur direkten Eingabe als auch zur Ausgabe von Daten dienen, also zum Zwecke des Dialogverkehrs zwischen Mensch und Maschine bzw. Maschinen untereinander) und

ab	Schaltelemente	Operationszeit	Klassifizierung
1946	Elektronenröhren	einige Millisekunden	EDV-Anlagen der I. Generation
1957	Transistoren	einige 100 Mikrosekunden	EDV-Anlagen der II. Generation
1964	Integrierte Schaltkreise (Monolithtechnik)	einige 100 Nanosekunden	EDV-Anlagen der III. Generation, MDT-Systeme, Minicomputer
ca. 1975	Integrierte Großschaltungen (LSI-Technik)	einige Nanosekunden	EDV-Anlagen der IV. Generation, MDT-Systeme, Minicomputer, Mikrocomputer

Erläuterungen

1 ms = 1 Millisekunde = 1/1.000 Sekunde
1 µs = 1 Mikrosekunde = 1/1.000.000 Sekunde
1 ns = 1 Nanosekunde = 1/1.000.000.000 Sekunde

LSI = Large Scale Integration = mehrere Hundert Schaltungen je Quadratmillimeter Siliziumplättchen

Bild 24: Historische Entwicklung der Computer

- Externe Speicher

  (Geräte, die zur zusätzlichen und permanenten Speicherung größerer Datenmengen und Programmbibliotheken dienen).

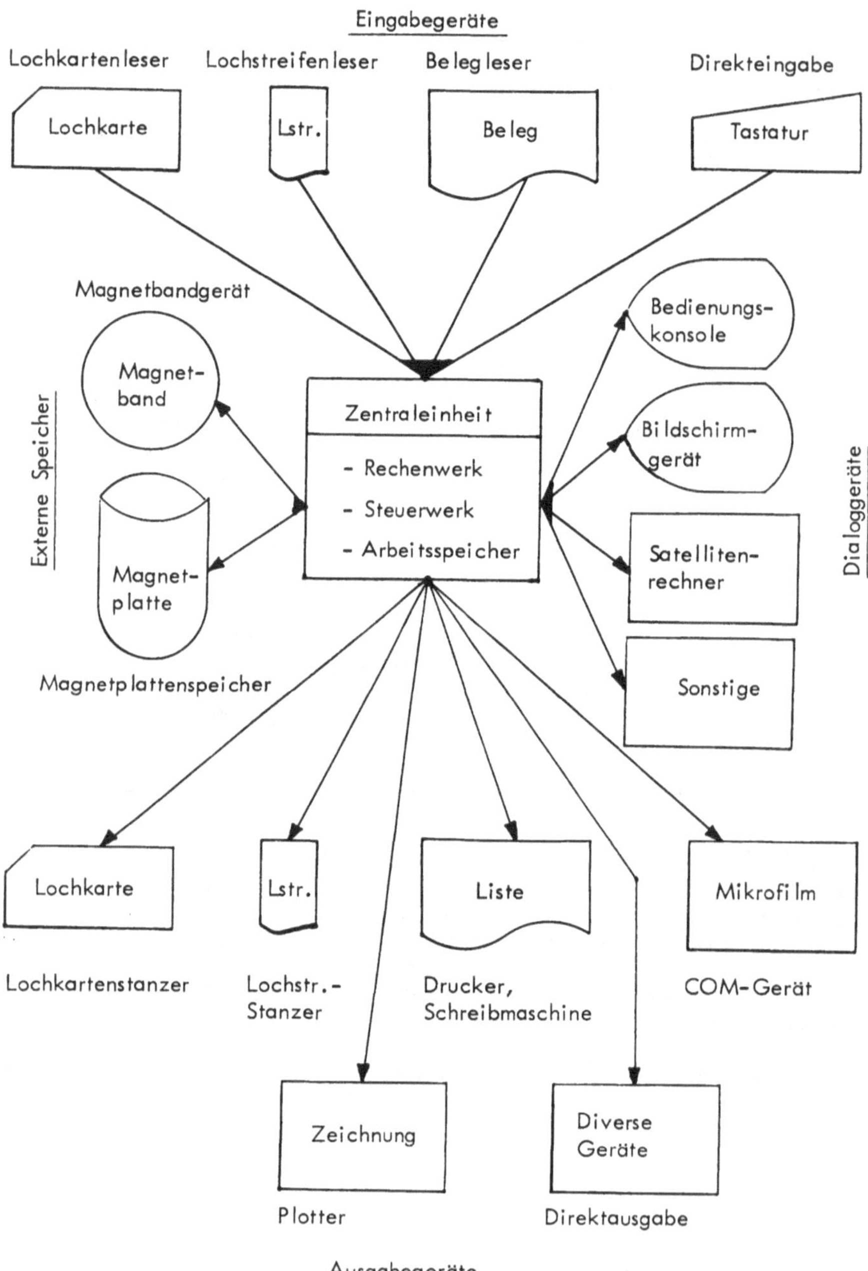

Bild 25: Aufbau einer EDV - Anlage

Zusammenfassung

- Elektronische Rechen- oder Datenverarbeitungsanlagen werden von ihrem physikalischen Aufbau her in Digital- und Analogrechner, die Dialogrechner wiederum (nach ihrer Technik und ihrem Verwendungszweck) in Universalrechner, MDT-Systeme sowie Mini- und Mikro-Computer unterteilt.

- Eine EDV-Anlage (das gleiche gilt auch für MDT-Systeme und Minicomputer, nicht dagegen für Mikrocomputer, die reine Rechner sind) umfaßt die Zentraleinheit und die peripheren Geräte, im einzelnen Eingabegeräte, Ausgabegeräte, Dialoggeräte und externe Speicher.

2.242 Die Zentraleinheit

Alle Geräte und Einrichtungen einer EDV-Anlage (die Hardware) sind zu einem geschlossenen System zusammengefaßt, in dessen Mittelpunkt die Zentraleinheit steht. Mit dem Steuerwerk, der Recheneinheit und dem Arbeits- oder Hauptspeicher bildet die Zentraleinheit den hardwaretechnischen Mittelpunkt des EDV-Systems, von dem aus alle Arbeiten in der EDV-Anlage gesteuert und überwacht werden.

Steuerwerk

Das elektronische Steuerwerk einer EDV-Anlage ist die wichtigste und zugleich komplizierteste Einheit. Es hat die Aufgabe, den Ablauf der EDV-Anlage aufgrund fest eingebauter Einrichtungen sowie nach Maßgabe der geladenen Programme zu steuern, zu überwachen und zu kontrollieren. EDV-Anlagen werden auch als programmgesteuerte Maschinen bezeichnet, weil sie - im Prinzip vergleichbar mit dem Jacquard-Webstuhl und dem elektrischen Klavier - in der Lage sind, umfangreiche Aufgaben nach vorgegebenen Programmen automatisch abzuwickeln.

Bei den Steuerungsfunktionen einer EDV-Anlage muß zwischen der Hardware- und der Software-Steuerung unterschieden werden. Die Hardware-Steuerung ist vom Hersteller fest in die Anlage eingebaut. Sie dient dazu, eine störungsfreie Arbeit der Anlage zu gewährleisten, die einzelnen Geräte der Anlage aufeinander abzustimmen und den Bediener auf bestimmte Vorgänge hinzuweisen. Die Hauptbedeutung kommt jedoch der Software-Steuerung mit Hilfe von Programmen zu. Ein Programm besteht aus einer Folge von Einzelschritten. Es wird für jede Aufgabe getrennt angefertigt und jeweils vor Ablauf in den Arbeitsspeicher der Anlage übertragen (das Programm wird geladen). Nach dem Start des Programms durch den Operator überträgt die Anlage die erste Programminstruktion aus dem Arbeitsspeicher in das Steuerwerk, das dann, abhängig von der Art dieser Instruktion, den Ablauf steuert: das Steuerwerk stellt fest, um was für einen Befehl (eine Operation) es sich handelt und wo die Daten im Arbeitsspeicher gespeichert sind, die mit Hilfe dieses Befehls verarbeitet werden sollen. Erst nach Ausführung eines Befehls wird die nächste Instruktion ins Steuerwerk geladen, interpretiert und ausgeführt - ein Vorgang der sich so oft wiederholt, bis der letzte Datensatz einer Datei verarbeitet ist.

Zur Durchführung der Steuerungsaufgaben besitzt das Steuerwerk eine große Anzahl verschiedenartiger elektronischer Elemente, mit deren Hilfe sowohl die Hardware-Funktionen (Ablaufsteuerung, Kontrolloperationen) als auch die Programmfunktionen (der Programmablauf) gesteuert werden. Die Bilder 26 und 27 zeigen den Aufbau einer Programminstruktion (Instruktionsaufbau) und den Steuerungsablauf zwischen Arbeitsspeicher, Steuerwerk und Recheneinheit.

Operationscode	1. Operandenadresse	2. Operandenadresse

Beispiel:

ADD A,B

ADD = Operation oder Befehl (Addiere)

A = 1. Operandenadresse (Wo steht der 1. Operand im Arbeitsspeicher?)

B = 2. Operandenadresse (Wo steht der 2. Operand im Arbeitsspeicher?)

Bild 26: Aufbau einer Programminstruktion

Recheneinheit

In der Recheneinheit, als zweiten Teil der Zentraleinheit, werden die arithmetischen und logischen Operationen durchgeführt. Arithmetische Operationen sind die Addition, die Subtraktion, die Multiplikation und die Division. EDV-Anlagen beherrschen im Grunde nur die Addition, alle anderen Rechenoperationen werden auf die Addition zurückgeführt, wie beispielsweise die Subtraktion durch Addition der Komplementwerte. Demgegenüber dienen die logischen Operationen dem Größenvergleich zweier Werte. Solche Vergleichsentscheidungen (A gleich B, A größer B, A kleiner oder gleich B) werden benötigt, um unterschiedliche Programmzweige, in Abhängigkeit von bestimmten Bedingungen, durchlaufen zu können. Die Fähigkeit, logische Vergleiche und damit verbunden Programmverzweigungen durchführen zu können, muß als eine der wesentlichsten Eigenschaften für die Flexibilität einer EDV-Anlage angesehen werden.

Die Hauptbestandteile einer Recheneinheit sind elektronische Addierwerke (Akkumulatoren), Register und Einrichtungen für die Operationssteuerungen in der Recheneinheit.

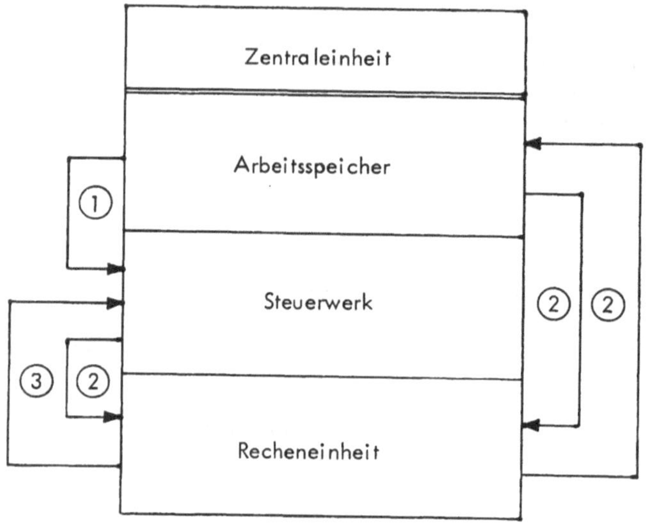

① Das Steuerwerk liest eine Instruktion aus dem Arbeitsspeicher und interpretiert sie (Welcher Befehl?, Wo stehen die zu verarbeitenden Daten?).

② Das Steuerwerk veranlaßt die Recheneinheit, sich die zu bearbeitenden Daten aus dem Arbeitsspeicher zu holen, sie entsprechend zu verarbeiten und das Ergebnis in den Arbeitsspeicher zurückzuübertragen.

③ Die Recheneinheit meldet an das Steuerwerk die Ausführung der Operation; das Steuerwerk beginnt mit der nächsten Instruktion entsprechend ① .

Bild 27: Steuerungsablauf in der Zentraleinheit

Von der Art und Anzahl der elektronischen Addierwerke hängt die Geschwindigkeit einer Recheneinheit und damit die Leistungsfähigkeit einer EDV-Anlage in erheblichem Maße ab. Deshalb ist es wichtig, daß eine EDV-Anlage nicht nur mit einfachen Addierwerken in Serienschaltung, sondern mit Parallel-Addierwerken ausgerüstet ist.

Mechanische Rechenmaschinen verwenden das dem Menschen vertraute Dezimal- oder Zehnersystem. Für jede Dezimalstelle ist ein Zählrad vorhanden, dessen Einteilung den zehn Ziffern von 0 bis 9 entspricht, weswegen das Zählrad auch als zehnwertiges Element bezeichnet wird. Bei der Addition wird das Zählrad in jeder Stelle um die entsprechende Anzahl von Einheiten nach vorn bewegt; ein auftretender Übertrag dreht das Zählrad der nächst höheren Dezimalstelle um eine Einheit weiter. Elektronische Elemente, wie sie Computer benutzen, sind dagegen immer "zweiwertig". Man kann sie mit einem Schalter vergleichen, der nur die beiden Stellungen EIN (Strom) und AUS (kein Strom) besitzt. Durch eine Elektronenröhre fließt entweder Strom oder kein Strom, und die Magnetisierung eines Magnetkerns erfolgt entweder links oder rechts herum. Eine dritte Möglichkeit gibt es nicht. Zweiwertige Bauelemente erschweren die Verwendung des uns bekannten Dezimalsystems, eignen sich jedoch ideal für die Benutzung des Zweiersystems, Binär- oder Dualsystem genannt, das dementsprechend nur die beiden Binärziffern 0 und 1 kennt. Auf einen elektronischen Leiter bezogen bedeutet dies, daß der Ziffer 0 die eine und der Ziffer 1 die andere Stromrichtung entspricht.

Jede Dezimalzahl (auf der Basis 10) läßt sich nun durch eine Binärzahl (auf der Basis 2) ausdrücken und umgekehrt. Allerdings werden beim binären Zahlensystem für die Darstellung einer Ziffer mehr elektronische Elemente benötigt als beim Dezimalsystem. Üblicherweise wird heute bei EDV-Anlagen eine binäre Darstellungsart benutzt, bei der jede Ziffer einer Dezimalzahl einzeln binär verschlüsselt wird. Mit Hilfe einer einfachen Tabelle, die innerhalb des Steuerwerks gespeichert ist, läßt sich jede beliebige Dezimalzahl in Binärzahlen und umgekehrt ausdrücken. Bild 28 zeigt die Darstellung der zehn Dezimalziffern von 0 bis 9 durch entsprechende Viererblocks (griechisch Tetraden genannt) im Binärzahlensystem. Die Stelle einer solchen Tetrade nennt man, nach dem englischen Wort Binary Digit, abgekürzt Bit. Wie dargestellt, läßt sich auch die Addition binärer Zahlen ohne Schwierigkeiten durchführen.

Arbeits- oder Hauptspeicher

Der interne Arbeits- oder Hauptspeicher einer Zentraleinheit dient dazu,

Binäre Verschlüsselung der Dezimalziffern

binärer Wert 8	4	2	1	Dezimalziffer
0	0	0	0	0
0	0	0	1	1
0	0	1	0	2
0	0	1	1	3 (1 + 2)
0	1	0	0	4
0	1	0	1	5 (1 + 4)
0	1	1	0	6 (2 + 4)
0	1	1	1	7 (1 + 2 + 4)
1	0	0	0	8
1	0	0	1	9 (1 + 8)

Binäre Darstellung der Dezimalzahl 4711:

0100	0111	0001	0001
4	7	1	1

Jede Dezimalziffer besteht aus 4 Bits (= 1 Tetrade)

Addition im Binärsystem

Additionsregel

0 + 0 → 0 (Null plus Null ergibt Null)
0 + 1 → 1 (Null plus Eins ergibt Eins)
1 + 0 → 1 (Eins plus Null ergibt Eins)
1 + 1 → 10 (Eins plus Eins ergibt Null und eine Eins als Übertrag)

Beispiel binäre Addition: Addiere 26 + 31 = 57

```
 0010  0110
+0011  0001
=0101  0111

   5     7
```

Bild 28: Binärzahlen und binäres Rechnen

- Daten und Programme von den Eingabegeräten und externen Speichern aufzunehmen

- Daten an die Ausgabegeräte und externen Speicher abzugeben

- Daten für die Verarbeitung bereitzustellen und Ergebnisse zwischenzuspeichern und

- Programme für die jeweils ablaufenden Verarbeitungen zwischenzeitlich aufzunehmen.

Unter der Kapazität eines Arbeitsspeichers versteht man seine höchstmögliche Aufnahmefähigkeit. Sie wird heute überwiegend in Kilo-Byte angegeben, wobei 1 KB = 1000 Bytes umfaßt. Es sei hinzugefügt, daß in einem Byte entweder ein Buchstabe oder ein Sonderzeichen oder zwei Ziffern gespeichert werden können. Weitere Merkmale eines Arbeitsspeichers sind seine Zyklus- und Zugriffszeit. Unter der Zykluszeit wird diejenige Zeit verstanden, die der Speicher für einen kompletten Schreib- oder Lesevorgang benötigt. Demgegenüber bezeichnet die Zugriffszeit diejenige Zeitspanne, die die Anlage braucht, um einen binären Wert vom Arbeitsspeicher zum Schreib-/ Leseregister zu übertragen. Sie liegt bei modernen EDV-Anlagen im Bereich einiger Nanosekunden. Die Übertragung von Daten in den Arbeitsspeicher wird als Speichern oder Schreiben bezeichnet, das Abrufen vom Speicher als Lesen. Hierbei ist zu beachten, daß Daten, die aus dem Speicher abgerufen werden, dort unverändert erhalten bleiben. Nur der Inhalt des aufnehmenden Speicherplatzes wird gelöscht und durch die neuen Daten ersetzt. Dies gilt grundsätzlich für alle heutigen Speichereinrichtungen genauso wie die Tatsache, daß ein Speicher seinen Inhalt bei Stromausfall oder -unterbrechung nicht verliert.

Um ein Zeichen (Ziffer, Buchstabe oder Sonderzeichen) zu einem bestimmten Platz im Arbeitsspeicher zu übertragen und dort abrufen zu können, müssen die Speicherplätze Nummern (in der Fachsprache Adressen genannt) tragen. Üblicherweise werden die Speicherplätze durch fortlaufende numerische Adressen gekennzeichnet, die das Steuerwerk natürlich genau kennt (die Adressen sind fest verdrahtet). Die Adressen eines Speichers dürfen jedoch nicht mit ihrem Inhalt verwechselt werden. Man kann einen Speicher mit den Schließfächern eines Postamtes vergleichen: jedes Fach ist durch eine fortlaufende Nummer (Adresse) gekennzeichnet, die jedoch nichts über seinen jeweiligen Inhalt aussagt; das Fach kann leer sein oder Briefe, Zeitungen, Drucksachen oder Päckchen enthalten. Der Inhalt einer Speicheradresse kann ebenfalls leer oder mit einem Zeichen belegt sein. Üblicherweise besitzt jede Speicherstelle für die Aufnahme eines Bytes (= 1 Buchstabe, 1 Sonderzeichen oder 2 Ziffern) eine eigene Adresse.

Für den Arbeitsspeicher wurden verschiedene technische Lösungen entwickelt, von denen die bekannteste der Magnetkernspeicher ist. Der Magnetkernspeicher, kurz Kernspeicher genannt, gehört wegen seiner günstigen Eigenschaften gegenwärtig zu den am meisten verwendeten Arbeitsspeichern. Von allen anderen magnetischen Speichereinrichtungen (wie beispielsweise das Magnetband oder die Magnetplatte) unterscheidet er sich dadurch, daß die Zeichen nicht auf einer magnetisierbaren Oberfläche, sondern in kleinen Eisen- (Ferrit-) Ringen gespeichert werden, die gänzlich aus magnetisierbarem Material (eine Mischung aus Eisenoxydpulver und anderen Materialien) bestehen. Der geringe Platzbedarf sowie die schnelle Magnetisierung sind neben seiner Wirtschaftlichkeit die wesentlichen Vorzüge des Magnetkernspeichers. Andere Speichertechniken für den Arbeitsspeicher sind der Magnetdraht- und der Halbleiterspeicher. Während der Magnetdrahtspeicher dem Magnetkernspeicher ähnelt (die Daten werden nur statt in Magnetkernen auf dünnen Drahtstäbchen gespeichert), arbeiten Halbleiterspeicher nach dem elektronischen Prinzip: Halbleiterspeicher sind sehr kleine Speicherelemente, die - genauso wie bei elektronischen Steuerungs- und Recheneinrichtungen - aus integrierten elektronischen Schaltungen bestehen.

Zusammenfassung

- Das Steuerwerk steuert die EDV-Anlage aufgrund der fest eingebauten Steuerungseinrichtungen und nach Maßgabe der geladenen (Software-) Programme.

- In der Recheneinheit werden, mit Hilfe elektronischer Schaltungen, die arithmetischen Rechen- und die logischen Vergleichs- und Entscheidungsoperationen durchgeführt.

- Der interne Arbeits- oder Hauptspeicher dient dazu, Daten und Programme von den Eingabegeräten und externen Speichern aufzunehmen, Daten an die Ausgabegeräte und externen Speicher abzugeben, Daten für die Verarbeitung in der Recheneinheit bereitzustellen, Ergebnisse zwischenzuspeichern und zwischenzeitlich Programme für die jeweils laufenden Verarbeitungen aufzubewahren.

2.243 Die peripheren Geräte

Die peripheren Geräte einer EDV-Anlage (siehe hierzu Bild 25) dienen zur

- Eingabe von Daten und Programmen (Eingabegeräte)

- Ausgabe von Daten (Ausgabegeräte)

- Kommunikation zwischen Benutzer und EDV-Anlage (Dialoggeräte) und

- Speicherung von Daten und Programmen (externe Speicher).

Steuereinheiten und Datenkanäle

Wie aus Bild 29 ersichtlich, sind alle peripheren Geräte an gesonderten Steuereinheiten (Gerätesteuerung) angeschlossen, die die Verbindung zwischen den peripheren Geräten und den Datenkanälen bilden, die direkt in die Zentraleinheit münden. An eine Steuereinheit sind in der Regel immer mehrere gleichartige periphere Geräte angeschlossen. Die Verbindung zwischen einem Datenkanal und einer Steuereinheit erfolgt über eine standardisierte Schnittstelle (engl. Interface), die bei allen Kanälen gleich ist und damit den Austausch vielfältiger peripherer Geräte, auch von fremden Herstellern, gestattet.

Die Steuereinheiten sind entweder selbständige Geräte oder Bestandteile der peripheren Geräte. Ihre Aufgaben sind

- die Kommunikation mit dem Steuerwerk der Zentraleinheit

- die Steuerung der angesprochenen peripheren Geräte

- das Empfangen von Daten der Zentraleinheit

- das Weiterleiten von Daten an die Zentraleinheit und

- bestimmte Fehlerprüfungen.

Datenkanäle, kurz Kanäle genannt, verbinden die Steuereinheiten der peripheren Geräte mit der Zentraleinheit. Sie dienen nicht nur dazu, die Daten zwischen den peripheren Geräten und der Zentraleinheit zu übertragen, sondern leiten auch Befehle und Steuersignale weiter. Darüber hinaus obliegt ihnen die Steuerung der Ein-/Ausgabeoperationen, weswegen Kanäle auch als Untersteuerwerke für die Durchführung von Ein-/Ausgabeoperationen bezeichnet werden können. Zur Steuerung der Ein-/Ausgabeoperationen dient das sogenannte Kanalprogramm, das sich ebenfalls wie die gerade ablaufen-

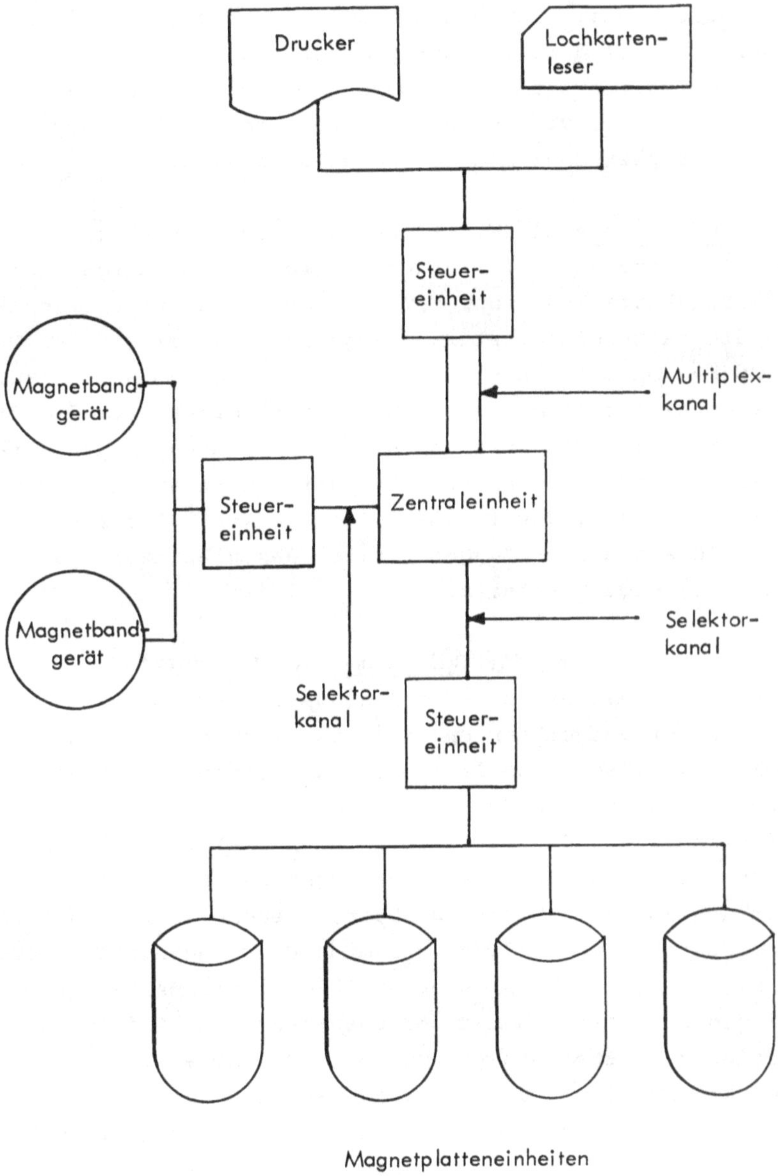

Bild 29: Steuerung der peripheren Geräte und Datenkanäle

den Maschinenprogramme während der Verarbeitung im Arbeitsspeicher befindet. Den unterschiedlichen Geschwindigkeiten der peripheren Geräte entsprechend sind die meisten EDV-Anlagen mit zwei verschiedenen Arten von Kanälen ausgestattet, dem Multiplexkanal und den Selektorkanälen.

Der Multiplexkanal (Mehrfachkanal) wird zur Übertragung zwischen Zentraleinheit und den langsamen Ein-/Ausgabegeräten wie Lochkartenleser und Drucker verwendet. Diese langsamen Geräte haben eine Übertragungsgeschwindigkeit in der Größenordnung von 1.000 bis 100.000 Bytes je Sekunde. Der Multiplexkanal ist in mehrere Unterkanäle aufgeteilt, die die gleichzeitige Übertragung in beiden Richtungen gestatten; bildlich gesehen kann er mit einem Paternosteraufzug verglichen werden, der in allen Stockwerken (also für alle angeschlossenen Ein-/Ausgabegeräte) das gleichzeitige Ein- und Aussteigen gestattet.

Demgegenüber wird der Selektorkanal zur Übertragung zwischen Zentraleinheit und den schnellen peripheren Geräten wie Magnetbandgeräten und Magnetplattenspeichereinheiten benutzt. Diese schnellen Geräte erfordern Übertragungsgeschwindigkeiten in der Größenordnung bis zu 1.000.000 Bytes je Sekunde. Da die Daten über den Selektorkanal nicht zeichen-, sondern satzweise übertragen werden, bleibt die Verbindung zwischen Zentraleinheit, Steuereinheit und externem Speicher während der gesamten Übertragungsdauer bestehen, weswegen ein Selektorkanal zur gleichen Zeit nur ein einziges externes Gerät bedienen kann. Im bildlichen Vergleich zum Paternosteraufzug beim Multiplexkanal kann der Selektorkanal mit der Arbeitsweise eines Expreßfahrstuhls verglichen werden, der mit großer Geschwindigkeit ohne Zwischenhalt über mehrere Stockwerke hinweg eine Vielzahl von Personen gleichzeitig transportiert. Ein solcher Fahrstuhl verkehrt nur zwischen zwei Stockwerken und fährt wechselweise auf- oder abwärts.

Eingabegeräte

Welche und wie viele Eingabegeräte an eine EDV-Anlage angeschlossen sind, hängt vom gewählten Datenerfassungsverfahren und von der Menge der pro Zeiteinheit einzugebenden Daten ab. Die am meisten verbreiteten Eingabegeräte sind

- Lochkartenlesegeräte (Lochkartenleser)

- Lochstreifenlesegeräte (Lochstreifenleser)

- Beleglesegeräte (Belegleser) und

- Geräte für die Direkteingabe (Datenstationen).

Wie aus Bild 30 ersichtlich, besteht ein Lochkartenleser aus dem Magazin für die Kartenzuführung, zwei Abfühlstationen und einem oder mehreren Ablagefächern. Die Karten werden einzeln zur Abfühlvorrichtung transportiert, elektrisch oder fotoelektrisch abgefühlt und in eines der meist drei Ablagefächer abgelegt. Die Lesegeschwindigkeit der Geräte beträgt je nach Typ zwischen 300 und 2.000 Karten in der Minute. Bei der elektrischen Abfühlung führt die Maschine die Lochkarten zwischen einer unter elektrischer Spannung stehenden Metallwalze und den Abfühlbürsten hindurch. Jedes Loch in der Karte gibt einen Kontakt zwischen der betreffenden Bürste und der Walze. Durch den Abfühlvorgang werden die Löcher in der Karte in elektrische Impulse umgewandelt,

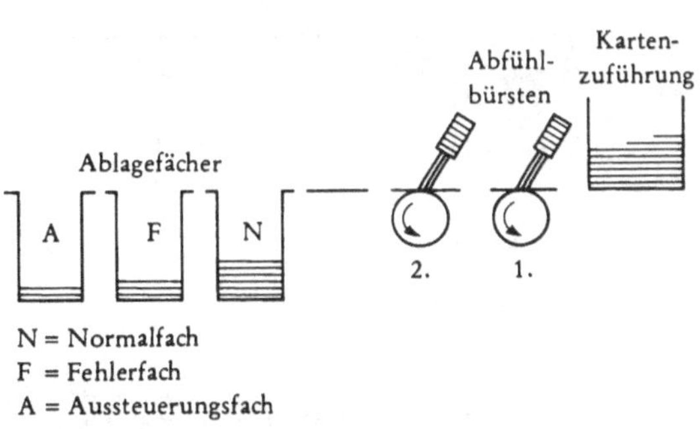

Bild 30: Schema des Kartendurchlaufs bei der elektrischen Abfühlung

weitergeleitet, vom Lochkarten- in den Maschinencode übersetzt und in den Arbeitsspeicher der Zentraleinheit übertragen. Aus Sicherheitsgründen ist eine zweite Abfühlstation vorhanden, die den Abfühlvorgang wiederholt und das Ergebnis auf Übereinstimmung mit der ersten Abfühlung prüft.

Der Lochstreifenleser liest die in Lochstreifen gelochten Daten auf elektrischem, meist jedoch fotoelektrischem Wege. Nachdem die gelesenen Zeichen in elektrische Impulse umgewandelt und vom Lochstreifen- in den Maschinencode verschlüsselt sind, stehen die Daten nach der Übertragung im Arbeitsspeicher für die Verarbeitung bereit. Eine Lesekontrolle ist mit Hilfe zusätzlicher Prüflochungen im Lochstreifen gewährleistet. Die Lesegeschwindigkeit der Lochstreifenlesegeräte beträgt je nach Typ 250 bis 2.000 Zeichen in der Sekunde. Bild 31 zeigt das Arbeitsprinzip eines Lochstreifenlesegerätes.

Im Gegensatz zu Lochkarten- und Lochstreifen - Lesegeräten verwenden Belegleser keine besonderen Datenträger für die Eingabe, sondern die Urbelege selbst. Belegleser oder Lesegerä-

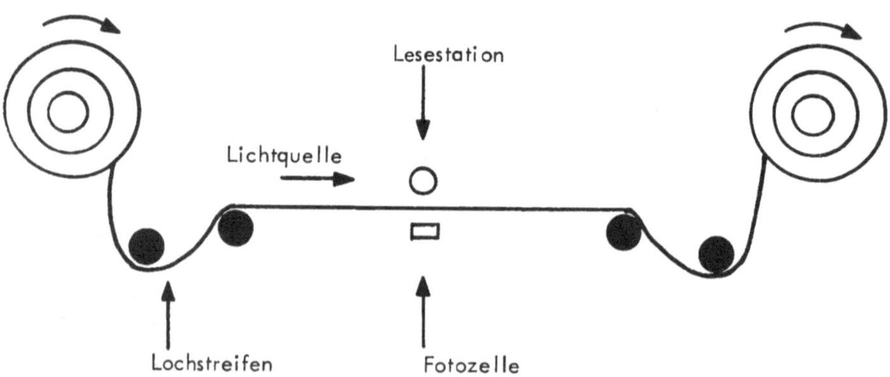

Bild 31: Prinzip eines Lochstreifenlesegerätes

te für maschinell lesbare Schriften, wie man sie auch nennt, werden unterteilt in

- Magnetschriftleser

- optische Belegleser, weitergegliedert in Klarschriftleser, Handschriftleser und kombinierte Klarschrift-/Handschriftleser und

- Markierungsleser.

Jünger und bedeutender als das Magnetschriftverfahren ist die optische Zeichenlesung durch Klarschriftlesegeräte. Dieses Verfahren, meist als Klarschriftverfahren oder optische Beleglesung bezeichnet, hat den Vorzug, daß gebräuchliche und dem Menschen gut vertraute Zeichen von einer Schreibmaschine oder einem Schnelldrucker mit gewöhnlichem Farbband geschrieben werden können. Obwohl sich die Klarschriftlesung in Zukunft ohne Zweifel noch stärker durchsetzen wird, schränken bislang die hohen Anforderungen an Papierqualität und Beschriftung sowie die ausserordentlich hohen Kosten der Lesegeräte die Anwendung dieses Verfahrens noch stark ein.

Kombinationsleser, auch Mehrfunktionsleser genannt, lesen Ziffern und gewisse Sonderzeichen in Handschrift sowie Maschinenschrift, im einzelnen auch handschriftliche Strichmarkierungen. Verschiedene Arten und Größen von Schriftzeichen können auf einem einzigen Beleg untergebracht sein. Die Größe der Belege kann zwischen DIN A 5 und DIN A 8 schwanken. Neben Einzelbelegen mit frei wählbarer Zeilenanordnung können auch Endlosstreifen gelesen werden, wie sie beispielsweise bei Registrierkassen üblich sind. Der Belegaufbau selbst kann den unterschiedlichen Aufgaben angepaßt werden, weil ein Kombinationsleser im allgemeinen in zwei Richtungen liest oder auf einem Beleg zugleich Klarschrift, Handschrift und Strichmarkierungen angebracht sein können. Die Lesetechnik eines Kombinationslesers arbeitet nach dem elektronischen Lichtpunktabtastsystem. Sie ist für Klarschrift und Handschrift unterschiedlich. Die Klarschrift wird durch eine Strichanalyse gelesen und erkannt. Dabei untersucht ein elektronischer Lichtpunktabtaster, welche Zeichenteile vorhanden sind; aus dem Untersuchungsergebnis wird dann das Zeichen erkannt. Beim Lesen der Handschrift verfolgt der Abtaster das Zeichen durch einen sich spiralförmig bewegenden Lesestrahl (Kathodenstrahl) und erkennt aus dem Ablauf der Verfolgungsbewegung das Zeichen. Bild 32 zeigt das technische Prinzip eines Klarschriftlesers.

Bei den Geräten der Direkteingabe handelt es sich um Einrichtungen, die zur direkten Eingabe von Daten, d.h. ohne Verwendung eines Datenträgers oder Beleges, über Datenkanal bzw. Telefon- oder Fernschreibleitung dienen. Die Bedeutung der Geräte für die Nur-Direkteingabe liegt, sofern sie also nicht gleichzeitig als Dialoggeräte für die Ein- und Ausgabe verwendet werden, vorwiegend im technischen Bereich. Beispiele sind die Übertragung von Daten aus Produktionsmaschinen in eine EDV-Anlage, Meßgeräte, die gleichzeitig zur di-

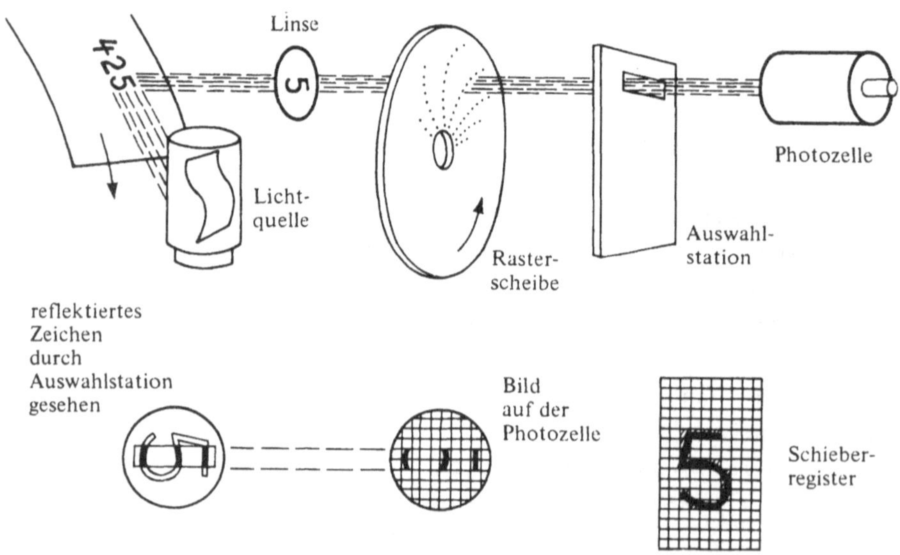

Bild 32: Technisches Prinzip eines Klarschriftlesers (nach einer Vorlage der IBM)

rekten Dateneingabe dienen, Ausweisleser, die mit einer EDV-Anlage gekoppelt sind, Arbeitszeituhren, die die Daten ohne Einschaltung eines Datenträgers direkt übertragen, und Tastaturgeräte, die nur zur Eingabe von Daten dienen. Wie schon angedeutet, kommt heute nicht den Geräten für die Direkteingabe die Hauptbedeutung zu, sondern den Dialoggeräten, die sowohl für die Eingabe von Daten und Maschinenbefehlen als auch zur Ausgabe und Auskunftserteilung verwendet werden können.

Ausgabegeräte

Die Ausgabegeräte dienen, wie es ihr Name sagt, zur Ausgabe der ermittelten Datenverarbeitungsergebnisse. Je nach weiterem Verwendungszweck erfolgt die Ausgabe

- auf Datenträger für eine maschinelle Weiterverarbeitung: Lochkarten- und Lochstreifenstanzer

- auf Papier: Schnelldrucker und Plotter

- auf Mikrofilm: COM-Geräte und

- optisch bzw. akustisch: Bildschirmanzeige und Sprachausgabe.

Da Lochkarten- und Lochstreifenstanzer heute nur noch bei einigen kleinen EDV-Anlagen bzw. für Spezialzwecke zu finden sind, kann die Beschreibung dieser Geräte hier vernachlässigt werden.

Schnelldrucker, auch als Zeilendrucker bezeichnet, dienen dazu, die Ergebnisse der elektronischen Datenverarbeitung in Formulare oder Listen zu drucken, deren Ausgabe in Klarschrift gesetzlich vorgeschrieben oder aus betrieblichen Gründen erforderlich ist. Zeilendrucker unterscheiden sich von Zeichendruckern wie die Schreibmaschine dadurch, daß sie nicht nur ein einziges Zeichen, sondern eine ganze Zeile auf einmal drucken und damit eine wesentlich höhere Druckleistung erzielen. Die gebräuchlichsten Schnelldruckerarten sind Walzendrucker, Kettendrucker, Stabdrucker und "Laserdrucker", die anstelle mechanisch arbeitender Druckwerke die Laserstrahltechnik verwenden. Je Zeile können in der Regel zwischen 80 und 132 Zeichen gedruckt werden, und die Druckleistungen mechanischer Schnelldrucker liegen zwischen 15.000 und 120.000 Zeilen je Stunde (die Höchstleistungen der Laserdrucker bei etwa 0,5 Millionen Zeilen je Stunde).

Der bislang am meisten verwendete Walzendrucker besitzt einen Typenzylinder, der mit einer gleichbleibenden Geschwindigkeit von je nach Typ 300 bis 800 Umdrehungen je Minute rotiert. Die vor der Papierbahn liegenden kleinen Hämmer schlagen, durch eine Synchronisierung gesteuert, in dem Augenblick an, in dem das gewünschte Zeichen an der Anschlagstelle vorbeikommt. Wie bei der Schreibmaschine läuft zwischen Typenträger und Papier ein automatisch umschaltbares Farbtuch. Andere Schnelldrucker verwenden statt des Typenzylinders eine umlaufende Druckkette.Wieder andere Drucker, vor allem solche für nicht zu hohe Druckleistung, benutzen als Druckelement einen sich horizontal hin und her bewegenden Druckstab. Alle Drucker verwenden als Druckpapier zickzackgefaltete Endlosformulare, die, mit einer beidseitigen Filmbandlochung versehen, über Zahnkettenräder transportiert werden. Der Papiervorschub wird in der Regel über das Programm, meist in Verbindung mit einem auswechselbaren Vorschublochstreifen, gesteuert. Einige Hersteller rüsten ihre Schnelldrucker mit einer zweiten parallelen Papierbahn aus, mit deren Hilfe ein weiteres Formular gleichzeitig beschriftet werden kann (sogenannter doppelter Vorschub). Bild 33 zeigt den Typenzylinder des mechanischen Siemens-Schnelldruckers.

Die Arbeitsergebnisse der Datenverarbeitung können nicht nur in gedruckter Schriftform, sondern auch in grafischer Darstellung ausgegeben werden. Neben der grafischen Ausgabe auf Bildschirmgeräten sind hier insbesondere Zeichengeräte (so-

Bild 33: Typenzylinder eines Walzendruckers (Werkbild Siemens)

genannte Plotter) zu nennen. Beim mechanischen Plotter wird ein Zeichenstift über das Papier geführt. Handelt es sich um einen Flachzeichner, so wird der Zeichenstift durch zwei getrennt arbeitende Motore horizontal und/oder vertikal über das Papier bewegt. Durch geeignete Kombinationen der Bewegungen aus beiden Motoren lassen sich außer senkrechten und waagerechten Strichen auch schräge Linien und Kurven zeichnen. Ein weiterer Mechanismus sorgt für das Heben und Senken des Zeichenstiftes. Trommelzeichner führen das Papier dagegen über eine Trommel. Während der Zeichenstift nur horizontal bewegt wird, erfolgt die vertikale Bewegung durch Trommeldrehung. Der Zeichenbogen wird hierzu auf die Trommel gespannt. Trommelzeichner haben den Vorzug, daß eine größere Anzahl von Zeichnungen ohne Wechsel des Zeichenbogens, also ohne manuellen Eingriff, ausgeführt werden kann.

COM steht für den englischen Begriff "Computer Output on Microfilm" und bezeichnet eine Technik, die On-Line oder

Off-Line Daten von der EDV-Anlage auf Mikrofilm ausgibt. Beim Off-Line-Verfahren werden die Daten nicht direkt vom Arbeitsspeicher zum Mikrofilm übertragen, sondern auf ein zwischengeschaltetes Magnetband. Steigende Papierkosten, ein wachsender Informationsbedarf und die Notwendigkeit zur Reduzierung der Verwaltungskosten haben zur Entwicklung und Anwendung von COM-Systemen geführt. Sofern ein COM-System für einen einzelnen Anwender nicht wirtschaftlich ist, kann er auf eines der zahlreichen COM-Serviceunternehmen zurückgreifen. COM-Systeme reduzieren die Materialkosten (ein Mikrofilmbild kostet nur etwa 10 bis 30 % der Papierkosten), verringern den Platzbedarf erheblich (gegenüber Papier werden meist mehr als 90 % des Platzes eingespart) und bieten die Möglichkeit einer billigeren Verwendung und eines schnelleren Zugriffs beim Empfänger. Nachteilig können die vergleichweisen hohen Kosten der Mikroverfilmung sein, die insbesondere bei eigenen On-Line-Systemen entstehen.

Geräte, die ausschließlich zur direkten Ausgabe von Daten ohne Datenträger oder Beleg dienen (Geräte für die Direktausgabe), sind noch seltener anzutreffen als Geräte für die ausschließliche Direkteingabe. Statt dessen werden heute vornehmlich und in steigendem Umfange Geräte angeboten und eingesetzt, die sich sowohl für die direkte Eingabe von Daten als auch für die direkte Ausgabe eignen (Dialoggeräte). Sieht man von den wenigen Fällen ab, wo Bildschirmgeräte nur für die Datenausgabe und nicht auch für die Eingabe verwendet werden, so läßt sich als Beispiel für die Direktausgabe von Daten die akustische Ausgabe (Sprachausgabe) nennen. Das Datenendgerät eines Teilnehmers an einem Sprachausgabesystem ist ein normaler Telefonapparat mit angeschlossener Zusatzeinrichtung. Die Verbindung zur EDV-Anlage wird über das öffentliche Telefonnetz oder über eine Telefonmietleitung bzw. über einen normalen Datenkanal bei lokalen Anschlüssen hergestellt. Bei der Sprachausgabe wählt der Teilnehmer die Nummer der Anlage und übermittelt seine Anweisungen und Daten durch die Wahl bestimmter Ziffernfolgen. Die Anlage führt die Befehle aus und meldet die Ergebnisse akustisch in gesprochener Form an den Empfänger. Dieser kann die Abfrage fortsetzen oder aber durch Auflegen des Hörers beenden. Vorteilhaft ist, daß praktisch jeder Telefonbesitzer an einer solchen Sprachausgabe teilnehmen kann. Nachteilig wirkt sich dagegen aus, daß die Ausgabe nur akustisch und nicht visuell erfolgt und der Empfänger kein geschriebenes Dokument besitzt.

Dialoggeräte

Dialoggeräte (zusammen mit den Geräten für die Direkteingabe und Direktausgabe auch als Datenstationen bezeichnet) dienen dem direkten Austausch von Daten und Informationen und gewährleisten damit einen echten Dialog zwischen Mensch und Computer. Der Dialogverkehr gehört zu den Merkmalen moderner EDV-Anlagen und wird im Hinblick auf die Anwendungen der EDV eine neue Ära einleiten.

Die am meisten verbreiteten Dialoggeräte sind

- Bedienungskonsolen
- Bildschirmgeräte
- Satellitenrechner und
- Sonstige Dialoggeräte.

Alle Geräte sind über lokale Datenkanäle bzw., bei der Datenfernübertragung, über Fernsprech-, Fernschreib- oder Sonderleitungen direkt mit der EDV-Anlage verbunden.

Bedienungskonsolen (Blattschreiber, Konsolschreibmaschinen oder Bildschirmgeräte) sind direkt an die Zentraleinheit angeschlossen und dienen zur unmittelbaren Kommunikation zwischen Operator und EDV-Anlage. Unter Satellitenrechner verstehen wir kleine EDV-Systeme (MDT-Systeme, Minicomputer und Mikrocomputer), die innerhalb eines Rechnerverbundnetzes mit einer größeren Universalanlage gekoppelt sind und von ihr gesteuert werden. Zu den sonstigen Dialoggeräten zählen alle anderen gegenseitigen Verbindungen zwischen EDV-Anlagen und dezentral eingesetzten Geräten, wie beispielsweise die Kopplung einer EDV-Anlage mit Produktionsmaschinen.

Bildschirmgeräte sind die vielseitigsten und gebräuchlichsten Datenstationen für den Dialogverkehr. Sie dienen, meist über lokale Datenkanäle mit der EDV-Anlage gekoppelt, sowohl zur Eingabe von Steuerungsanweisungen und Daten als auch für die Auskunft von Informationen direkt aus dem Arbeitsspeicher der Zentraleinheit. Neue Geschäftsvorfälle können sofort und am Ort ihrer Entstehung in die EDV-Anlage eingegeben, dort nach Maßgabe der Programme verarbeitet und als Ergebnisse dem Empfänger mitgeteilt werden. Die Anwendungsbereiche der Bildschirmgeräte reichen von der Dateneingabe über Buchungsstationen für Verkehrsgesellschaften bis hin zu computergestützten Planungs- und Informationssystemen. Bildschirmgeräte bestehen aus einer Schreib- und Bedienungstastatur und einem Bildschirm für die Daten- und Informationsausgabe. Sie sind an einer Steuereinheit angeschlossen, die mehrere Bildschirmgeräte versorgen kann und die einen Eingabepuffer, einen Codeumwandler und einen Ausgabepuffer besitzt. Bildschirmgeräte gestatten je nach Typ die gleichzeitige Darstellung von etwa 100 bis 2.000 gut lesbaren und blendfreien Zeichen. Alle eingegebenen Daten und Anweisungen erscheinen sofort auf dem Bildschirm und werden erst zur Übertragung in die Zentraleinheit freigegeben, wenn der Bediener die entsprechende Funktionstaste drückt. Die von der EDV-Anlage übertragenen Antworten und Auskünfte können beliebig lang auf dem Bildschirm festgehalten werden. Daneben dienen manche Bildschirmgeräte auch zur Darstellung von Kurven und technischen Zeichnungen. Eine Einrichtung bei speziellen Bildschirmgeräten gestattet die Korrektur von Daten oder Zeichnungen mit Hilfe besonderer Tasten oder eines Lichtgriffes, wodurch einzelne Zeichen, Worte oder ganze Zeilen gelöscht und korrigiert werden können. In denjenigen Fällen, in denen keine Belege benötigt werden, sind Bildschirmgeräte preiswerte und vielseitig verwendbare Dialoggeräte. Aber selbst dort, wo in Einzelfällen auf einen Beleg nicht verzichtet werden kann, lassen sich Bildschirmgeräte mit angeschlossenen Schreibmaschinen oder Druckern ausstatten bzw. kann die Belegausgabe nach der Eingabe über den Schnelldrucker der EDV-Anlage selbst erfolgen.

Externe Speicher

Jedes Mittel, das dazu dient, Daten in einer für EDV-Anlagen lesbaren Form aufzunehmen, zu speichern und wiederzugeben, kann als Datenspeicher bezeichnet werden. Während jedoch Lochkarten und Lochstreifen vorwiegend Datenträger zur Erfassung und Eingabe von Daten sind, werden Magnetplatten-, Magnettrommel- und Magnetstreifenspeicher ausschließlich zur Speicherung von Daten verwendet. Eine Ausnahme macht nur das Magnetband, das heute sowohl für die Datenerfassung und -eingabe als auch für die Datenspeicherung benutzt wird. Magnetband, Magnetplatte, Magnettrommel und Magnetstreifen werden als externe Speichermittel, Magnetbandgeräte, Magnetplatteneinheiten, Magnettrommelspeicher sowie Magnetstreifenspeicher als externe Speichereinheiten bezeichnet.

Im Gegensatz zum internen Arbeitsspeicher der Zentraleinheit dienen die externen Speicher einer EDV-Anlage zur Aufbewahrung großer Datenmengen und Programme, die nicht eines superschnellen Zugriffs bedürfen, wie die jeweilig im Arbeitsspeicher zwischengespeicherten Daten und Programminstruktionen, und die bei Abruf an den Arbeitsspeicher zur weiteren Verarbeitung abgegeben werden. Selten besteht die Notwendigkeit, alle aufgeführten externen Speicher an eine EDV-Anlage anzuschließen. Auch sind die Anschlußmöglichkeiten vom Typ der EDV-Anlage und vom Angebot des betreffenden Herstellers abhängig. Die heute am meisten verwendeten externen Speicher sind das Magnetband und der Magnetplattenspeicher mit auswechselbaren Magnetplatten. EDV-Anlagen sind deshalb häufig mit Magnetbandgeräten, Magnetplatteneinheiten oder, was die Mehrzahl ist, einer Kombination beider Speichertypen ausgerüstet. Für alle externen Speicher gilt, daß die

Daten vor ihrer Verarbeitung vom externen Speicher in den internen Speicher der Zentraleinheit übertragen und nach der Verarbeitung im internen Arbeitsspeicher für die Ausgabe auf einen externen Speicher oder Ausgabegerät bereitgestellt werden müssen.

Magnetbandgerät

Seitdem die Leistungsfähigkeit und Zuverlässigkeit von Magnetbändern erheblich zugenommen haben, besitzen diese Speicher auch heute noch eine große Bedeutung. Das Magnetband wird vor allem dort vorteilhaft eingesetzt, wo eine große Menge vorsortierter Daten schnell zu verarbeiten ist und es auf einen direkten, wahlfreien Zugriff zu den gespeicherten Daten nicht ankommt. Durch den Anschluß mehrerer Magnetbandgeräte, was die Regel ist, können verschiedene Dateien mit derselben Sortierordnung gemeinsam in einem Durchlauf verarbeitet werden. Das Magnetband ähnelt dem bekannten Tonband. Es besteht aus einem unelastischen Material (Polyesterharz), dessen Zerreißbarkeit nur gering ist, und ist einseitig mit einer dünnen, magnetisierbaren Eisenoxydschicht bedeckt. Magnetbänder, die heute am häufigsten Verwendung finden, haben eine Breite von 1/2 Zoll, eine Länge von üblicherweise 732 Meter und sind auf Kunststoffspulen aufgewickelt. Vergleichbar mit den Lochungen im Lochstreifen werden die Daten auf dem Magnetband in Form kleiner unsichtbarer Magnetpunkte quer zur Längsrichtung aufgezeichnet. Hierbei bedeutet ein Magnetpunkt eine binäre 1, ein fehlender Magnetpunkt eine binäre O. Ein Zeichen auf dem Magnetband besteht, entsprechend dem Byte-Aufbau im Arbeitsspeicher, aus 8 Datenbits (für die Aufnahme eines Buchstabens, eines Sonderzeichens oder von zwei Ziffern) und 1 Prüfbit. Die Zeichen sind üblicherweise mit einer Dichte von 800, 1.600 oder 6.500 Bytes je Zoll gespeichert. Das Bandlaufschema eines Magnetbandgerätes ist in Bild 34 dargestellt.

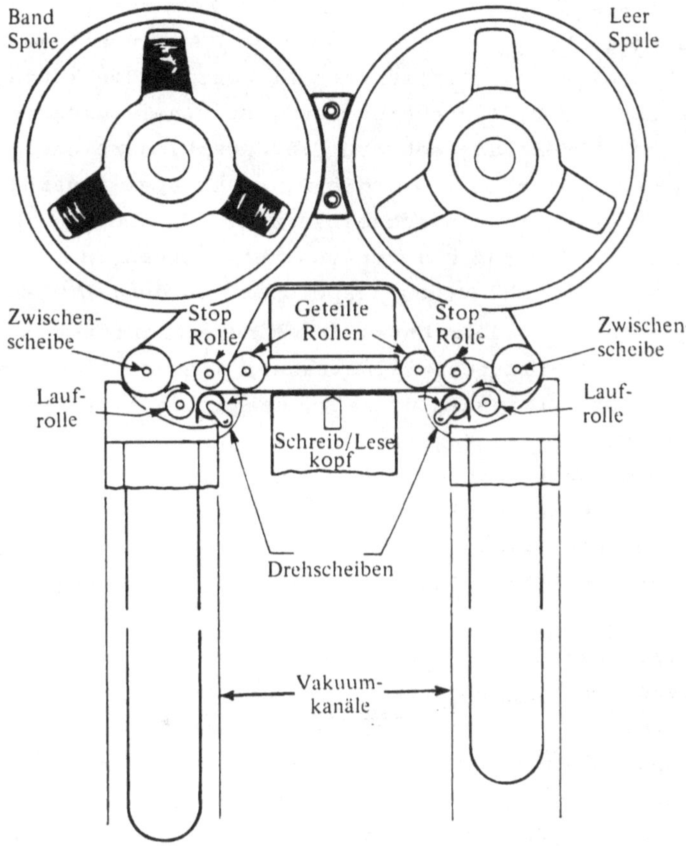

Bild 34: Bandlaufschema (Werkbild IBM)

Magnetplatteneinheit

Der (überwiegend verwendete) wechselbare Magnetplattenspeicher besitzt, vergleichbar mit einem Mehrfachplattenspieler, eine Reihe von übereinandergestapelten Platten. Ein Magnetplattenstapel hat beispielsweise 6 Platten, deren 10 Plattenflächen für die Speicherung benutzt werden, während die oberste und unterste Plattenseite an die Schutzplatte grenzen und deshalb keine Daten aufnehmen können. Jede Plattenfläche besitzt (bei dem angenommenen Typ) 200 konzentrische Spuren, der Speicher also insgesamt 2.000 Spuren mit insgesamt 28 Mio. Bytes, wobei je Byte ein Buchstabe, ein Sonderzeichen oder zwei Ziffern gespeichert werden können. Die Kapazität der Plattenspeicherung ist nahezu unbegrenzt, weil an einer EDV-Anlage mehrere Plattenspeichereinheiten angeschlossen werden können und die Plattenstapel innerhalb einer Einheit beliebig auswechselbar sind. Da die Speicherdichte von Spur zu Spur nach innen zunimmt, können in jeder Spur die gleiche Anzahl Bytes gespeichert werden. Ein Magnetplattenspeicher hat üblicherweise mehrere Zugriffsarme (je einen für jeden Plattenzwischenraum), die, zu einem festen Zugriffsblock zusammengefaßt, kammartig zwischen die Platten greifen. Jeder Zugriffsarm ist mit zwei Schreib-/Leseköpfen ausgerüstet, wie in Bild 35 dargestellt. Der Zugriffsmechanismus kann nur insgesamt eingestellt werden: Alle Arme bewegen sich wie ein Kamm gleichzeitig, so daß sich mit einer einzigen Einstellung des Zugriffsarms die jeweils übereinanderliegenden Spuren aller Plattenseiten gleichzeitig im Zugriff befinden - ein Vorgang, den man als Zylinderzugriff bezeichnet. Durch den vielfachen Zugriffsmechanismus in Verbindung mit der zylinderförmigen Speicherung und der Adressierung der Daten (je Spur, je Zylinder und je Plattenspeicher) ergeben sich verhältnismäßig kurze Zugriffszeiten zu den gewünschten Datensätzen. Das Schreiben und Lesen

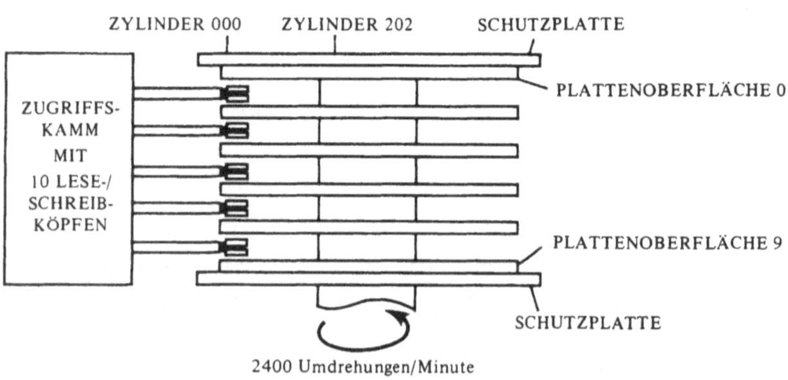

Bild 35: Zugriffsarm mit Schreib- / Leseköpfen (Werkbild IBM)

selbst erfolgt wie beim Magnetband mit Hilfe einer kleinen Schreib-/Lesespule. Der Plattenstapel rotiert mit einer gleichbleibenden Geschwindigkeit von beispielsweise 2.400 Umdrehungen je Minute. Die Zugriffszeit hängt von der jeweiligen Stellung des Zugriffskamms zur gewünschten Spur ab und liegt etwa zwischen 10 und 100 Millisekunden.

Zusammenfassung

- Die peripheren Geräte einer EDV-Anlage dienen zur Eingabe von Daten und Programmen (Eingabegeräte), zur Ausgabe von Arbeitsergebnissen (Ausgabegeräte), zur Kommunikation zwischen Benutzer und EDV-Anlage (Dialoggeräte) und zur zusätzlichen Speicherung von großen Datenmengen und Programmen (externe Speicher).

- Gesonderte Steuereinheiten (Gerätesteuerung) und Datenkanäle verbinden die peripheren Geräte mit der Zentraleinheit.

- Die am meisten verbreiteten Eingabegeräte sind Lochkartenleser, Lochstreifenleser, Belegleser und Geräte für die Direkteingabe.

- Als Ausgabegeräte fungieren Lochkarten- und Lochstreifenstanzer, Schnelldrucker und Plotter, Mikrofilm-Ausgabegeräte sowie optische Bildschirmanzeigen und akustische Sprachausgabegeräte.

- Unter Dialoggeräten werden Bedienungskonsolen, Bildschirmgeräte, Satellitenrechner und sonstige Dialoggeräte zusammengefaßt.

- Die bekanntesten externen Speicher sind das Magnetband (Magnetbandgerät) und der Magnetplattenspeicher (Magnetplatteneinheit). Während Magnetbandgeräte nur einen sequentiellen Zugriff (Reihenfolgezugriff) zu den gespeicherten Daten gestatten, ermöglichen Magnetplatteneinheiten einen beliebigen, wahlfreien Sofortzugriff.

2.244 Arbeitsweise und Leistung einer EDV-Anlage

Die Arbeitsweise einer EDV-Anlage läßt sich im Prinzip durchaus mit der Arbeitsdurchführung eines Angestellten vergleichen: Der Angestellte entnimmt bestimmte Angaben einem Beleg (z.B. einem Kundenauftrag), ergänzt diese Daten aus seiner Kartei (z.B. der Kundenkartei), verarbeitet sie nach festgesetzten Regeln (Arbeitsanweisungen) und schreibt das Ergebnis seiner Verarbeitung als Ausgabe (z.B. als Auftragsbestätigung) nieder. Nach dem gleichen Prinzip läuft die Arbeit auf einer EDV-Anlage ab: Neue Geschäftsvorfälle werden in die Anlage eingegeben, durch extern gespeicherte Stamm- und Bestandsdaten ergänzt, nach Maßgabe des vor Beginn der Arbeit gespeicherten Programms verarbeitet und als Arbeitsergebnis (in Form eines Formulars oder einer Liste) ausgegeben. Gleichzeitig schreibt die EDV-Anlage die neuen Kontenbestände auf einen externen Speicher zurück. Entsprechend diesem Vorgang unterscheidet man Eingabeoperationen (Einlesen der Daten), Verarbeitungsoperationen (Rechenvorgänge und logische Entscheidungen), Ausgabeoperationen (Ausgabe von Daten auf Formularen, Listen oder Mikrofilm) und Speicheroperationen (Speichern oder Abrufen von Daten bei externen Speichern). Bei Einsatz von Bildschirmgeräten ist außerdem die Möglichkeit gegeben, Daten und Informationen direkt aus der EDV-Anlage abzurufen (Dialogverkehr). Bild 36 zeigt das Prinzip der manuellen und maschinellen (automatischen) Arbeitsweise.

Eine EDV-Anlage muß die anstehenden Aufgaben quantitativ und qualitativ erfüllen können. Diese Forderung bedingt, daß ihre Größe, Leistungsfähigkeit und Kapazität die richtige Dimension haben müssen, um die Aufgaben von ihren Da-

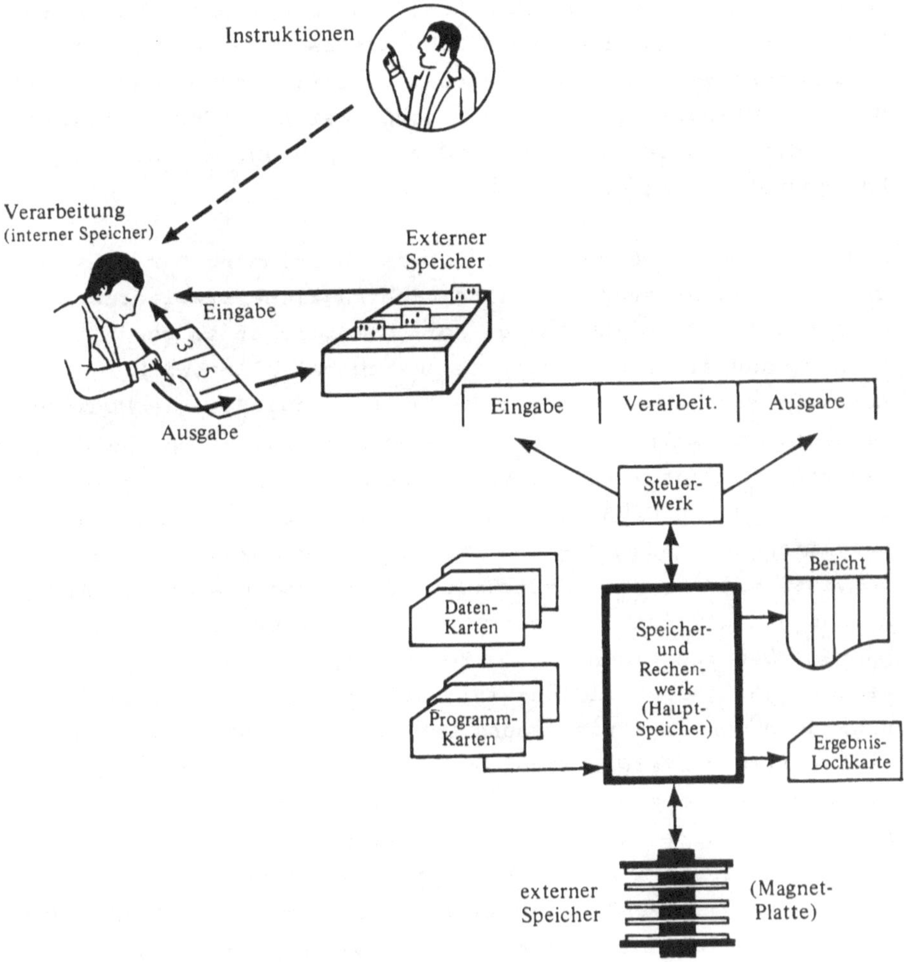

Bild 36: Manuelle und maschinelle Arbeitsweise

tenmengen je Zeiteinheit und von ihrem Schwierigkeitsgrad her bewältigen zu können. Eine Antwort auf die richtige Größenordnung kann nur durch eine detaillierte Aufgaben-, Daten- und Zeitanalyse gefunden werden. Neben der richtigen Dimensionierung kommt es auf ein ausgewogenes Verhältnis zwischen Zentraleinheit, Datenkanälen, Steuereinheiten und peripheren Geräten an: Ein zu klein gewählter Arbeitsspeicher kann genauso ein Engpaß sein wie zu wenige Datenkanäle oder zu viele periphere Geräte. Jeder Fachmann kann grob beurteilen, ob eine Anlage richtig konfiguriert ist. Eine

Feinanalyse ist nur durchzuführen, indem bei einer installierten EDV-Anlage Messungen über Auslastungen und Engpäße vorgenommen werden. Hierzu dienen (relativ teure) Hardware-Monitore (Diagnosegeräte) oder (preiswerte) Software-Monitore, d.h. Programmpakete für die Überprüfung der richtigen Anlagenkonfiguration.

Ein weiterer wichtiger Punkt bei der Bestimmung der Anlagengröße und -ausrüstung ist ihre nachträgliche Erweiterungsmöglichkeit. Eine EDV-Anlage sollte möglichst so gewählt werden, daß sie einen weiteren Ausbau bei allen wichtigen Einrichtungen und Geräten beim Anwender zuläßt. Die Notwendigkeit,eine Anlage erweitern zu müssen, ist einmal dadurch gegeben, daß man in einer Voruntersuchung niemals mit letzter Genauigkeit Größe und Konfiguration einer EDV-Anlage bestimmen kann. Zum zweiten bietet eine großzügige Erweiterungsfähigkeit die Möglichkeit, Größe und Kosten der EDV-Anlage stufenweise der Übernahme der Arbeitsgebiete anzupassen. Die günstigen Möglichkeiten einer Erweiterungsfähigkeit bergen jedoch gleichzeitig die Gefahr in sich, daß zu großzügig von der Erweiterung Gebrauch gemacht wird. Deshalb sollte vor einer Erweiterung immer geprüft werden, ob die Erweiterung zugleich mit einer Ausdehnung der Aufgaben erfolgt und alle anderen Rationalisierungsmaßnahmen (vor allem eine bessere Anlagenkonfiguration, eine gute Arbeitsvorbereitung im Rechenzentrum und eine günstigere Auslastung der vorhandenen Anlage durch Programmoptimierung) voll ausgeschöpft sind.

Zusammenfassung

- Entsprechend ihrer Logik und Ausrüstung unterscheidet man bei einer EDV-Anlage Eingabe-, Verarbeitungs-, Ausgabe-, Speicher- und Dialogoperationen.

- Größe, Leistungsfähigkeit, Kapazität und Ausrüstung einer EDV-Anlage müssen so gewählt sein, daß sie die anstehenden und geplanten Aufgaben quantitativ, qualitativ und zeitlich erfüllen kann.

- Neben der richtigen Dimensionierung kommt es auf ein ausgewogenes Verhältnis zwischen Zentraleinheit, Datenkanälen, Steuereinheiten (Gerätesteuerung) und peripheren Geräten an; zur Überprüfung der Ausgewogenheit dienen Hardware- oder Softwaremonitore.

- Da die abzuwickelnden EDV-Aufgaben nach und nach anfallen, muß die eingesetzte oder geplante EDV-Anlage beim Anwender erweiterungs- und ausbaufähig sein.

2.3 Software

2.31 Einleitung und Übersicht

Bekanntlich und wie aus Bild 37 noch einmal hervorgeht, wird die Software, als Gesamtheit aller Programme, in Systemsoftware und Anwendungssoftware unterteilt. Während das Betriebssystem, als Hauptbestandteil der Systemsoftware, zur Steuerung des gesamten Betriebsablaufs einer EDV-Anlage dient, gehören zu den Arbeitsprogrammen alle Programme, die man zur Durchführung anwendungsunabhängiger Standardarbeiten einsetzt: Dienstprogramme sind Steuerprogramme für die Übertragung von Daten vom Magnetband zum Drucker, für die Duplizierung von Daten auf Magnetbändern, zum Sortieren von Datensätzen auf Magnetbändern oder Magnetplatten und Programme, die dem Programmierer als Hilfsprogramme zum Testen dienen. Übersetzungsprogramme haben die Aufgabe, die vom Programmierer in symbolischer Schreibweise erstellten Programme in die Maschinensprache umzuwandeln. Die Anwendungssoftware, als zweiter Teil der Software, dient schließlich dazu, bestimmte EDV-Aufgaben eines Unternehmens auf der EDV-Anlage abzuwickeln. Sie wird in der Regel von den Programmierern der Firma individuell gefertigt. Nur in Einzelfällen werden heute auch Standardprogramme, vom Hersteller der eingesetzten EDV-Anlage oder von selbständigen Softwarehäusern erstellt, eingesetzt.

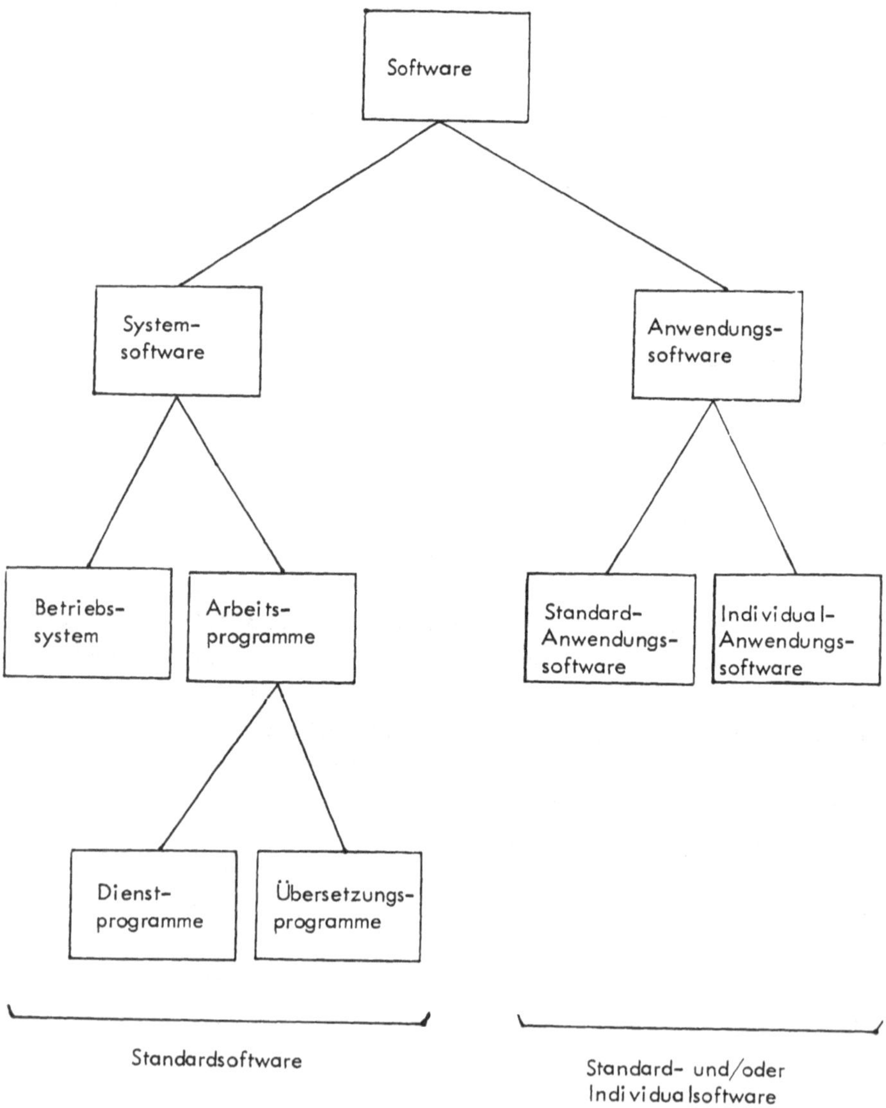

Bild 37: Software - Übersicht

Zusammenfassung

- Die Software, als Gesamtheit aller Programme für eine EDV-Anlage, umfaßt sowohl die Systemsoftware (unterteilt in Betriebssystem und Arbeitsprogramme) als auch die Anwendungssoftware (unterteilt in Standard-Anwendungssoftware und Individual-Anwendungssoftware).

- Standardsoftware ist beim betreffenden Hersteller der EDV-Anlage oder auf dem Softwaremarkt erworbene, Individual-Software von den eigenen Programmierern gefertigte Software.

2.32 Systemsoftware

2.321 Betriebssystem

Als Betriebssystem (engl. Operating System) wird derjenige Teil der Systemsoftware bezeichnet, der den Betrieb einer EDV-Anlage steuert und ihre Bedienung durch den Operator unterstützt. Das Betriebssystem oder Steuerprogramm bildet mit der Hardware eine strukturelle Einheit und wird vom Hersteller der EDV-Anlage dem Benutzer zur Verfügung gestellt.

Ein Betriebssystem, dessen Hauptteile während der Arbeit der Anlage ständig im Arbeitsspeicher sind, besteht (siehe hierzu auch Bild 38) aus

- dem Programm für die Ablaufsteuerung (engl. Supervisor)

- dem Programm für die Jobsteuerung (engl. Jobscheduler)

- dem Programm für die Ein-/Ausgabesteuerung (engl. I/O Routines) und

- dem Programm für die Kommunikation mit dem Operator (engl. Masterscheduler).

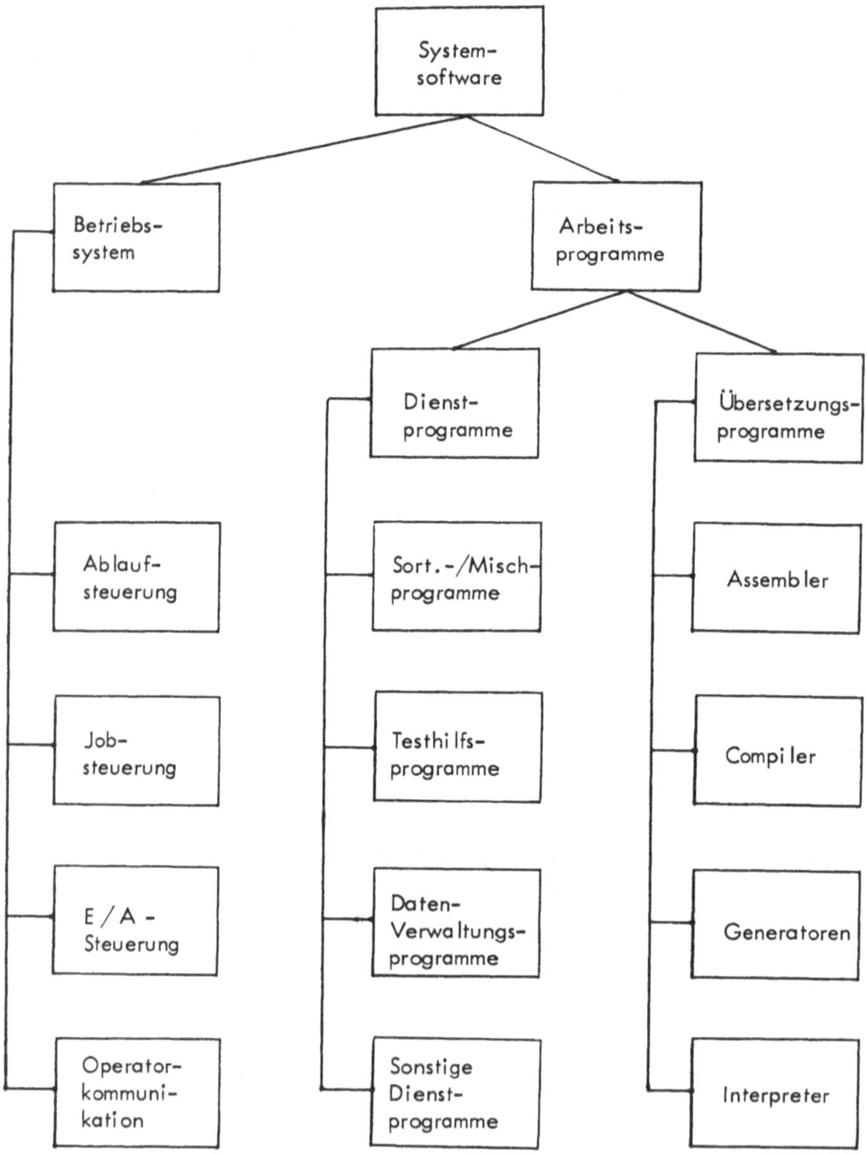

Bild 38: Übersicht Systemsoftware

Der Supervisor steuert und kontrolliert den Arbeitsablauf der einzelnen Aufgaben in der EDV-Anlage. Er ist, als Hauptbestandteil des Betriebssystems, ständig im Arbeitsspeicher der Zentraleinheit untergebracht. Im einzelnen erfüllt er folgende Funktionen:

- Erkennen und Bearbeiten von Programmunterbrechungen, Operatorunterbrechungen, Hardwarestörungen und Multiprogramming.

- Steuerung der Ein- und Ausgabevorgänge.

- Zuordnung der benötigten Systemkomponenten (Recheneinheit, Arbeitsspeicher, Datenkanäle, periphere Geräte, Programme, Dateien).

- Ladefunktionen, d.h. Einlesen des für die Durchführung einer Aufgabe benötigten Arbeitsprogramms.

- Startfunktion, d.h. Starten eines Arbeitsprogramms.

Der Jobscheduler bereitet die Jobsteueranweisungen für das System vor, d.h. er steuert das Laden und Starten eines sogenannten Jobs, unterteilt in

- Lesen der Job-Steuerkarten

- Speichern der Job-Steueranweisungen in Tabellen

- Initialisieren der einzelnen Jobsteps, d.h. Übergabe eines Jobsteps an den Supervisor, und

- Beenden eines Jobs aufgrund von Steuerzeichen aus dem Supervisor.

Ein Job ist eine in sich geschlossene Aufgabe, die auf der EDV-Anlage abgewickelt werden soll. In der Regel besteht ein Job aus mehreren Jobsteps, d.h. aus verschiedenen Programmen, die zu einer Aufgabe gehören. Um den Jobscheduler über

Einzelheiten der Jobsteuerung informieren zu können, werden vor Beginn des Jobablaufs bestimmte Steueranweisungen mit Hilfe von Job-Steuerkarten in den Arbeitsspeicher geladen.

Das Programm für die Ein-/Ausgabesteuerung verwaltet die Datenbestände auf den externen Speichern und übernimmt die Steuerung des Datenverkehrs zwischen Zentraleinheit und den peripheren Geräten. Im einzelnen gehören folgende Aufgaben zur Ein- und Ausgabesteuerung:

- Verwaltung der auf externen Speichern aufbewahrten Datenbestände und Programme.

- Übertragung der Daten zwischen dem Arbeitsspeicher der Zentraleinheit und den peripheren Geräten.

- Behandlung von Fehlern und Unterbrechungen, die aufgrund der Datenübertragung anfallen.

Der Masterscheduler schließlich steuert die Kommunikation zwischen Operator und EDV-Anlage. Mit Hilfe des Masterschedulers kann der Operator Anweisungen an das Betriebssystem geben, und umgekehrt erhält er über den Masterscheduler Informationen für manuelle Steuerungsanweisungen.

Zusammenfassung

- Das Betriebssystem (engl. Operating System) ist das Steuerprogramm, das den Gesamtablauf einer EDV-Anlage steuert und die Kommunikation zwischen Operator und EDV-Anlage ermöglicht.

- Das Betriebssystem setzt sich aus den Programmen für die Ablaufsteuerung, die Jobsteuerung, die Ein-/Ausgabesteuerung (E/A-Steuerung) und die Kommunikation mit dem Operator zusammen.

2.322 Arbeitsprogramme

Dienstprogramme

Zu den Dienstprogrammen, als der ersten Gruppe der Arbeitsprogramme, gehören alle diejenigen Programme, die nahezu jeder Anwender in gleicher Weise verwenden kann, die jedoch nicht für bestimmte anwendungsbezogene Arbeiten dienen. Beispiele für Dienstprogramme sind (vergleiche hierzu auch Bild 38)

- Sortier- und Mischprogramme

- Testhilfsprogramme

- Daten-Verwaltungsprogramme und

- Sonstige Dienstprogramme wie z.B. Programme für die Übernahme von Daten von einem auf einen anderen Magnetträger (z.B. Magnetplatte auf Magnetband oder Magnetband auf Magnetband).

Übersetzungsprogramme und Programmiersprachen

Übersetzungsprogramme haben die Aufgabe, die vom Programmierer in symbolischer Schreibweise erstellten Programme in die echte Maschinensprache zu übersetzen, d.h. die Quellen- in die Objektprogramme umzuwandeln. Die Übersetzungsprogramme sind innerhalb der Bibliothek für die Systemsoftware gespeichert und können mit Hilfe von Steuerkarten in den Arbeitsspeicher geladen und dort gestartet werden.
Üblicherweise bietet die Systemsoftware eines Herstellers Übersetzungsprogramme als Assembler , Compiler, Generatoren und Interpreter.

Eine EDV-Anlage kann naturgemäß eine Aufgabe erst durchführen, nachdem ihr das Programm für diese Aufgabe mitgeteilt wurde, d.h. in den internen Arbeitsspeicher der Zentraleinheit geladen ist. Eine zweite Voraussetzung ist, daß das Programm in der für die eingesetzte Anlage typischen Form vorliegt.

Die Maschinensprache einer EDV-Anlage lehnt sich, wie schon aus dem Namen hervorgeht, eng an den Aufbau und die Arbeitsweise einer bestimmten EDV-Anlage an, die nur "ihre Maschinensprache" versteht. In der Maschinensprache wird mit Ziffern- und Buchstabencodes gearbeitet, und alle Adressen des Arbeitsspeichers müssen mit ihrer genauen Numerierung benannt werden. Damit wird die Maschinensprache als direkte Methode der Programmierung für den Programmierer sehr schwierig, zeitaufwendig und fehleranfällig.

Um den Programmierern nun die Arbeit zu erleichtern, hat man schon seit langem spezielle symbolische Programmiersprachen geschaffen, die der menschlichen Denk- und Arbeitsweise weitaus besser angepaßt sind als eine Maschinensprache. Die Programmiersprachen werden deshalb als symbolische Sprachen bezeichnet, weil sie anstelle der echten Maschinenbefehle und Speicheradressen mit symbolischen Befehlsschlüsseln und Adressnamen arbeiten. Es sei nochmals hervorgehoben, daß ein in einer symbolischen Programmiersprache geschriebenes Programm als Quellenprogramm, das übersetzte oder umgewandelte Maschinenprogramm als Objektprogramm bezeichnet wird. Bild 39 zeigt eine Übersicht über die verschiedenen Programmiersprachen sowie eine Gegenüberstellung der einzelnen Sprachen im Hinblick auf ihre Auswirkungen in der Programmierzeit sowie in der Laufzeit und dem Speicherbedarf der EDV-Anlage.

Zusammenfassung

- Dienstprogramme sind Arbeitsprogramme, die nahezu jeder Anwender in gleicher Weise verwenden kann und die generellen (nicht betriebsindividuellen) Anwendungen dienen.

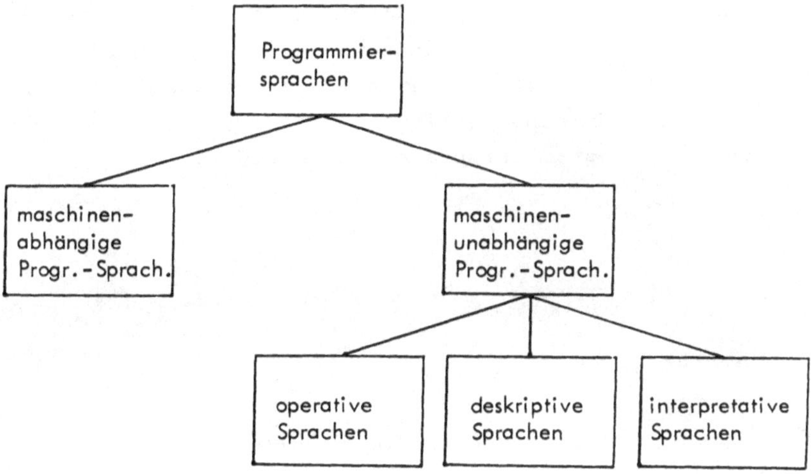

Assembler	Compiler	Generator	Interpreter
Assembler	ALGOL	RPG	BASIC
Easy Coder	FORTRAN	LPG	
Autocoder	COBOL		
	PL1		

Progr.-Sprachen / Auswirkung	Assembler	RPG	COBOL	PL1
1. Programmierzeit	100 %	99 %	44 %	24 %
2. Laufzeit EDVA	100 %	379 %	154 %	250 %
3. Speicherbedarf EDVA	100 %	107 %	152 %	181 %

Untersuchung des BIFOA, Betriebswirtschaftliches Institut für Organisation und Automation an der Universität zu Köln.

Bild 39: Übersicht Programmiersprachen

- Übersetzungsprogramme dienen zur Übersetzung der von den Programmierern gefertigten symbolischen Programme (Quellenprogramme) in die Maschinensprache (Objektprogramme). Von der Größe der eingesetzten EDV-Anlage und der Art der Anwendungen hängt es ab, ob man als Programmiersprache besser eine maschinenabhängige Programmiersprache wählt (vor allem für kleinere und mittlere EDV-Anlagen geeignet) oder ob man sich für eine problemorientierte, maschinenunabhängige Programmiersprache entscheidet.

2.33 Anwendungssoftware

2.331 Standard- und Individual-Anwendungssoftware

Während Systemsoftware in der Regel Standardsoftware ist, die vom Hersteller der EDV-Anlage geliefert oder auf dem freien Softwaremarkt beschafft wird, wurde die Anwendungssoftware bisher überwiegend durch firmeneigene Programmierer ausgearbeitet. Seit Jahren werden nun auf dem Softwaremarkt und von den Herstellern der EDV-Anlagen Programmpakete für Standardanwendungen wie Finanzbuchhaltung, Lohn- und Gehaltsabrechnung, Anlagenbuchhaltung, Kostenrechnung, Materialabrechnung und viele andere mehr angeboten, zweimal jährlich veröffentlicht im ISIS-Katalog der Firma Infratest, München.

Noch vor zehn Jahren stellte sich kaum die Frage, ob die Anwendungsprogramme im Unternehmen individuell gefertigt oder aber als Standard-Programmpakete auf dem Softwaremarkt erworben werden sollten. Inzwischen weiß man, daß der "Programmanzug von der Stange", also die vorgefertigte Standard-Anwendungssoftware, bei vielen standardisierten Arbeitsgebieten, wie vor allem die Lohn- und Gehaltsabrechnung, die Finanzbuchhaltung und andere, vorteilhaft sein kann. Standard-Anwendungsprogramme haben den Vorzug, daß

- sie erheblich billiger sind (sie kosten in der Regel nur ein Fünftel bis ein Zehntel des Preises für individuell gefertigte Programmpakete)

- sie schnell verfügbar sind, weil die angebotenen Programmpakete in der Regel bereits in der Praxis laufen

- das Fertigungsrisiko geringer ist, weil die Programmpakete schon vorhanden sind, und

- sie meist von höherer Qualität sind, weil die Softwarehäuser im allgemeinen über bessere Fachkräfte als die einzelnen Anwender verfügen.

Natürlich sind die aufgeführten Vorteile kein Naturgesetz, sondern gelten nur als grundsätzliche Vorzüge, die im Einzelfalle nicht zutreffen müssen. Außerdem kommt es entscheidend darauf an, daß die erforderlichen Voraussetzungen im Unternehmen für den Einsatz von Standard-Anwendungssoftware vorhanden sind oder sich schaffen lassen. Der erfolgreiche Einsatz von Standard-Anwendungssoftware hängt in erheblichem Maße von der richtigen Vorgehensweise bei der Analyse (ist Standard-Anwendungssoftware überhaupt einsetzbar?) und der Auswahl (entsprechen die angebotenen Programmpakete den betrieblichen Anforderungen?) ab.

Zusammenfassung

- Systemsoftware ist in der Regel immer Standardsoftware und wird von den Herstellern der EDV-Anlagen und von freien Softwarehäusern angeboten.

- Anwendungssoftware kann entweder von dem Hersteller der eingesetzten EDV-Anlage oder auf dem freien Softwaremarkt (Standard-Anwendungssoftware) erworben oder von eigenen Programmierern (Individual-Anwendungssoftware) gefertigt werden.

- Bei der Auswahl von Standard-Anwendungssoftware ist sehr sorgfältig zu prüfen, ob das anstehende Problem überhaupt mit Hilfe von Standard-Anwendungssoftware gelöst und das Standard-Programmpaket in den Gesamtablauf integriert werden kann und ob das Produkt den Anforderungen an qualitative Anwendungssoftware entspricht.

2.332 Wie entsteht ein Programm?

Programmsteuerung

Das Programm einer EDV-Anlage wird nicht, wie bei herkömmlichen Lochkartenmaschinen, auf einer Schalttafel gesteckt, sondern statt dessen von Magnetplatte oder Magnetband (heute seltener von Lochkarten) jeweils vor Beginn einer Arbeit in den internen Arbeitsspeicher der Anlage übertragen (das Programm wird geladen). Das Steuerwerk der Zentraleinheit übernimmt dann die Aufgabe, die Arbeit nach Maßgabe des geladenen Programms zu steuern und den ordnungsgemäßen Ablauf der Datenverarbeitung sicherzustellen. EDV-Anlagen werden auch als programmgesteuerte Maschinen bezeichnet, weil sie in der Lage sind, umfangreiche Aufgaben nach einem vorgegebenen Programm selbsttätig und selbstkontrollierend durchzuführen. Sieht man einmal von den wenigen Eingriffsmöglichkeiten durch den Operator ab, so handelt es sich bei EDV-Anlagen um Maschinen mit rein interner, automatischer Steuerung und Kontrolle.

Aufbau eines Programms

Ein Programm ist eine genau definierte Arbeitsanweisung an eine EDV-Anlage zur Lösung einer bestimmten Aufgabe. Es legt die Art und Reihenfolge der von der Anlage auszuführenden Operationen fest. Jedes Programm wird in einzelne Arbeitsschritte gegliedert, Instruktionen oder Arbeitsanweisungen genannt. Der einzelne Arbeitsschritt eines

Programms heißt also Instruktion. Die Instruktionen lösen dann die (fest eingebauten) Elementaroperationen im Steuerwerk aus, wie beispielsweise das Einlesen eines Datensatzes in den Arbeitsspeicher, Addieren einer Zahl im Rechenwerk, Vergleichen zweier Speicherplatzinhalte oder Sprung in einen anderen Programmteil bei Vorhandensein einer bestimmten Bedingung. Eine Instruktion selbst besteht immer aus dem Operationsteil (welche Operation oder welcher Befehl ist auszuführen?) und dem Adressteil (wo stehen die Operanden, die zu verarbeiten sind?), wie in Bild 40 dargestellt.

Operationsteil	Adreßteil	
Operations - oder Befehlscode	1. Operandenadresse	2. Operandenadresse
Was ?	Woher ?	Wohin ?

Beispiel: ADD 4711 5813

Addiere (Op. ADD) den Inhalt des Speicherplatzes 4711 (1. Operandenadresse) zum Inhalt des Speicherplatzes 5813 (2. Operandenadresse).

Die Nummern (= Adressen) der Speicherplätze beziehen sich auf den Arbeitsspeicher der Zentraleinheit, in dem die eingelesenen Datensätze kurzzeitig gespeichert sind.

Bild 40: Aufbau einer Instruktion (Arbeitsanweisung)

Die einzelnen Schritte der Programmerstellung

Analyse der Programmvorgabe

Der erste Schritt bei der Ausarbeitung eines Programms besteht darin, den Inhalt der vom EDV-Organisator oder Systemanalytiker ausgearbeiteten Programmvorgabe zu analysieren, d.h.

- die Programmvorgabe auf ihre formelle Vollständigkeit zu prüfen und den Inhalt der Programmvorgabe zu verstehen und ihre Zusammenhänge zu erfassen

- die Programmvorgabe auf ihren sachlich-logisch richtigen Inhalt und ihre programmtechnische Durchführbarkeit zu überprüfen und

- durch Rückfragen Unklarheiten, Widersprüche und Informationslücken zu beseitigen.

Im Vordergrund der Analyse steht die Prüfung der Programmvorgabe auf ihren sachlich-logischen Inhalt, im einzelnen bezogen auf die

- <u>Eingabe</u>

  (Welche Daten sind in das Programm einzugeben, auf welchen Datenträgern sind diese Daten untergebracht und wie sind die Datensätze im einzelnen aufgebaut?)

- <u>Verarbeitung</u>

  (Welche Verarbeitungsregeln sind im einzelnen festgelegt?)

- <u>Speicherung</u>

  (Welche Daten müssen von externen Speichern in die Verarbeitungsprogramme übertragen werden, welche Daten sind auf externen Speichern nach der Verarbeitung abzulegen und welche Speicherungs- und Verarbeitungsformen müssen vorgesehen werden?) und

- <u>Ausgabe</u>

  (Welche Ergebnisse sollen geliefert werden, auf welchen Datenträgern sind die Ergebnisse auszugeben und wie sind die auszugebenden Datensätze aufgebaut?).

Erst wenn der Programmierer den Inhalt der Programmvorgabe vollständig erfaßt hat, kann er mit der eigentlichen Programmausarbeitung beginnen.

Entwurf des Programmablaufs

Ziel und Aufgabe dieses Programmierungsschrittes ist es, die Logik eines Programmablaufs klar zu erfassen und darzustellen, um ein Hilfsmittel für die nachfolgende Verschlüsselung (Codierung) zu schaffen. Von kleinen Programmen und Programmen mit einfacher Programmlogik abgesehen, ist es immer ratsam, den Programmablauf in schaubildlicher Weise darzustellen. In einzelnen Fällen wird es aber genügen, wenn nur die Programmlogik (Übersicht über den Programmablauf in einem Grob-Programmablaufplan) dargestellt wird. In anderen Fällen wird neben dem Grob-Programmablaufplan auch ein Fein-Programmablaufplan dargestellt, in dem alle Einzelschritte bzw. alle Gruppen von Einzelschritten des Programmablaufs aufgeführt sind. Die Bilder 41 und 42 zeigen Beispiele eines Grob- und eines Fein-Programmablaufplans.

Um ein Programm möglichst übersichtlich zu gliedern, empfiehlt sich die Unterteilung in ein Hauptprogramm und mehrere Unterprogramme. Während das Hauptprogramm die für die Steuerung des Programmablaufs benötigten Programmteile einschließlich der Verweise auf die einzelnen Unterprogramme enthält, befassen sich die Unterprogramme selbst jeweils mit einem in sich geschlossenen Teilkomplex der Verarbeitung. Diese sogenannte Unterprogrammtechnik oder modulare Programmierweise erhöht nicht nur die Übersichtlichkeit und Transparenz des Programmablaufs, sondern erleichtert auch die nachfolgenden Programmierschritte. Zur Darstellung von Programmablaufplänen benutzt der Programmierer im allgemeinen ein Formular (Programmablaufplan) sowie eine Schablone mit genormten Symbolen nach DIN-Norm 66001. Grundlage und Arbeitsunterlage für die Ausarbeitung

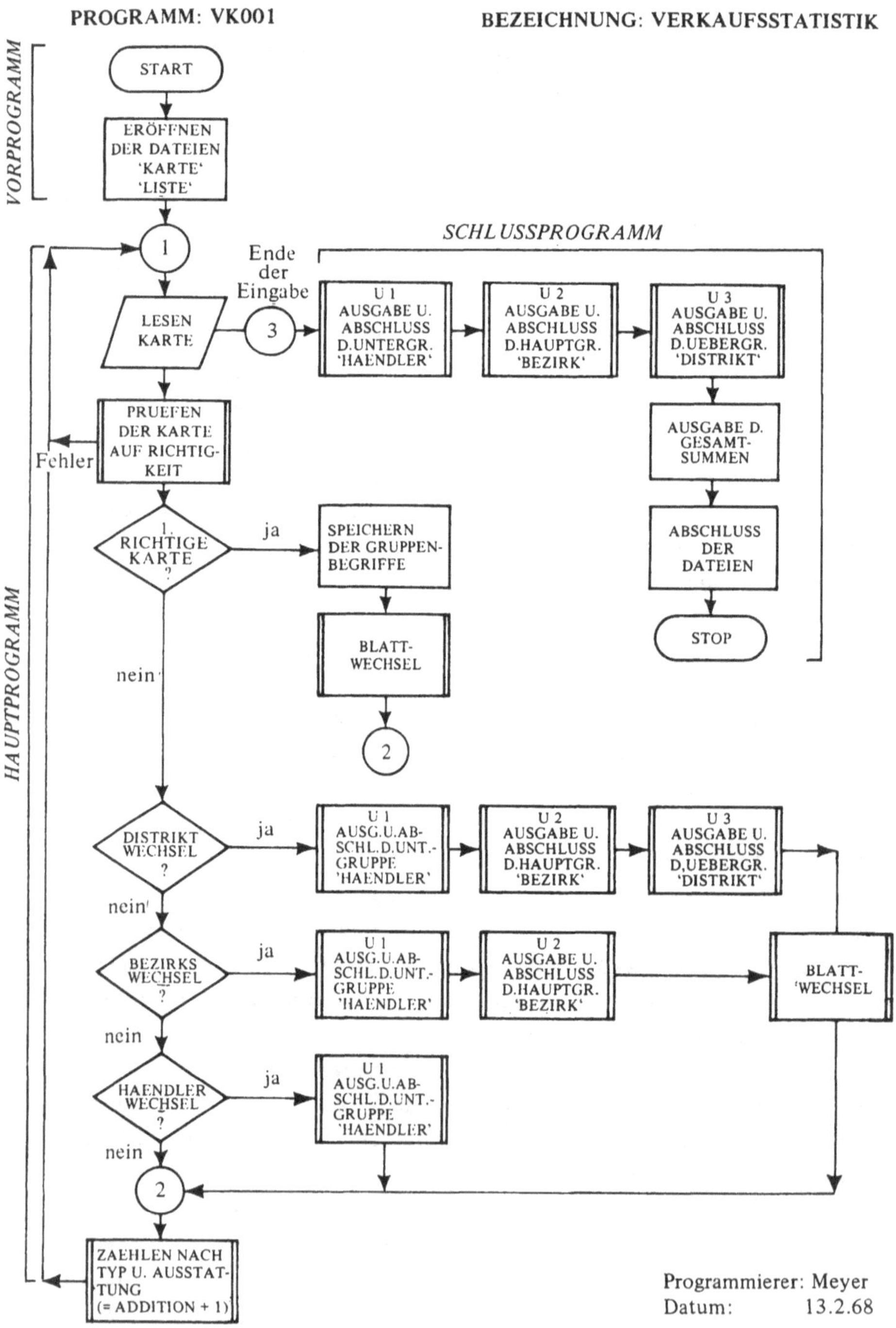

Bild 41: Grob-Programmablaufplan (Beispiel)

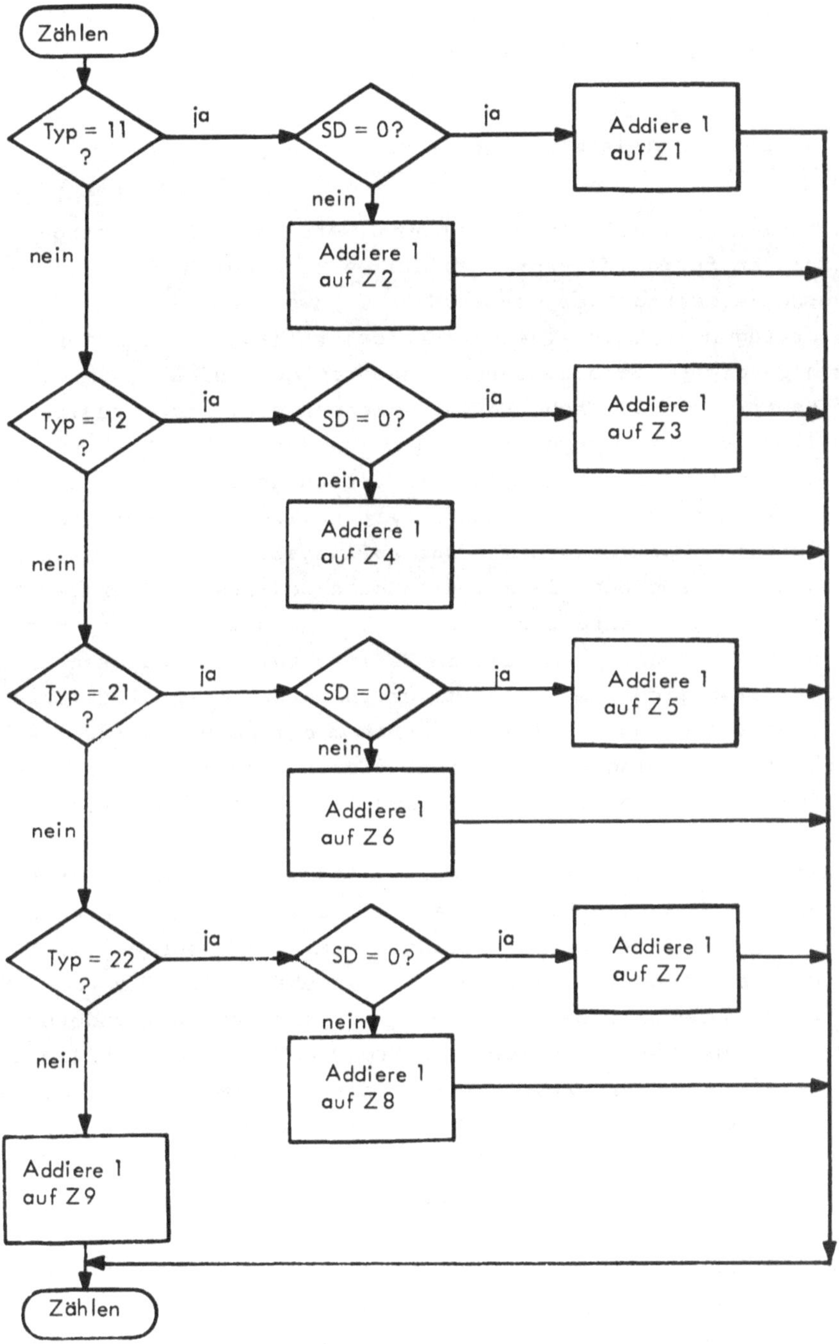

Bild 42: Fein-Programmablaufplan (Auszug)

von Programmablaufplänen sind der Fein-Datenflußplan und alle Einzelheiten der Programmvorgabe.

Programmverschlüsselung (Codierung)

Obwohl der Ablauf eines Programms bereits im Programmablaufplan festgelegt ist, handelt es sich bei der Programmverschlüsselung oder Codierung keineswegs um eine reine Übertragungsarbeit. Vielmehr erfordert jede Programmverschlüsselung ein erneutes Durchdenken der Aufgabe, um einerseits noch logische Fehler erkennen bzw. andererseits weitere Verbesserungen anbringen zu können. Die Verknüpfung von Programmablaufplan und Verschlüsselung ist so eng, daß es auch unzweckmäßig wäre (wie teilweise in der Praxis gefordert), die Programmierung aufzuspalten und die reinen Codierungsarbeiten einem sogenannten Codierer, einer zweitrangigen Arbeitskraft,zu übertragen. Ratsam ist es dagegen, ein umfangreiches Programm in Teilprogramme aufzulösen und diese dann einzelnen Programmierern zu übertragen. Teilprogramme können auch völlig getrennt programmiert werden, wobei die EDV-Anlage selbst (bzw. die entsprechende Software) diese Teilprogramme nach der Umwandlung zusammenfügt.

Welche Unterlagen benötigt der Programmierer nun zur Programmverschlüsselung? Wie aus Bild 43 ersichtlich, braucht der Programmierer zur Codierung einmal die Unterlagen, die sich auf die betreffende Aufgabe beziehen (also die Programmvorgabe bzw. den Programmablaufplan) und zum anderen Unterlagen über die verwendete Programmiersprache, üblicherweise in einem Programmierer-Handbuch zusammengefaßt. Die Programmverschlüsselung selbst, also die Darstellung der Instruktionen, wird mit Hilfe von Codierblättern oder Programmschemata durchgeführt, deren Aufbau natürlich von der verwendeten Programmiersprache abhängt. Diese Formulare werden den Benutzern in der Regel vom Hersteller der EDV-Anlagen zur Verfügung gestellt. Bild 44 zeigt das Beispiel eines Programmschemas mit Verschlüsselung in der Assemblersprache (Auszug).

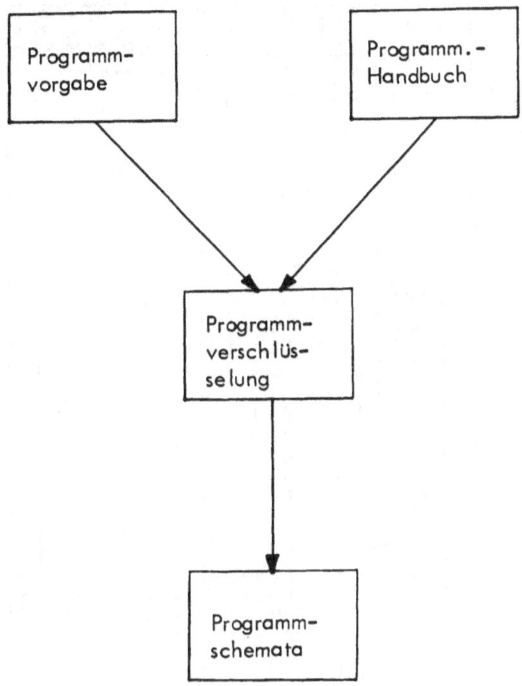

Bild 43: Programmverschlüsselung

Sobald die Codierung beendet und der Programmierer davon überzeugt ist, daß das verschlüsselte Programm seinen Vorstellungen entspricht, werden die ausgefüllten Codierblätter zum Ablochen gegeben. Beim Lochen entsteht aus jeder Zeile eines Codierblattes eine Lochkarte, Programmkarte genannt. Alle Programmkarten eines Programms werden zusammen als Quellenprogramm bezeichnet.

Programmumwandlung

Das gelochte und geprüfte Quellenprogramm ist jetzt bereit zur Umwandlung in das Maschinenprogramm, für die der Programmierer zusätzlich einige Steuerkarten anzulegen hat.

System / 360 Assembler
Programmschema

Programm	VERKAUFSSTATISTIK		Lochhinweise	Problem VK1
			Zeichen	
Programmierer	MEYER	Datum 13.3.68	Lochung	Seite Ø1 von

Name	Operation	Operand und Bemerkungen	Karte Nr.
* BEISPIEL EINER CODIERUNG IN ASSEMBLER-SPRACHE			Ø1Ø
VKØØ1	START		Ø2Ø
	:	ASSEMBLER ABHAENGIGE ANGABEN	Ø3Ø
	OPEN	(KARTE, INPUT)	Ø4Ø
	OPEN	(LISTE, OUTPUT)	Ø5Ø
EINS	GET	KARTE, KARTBER	Ø6Ø
	BAL	5 PRUEFEN	Ø7Ø
WEICHE	NOP	A1 KARTE FEHLERFREI	Ø8Ø
	OI	WEICHE+1, X'FØ'	Ø9Ø
	MVC	ZDISTR, DISTR SPEICHER	1ØØ
	MVC	ZBEZIRK, BEZIRK GRUPPENBEGRIFFE	11Ø
	MVC	ZHAENDLR, HAENDLR	12Ø
	BAL	5, BLAWE	13Ø
	B	ZWEI	14Ø
A1	CLC	DISTR, ZDISTR	15Ø
	BNE	DWECHSEL	16Ø
	CLC	BEZIRK, ZBEZIRK	17Ø
	BNE	BWECHSEL	18Ø
	CLC	HAENDLR, ZHAENDLR	19Ø
	BE	ZWEI	2ØØ

Bild 44: Programmschema (Beispiel)

Anschließend geht das gesamte Kartenpaket zur Umwandlung ins Rechenzentrum.

Durch das Umwandlungsprogramm (Übersetzungsprogramm) werden nun die symbolischen Programmkarten des Quellenprogramms nacheinander eingelesen und in das entsprechende Maschinenprogramm übersetzt. Gleichzeitig druckt die Maschine eine Umwandlungsliste, die sowohl das symbolische Programm als auch das umgewandelte Maschinenprogramm, nebeneinandergedruckt, enthält. Während der Umwandlung wird das Umwandlungs- oder Übersetzungsprogramm eine Vielzahl von Fehlerprüfungen durchführen und druckt die entsprechenden Fehlerbemerkungen mit auf die Umwandlungsliste. Bei der Fehlerprüfung kann es sich natürlich nur um eine Kontrolle formaler Programmierungsfehler handeln. Die Bilder 45 und 46 zeigen den Ablauf einer Programmumwandlung und den Ausschnitt aus einer Umwandlungsliste.

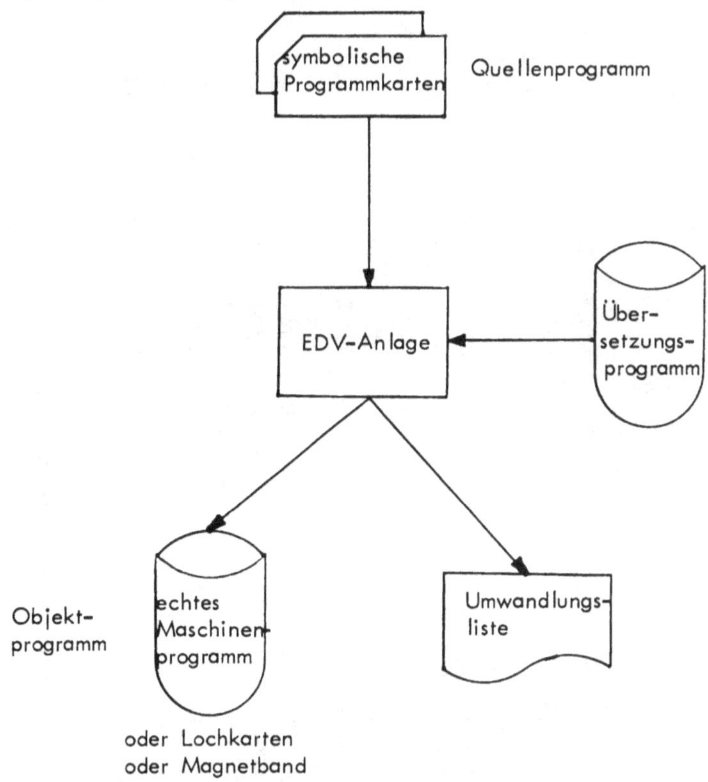

Bild 45: Programmumwandlung

```
                                                                         PAGE 2
                                                                         30/04/68

LOC      OBJECT CODE         ADDR 1  ADDR 2  STMT          SOURCE  STATEMENT

                                             25   EINS     GET     KARTE, KARBER                          VK101060
000026   5810  20CA                  000D0   26 + EINS     L       1, = A (KARTE) GET DTF TABLE ADDRESS
00002A   5800  20CE                  000D4   27 +          L       0, = A (KARTBER) GET WORK AREA ADDRESS
00002E   58F1  0010                  00010   28 +          L       15, 16 (1) GET LOGIC MODULE ADDRESS
000032   45EF  0008                  00008   29 +          BAL     14,8 (15) BRANCH TO GET ROUTINE
000036   4550  20AC                  000B2   30            BAL     5, PRUEFEN                             VK101070
00003A   4700  2056                  0005C   31 WEICHE     NOP     A1  KARTE FEHLERFREI                   VK101080
00003E   96FO  2035          0003B           32            OI      WEICHE + 1 'FO'                        VK101090
000042   D202  20B2  20B3    000B8   000B9   33            MVC     ZDISTR, DISTR    SPEICHERN             VK101100
000048   D202  20B4  20B5    000BA   000BB   34            MVC     ZBEZIRK, BEZIRK GRUPPENBEGRIFFE        VK101110
00004E   D203  20B6  20B7    000BC   000BD   35            MVC     ZHAENDLR, HAENDLER                     VK101120
000054   4550  20B8                  000BE   36            BAL     5, BLAWE                               VK101130
000058   47F0  20BC                  000C2   37            B       ZWEI                                   VK101140
00005C   D502  20B3  20B2    000B9   000B8   38 A 1        CLC     DISTR, ZDISTR                          VK101150

       umgewandeltes Maschinenprogramm                            symbolisches Programm
```

Bild 46: Umwandlungsliste (Ausschnitt)

Programmtests

Selbst bei sorgfältigster Programmverschlüsselung und trotz gewissenhafter Überprüfung der Umwandlungsliste ist es der Regelfall, daß ein Programm nicht frei von Fehlern ist. Durch die Programmtests sollen deshalb alle Fehler in einem Programm ermittelt werden. Da die formalen Fehler bereits auf der Umwandlungsliste gekennzeichnet und vom Programmierer bereinigt wurden, kann es sich bei den hier genannten Programmfehlern nur um sachliche Fehler handeln, die die Eingabe, die Verarbeitung und Ausgabe der Daten betreffen. Eine Reihe verschiedener Testhilfsprogramme, vom Hersteller der EDV-Anlage zur Verfügung gestellt oder auf dem Softwaremarkt erworben, erleichtern dem Programmierer die Testarbeit und damit die Suche nach Programmfehlern. Wichtig ist vor allem, daß der Programmierer den Programmtest durch Erstellung von Test- oder Prüfdaten sorgfältig vorbereitet und seine Testunterlagen vor dem Test zusammenstellt.

Meist wählt der Programmierer die Testbeispiele aus den Daten vorhandener Originalunterlagen aus. Hierbei hat er jedoch darauf zu achten, daß nicht nur normale Geschäftsvorfälle, sondern auch alle Ausnahmefälle und mögliche Fehlerfälle als Testbeispiele gewählt werden. Es sei noch angemerkt, daß die Programmierer in der Regel nicht selbst ihre Programme auf der EDV-Anlage testen, sondern daß die Programmtests im sogenannten Closed-Shop-Betrieb durch den Operator durchgeführt werden. Sind die Testergebnisse dann überprüft und die symbolischen Programmkarten der aufgefundenen Fehler korrigiert, stellt der Programmierer die Unterlagen erneut für einen Programmtest zusammen. Jeder weitere Test verläuft dann in der beschriebenen Weise. Hat der Programmierer das Programm so oft getestet, daß es keine erkennbaren Fehler mehr enthält, so folgt der Abschlußtest. Hierzu werden die Testbeispiele nicht vom Programmierer selbst ausgearbeitet und zusammengestellt, sondern von der betreffenden Fachabteilung geliefert. Der Abschlußtest dient ausserdem dazu, den Operator mit dem Einsatz des neuen Programmkomplexes vertraut zu machen. Er wird so oft wiederholt, bis ein hohes Maß an Sicherheit besteht, daß das Programmpaket unter allen Bedingungen fehlerfrei arbeitet.

Programmdokumentation

Die Programmierungsarbeiten enden mit der Ausarbeitung und Zusammenstellung der Programmdokumentation. Sie soll sicherstellen, daß bei Programmänderungen und Programmüberprüfungen aktuelle Unterlagen über den Programmablauf sowie über Einzelheiten des Programmpaketes zur Verfügung stehen. Eine ordnungsmäßige Programmdokumentation bedingt ferner, daß die Unterlagen nach der Programmänderung umgehend berichtigt werden.

Folgende Unterlagen gehören im allgemeinen zur Programmdokumentation:

- Programmvorgabe mit Datenflußplan und Beschreibung der Eingabe-, Ausgabe- und Speicherdaten sowie der Verarbeitungsregeln.

- Programmablaufplan grob und fein, soweit erforderlich.

- Verbale Programmbeschreibung.

- Verzeichnis aller verwendeten Standard-Unterprogramme.

- Verzeichnis aller Programmtabellen.

- Symbolisches Quellenprogramm.

- Umwandlungsliste.

- Objektprogramm (Maschinenprogramm).

- Auflistung der Testdaten und Testauswertungen.

- Auflistung der Steuerkarten.

- Bedienungsanweisungen.

Zusammenfassung

- Bei der Programmierung sollte stets systematisch und in Stufen (Analyse der Programmvorgabe, Entwurf des Programmablaufs, Programmverschlüsselung, Programmumwandlung, Programmtests, Programmdokumentation) vorgegangen werden.

- Für die Ausarbeitung eines Programms benötigt der Programmierer einmal ein Programmierer-Handbuch für die betreffende Programmiersprache und zum zweiten für jedes auszuarbeitende Programm eine klare, umfassende und schriftlich niedergelegte Programmvorgabe.

- Um die aufwendigen Programmtests effizienter zu gestalten und die Sicherheit im Rechenzentrum zu erhöhen, sollte ausschließlich im Closed-Shop-Testbetrieb durch die Operatoren getestet werden.

- Es sollte, vor allem bei mittleren und größeren EDV-Anlagen, geprüft werden, ob die Anwendung der sogenannten interaktiven Programmierung (d.h. die Verwendung von Bildschirmgeräten bei der Programmierung, vor allem für Programmtests) von Vorteil ist.

- Ein weiterer Nutzen wird in der Programmierung erzielt, wenn Entscheidungstabellen und Programmgeneratoren eingesetzt, die Programmierer besser ausgebildet und überwacht und der Programm-Änderungsdienst (in der Regel durch eine getrennte Mannschaft rationalisiert werden.

3. Steuerung und Kontrolle der EDV-Aktivitäten

3.1 Begriffe und Übersicht

Wie schon in der Einführung des Buches erwähnt, steht zwar die EDV-Abteilung im Mittelpunkt der Steuerungs- und Kontrollmaßnahmen der Führungskräfte und Geschäftsführung, jedoch dürfen die EDV-Aktivitäten, die außerhalb der EDV-Abteilung liegen, hierbei nicht vernachlässigt werden. Zu den Stellen außerhalb der EDV-Abteilung, die ebenfalls in das EDV-Gesamtgeschehen eines Unternehmens einbezogen werden müssen, gehören

- die EDV-Aktivitäten der Geschäftsführung selbst
- der EDV-Ausschuß
- die EDV-Aufgaben der Betriebsorganisation
- die EDV-Aufgaben der Fachabteilungen
- die Überprüfung durch die Revisionsabteilung und
- der betriebliche Datenschutzbeauftragte.

Demgegenüber umfassen die EDV-Aktivitäten der EDV-Abteilung

- die Strukturorganisation der EDV-Abteilung
- die Führung des EDV-Personals
- die Hardware- und Softwareausstattung
- die EDV-Arbeitsabläufe

- die EDV-Kosten und -Nutzen und

- Datenschutz- und Datensicherungsmaßnahmen.

Für alle EDV-Aktivitäten außerhalb und innerhalb der EDV-Abteilung tragen die Führungskräfte und die Geschäftsführung des Unternehmens die Hauptverantwortung. Dies wiederum bedingt, daß Führungskräfte und Geschäftsführung alle EDV-Aktivitäten im Unternehmen kennen und die Techniken der Steuerung und Kontrolle beherrschen müssen, damit sie diese Verantwortung übernehmen können.

Zusammenfassung

- Die EDV-Aktivitäten in einem Unternehmen umfassen einmal die EDV-Aufgaben außerhalb der EDV-Abteilung, im einzelnen die Aufgaben der Geschäftsführung, des EDV-Ausschusses, der Betriebsorganisation, der Fachabteilungen, der Revisionsabteilung und des Datenschutzbeauftragten.

- Zum zweiten erstrecken sich die EDV-Aktivitäten auf die EDV-Abteilung selbst, unterteilt in Fragen der Strukturorganisation der EDV-Abteilung, der Führung des EDV-Personals, der Hardware- und Softwareausstattung, der EDV-Arbeitsabläufe, der EDV-Kosten-/Nutzenrelation und der Datenschutz- und Datensicherungsmaßnahmen.

- Damit die Führungskräfte und Mitglieder der Geschäftsführung den Gesamtprozeß der EDV im Unternehmen steuern und kontrollieren können, müssen sie ihn beherrschen und die geeigneten Techniken zu seiner Steuerung und Kontrolle kennen.

3.2 EDV-Aktivitäten außerhalb der EDV-Abteilung

3.21 EDV-Aktivitäten der Geschäftsführung

Einleitung

Es kann nicht Sinn und Zweck dieses Buches sein, sich mit den Führungsaufgaben des Managements (und den zahlreichen Ansichten hierüber) zu beschäftigen. Dennoch müssen wir die Führungsaufgaben der Geschäftsführung nennen, die im Hinblick auf den EDV-Prozeß im Unternehmen von Bedeutung sind. Wir haben hierzu die folgenden vier Führungsaufgaben gewählt, die unserer Meinung nach sehr wichtig sind und bei denen die Geschäftsführung die erforderlichen Entscheidungen treffen muß, die sie nicht an nachgeordnete Stellen oder EDV-Spezialisten delegieren darf. Es sind dies die Führungsaufgaben

- Formulierung der EDV-Ziele
- EDV-Planung
- EDV-Organisation und
- EDV-Kontrollen.

Formulierung der EDV-Ziele

Am Anfang einer jeden unternehmerischen Aufgabe muß immer die Zielsetzung stehen. Dies gilt auch für den Einsatz der EDV im Unternehmen. Die Formulierung der Zielsetzung bedeutet hier die Festlegung durch die Geschäftsführung, welche Ziele mit dem Einsatz der EDV im allgemeinen und im besonderen erreicht werden sollen.

Eine allgemeine Zielformulierung bedeutet die grundlegende Beantwortung der Frage, ob die EDV vornehmlich zur Rationalisierung und Erzielung von Einsparungen (engl. Safe Money) oder aber zur größeren Transparenz des Betriebsgeschehens, zur schnelleren Anpassung an veränderte Marktbedingungen oder zur besseren Informationsversorgung (engl. Make Money) eingesetzt werden und auf welche Unternehmensbereiche und Arbeitsgebiete sich die EDV-Anwendung erstrecken soll.

Die besonderen Zielsetzungen sind naturgemäß von den Anforderungen des einzelnen Unternehmens abhängig. Beispiele für solche Zielsetzungen können sein:

- Die Reduzierung der Personalabhängigkeit.
- Der Abbau von Arbeitsspitzen.
- Eine schnellere Auftragsabwicklung.
- Eine bessere Produktionssteuerung.
- Die Verbesserung des Kundendienstes.
- Eine optimale Ausnutzung von Zahlungsbedingungen.
- Der Einsatz von Methoden des Operations Research (z.B. für die Optimierung von Transportproblemen).
- Die Bereitstellung aussagefähiger Informationen.
- Eine Erhöhung der Umschlagshäufigkeit im Lager.

EDV-Ziele müssen aber nicht nur gesetzt, sondern eindeutig und in schriftlicher Form formuliert werden.

Bevor jedoch die EDV-Ziele endgültig formuliert und verabschiedet werden, ist zu prüfen, ob die Voraussetzungen für die Erreichung der gesteckten EDV-Ziele im Unternehmen vorhanden sind oder geschaffen werden können und welche Auswirkungen die EDV-Ziele haben. Solche Voraussetzungen können z.B. die Beschaffung erforderlicher EDV-Spezialisten, die Aufnahmefähigkeit des vorhandenen Personals in den Fachabteilungen oder die Bereitstellung erforderlicher Investitionsmittel sein. Bei den Auswirkungen sind vor allem die EDV-Gesamtkosten und die langfristige Bindung an die gewählte Verfahrenstechnik zu beachten. Hat man sich einen Überblick über die erforderlichen Voraussetzungen und die erwarteten Auswirkungen verschafft, so sind abschließend die Risiken nach allen Seiten hin abzuschätzen (Beispiel: Was geschieht, wenn die Umsatzerwartungen für die nächsten Jahre ausbleiben?) und Alternativen für die Erreichung der EDV-Ziele zu suchen (Beispiel: Verzicht auf eine eigene EDV-Anlage und Inanspruchnahme eines Service-Rechenzentrums).

Erst wenn klare, langfristige und verbindliche EDV-Ziele durch die Geschäftsführung festgelegt, in ihren Voraussetzungen, Auswirkungen und Risiken geprüft und mögliche, weniger risikoreiche Alternativlösungen analysiert wurden, kann die EDV-Planung als nächste Aufgabe der Geschäftsführung beginnen.

EDV-Planung

Es versteht sich von selbst, daß die Führungsaufgaben im Hinblick auf EDV-Zielsetzung, EDV-Planung, EDV-Organisation und EDV-Kontrollen nicht allein durch die Geschäftsführung durchgeführt werden können. Sie wird sich hierfür anderer Stellen bedienen, wie z.B. des EDV-Leiters, der Betriebsorganisation oder dergleichen, die die entsprechenden Unterlagen erarbeiten und Berichte vorlegen. Die Geschäftsführung hat lediglich dafür zu sorgen, daß diese Unterlagen und Berichte erstellt werden, und vor allem die notwendigen Kontrollen durchzuführen und Entscheidungen zu treffen.

Zur EDV-Planung gehören der Entwurf eines groben EDV-Gesamtkonzepts und, daraus abgeleitet, eine langfristige EDV-Termin- und Mittelplanung (EDV-Personal, EDV-Einrichtungen und EDV-Kosten).

Da sich der Einsatz einer EDV-Anlage in der Regel nicht nur auf Teilaufgaben beschränkt, sondern EDV-Anwendungsmöglichkeiten in allen oder fast allen Bereichen des Unternehmens vorhanden sind, sollte vor Einsatz eines EDV-Systems (bzw. vor der Erweiterung einer vorhandenen EDV-Anlage) immer ein EDV-Gesamtkonzept entwickelt werden. Dieses Gesamtkonzept, als Schaubild dargestellt, zeigt den Gesamtablauf der geplanten EDV-Anwendungen, ohne bereits auf organisatorische und verfahrenstechnische Einzelheiten einzugehen. Darüber hinaus sind aus dem Gesamtkonzept die datenmäßigen Verbindungen zwischen den einzelnen Unternehmensbereichen ersichtlich. Bild 47 (als Faltplan im Anhang des Buches untergebracht) zeigt die Darstellung eines solchen EDV-Gesamtkonzepts am Beispiel eines Großhandelsunternehmens.

Dem Entwurf eines EDV-Gesamtkonzepts schließen sich die langfristige EDV-Terminplanung (Wann und in welcher Reihenfolge sollen die einzelnen Arbeitsgebiete umgestellt werden?) und die langfristige EDV-Mittelplanung (Welches EDV-Personal und welche technischen Einrichtungen werden wann benötigt? Mit welchen EDV-Kosten ist zu rechnen?) an. Als Zeitraum für eine solche EDV-Langzeitplanung werden am besten 5 - 6 Jahre gewählt, weil ein längerer Zeitraum kaum überschaubar und eine Planung von nur 2 - 3 Jahren für einen Computereinsatz im allgemeinen zu kurz ist.

Für die Durchführung einer langfristigen EDV-Planung haben sich Verfahrenstechniken in der Form von Balkendiagrammen und Tabellen bewährt. Sofern die Gesamtplanung jedoch einen größeren Umfang erreicht, sollte auf das bekannte und bewährte Mittel der Netzplantechnik zurückgegriffen werden. Es versteht sich von selbst, daß alle Pläne jährlich einmal überarbeitet und geänderten Bedingungen angepaßt werden müssen. Die Bilder 48 - 50 (Bild 50 als Faltplan im Anhang untergebracht) zeigen Beispiele einer langfristigen Terminplanung, Personal-, Maschinen- und Kostenplanung sowie der Netzplantechnik.

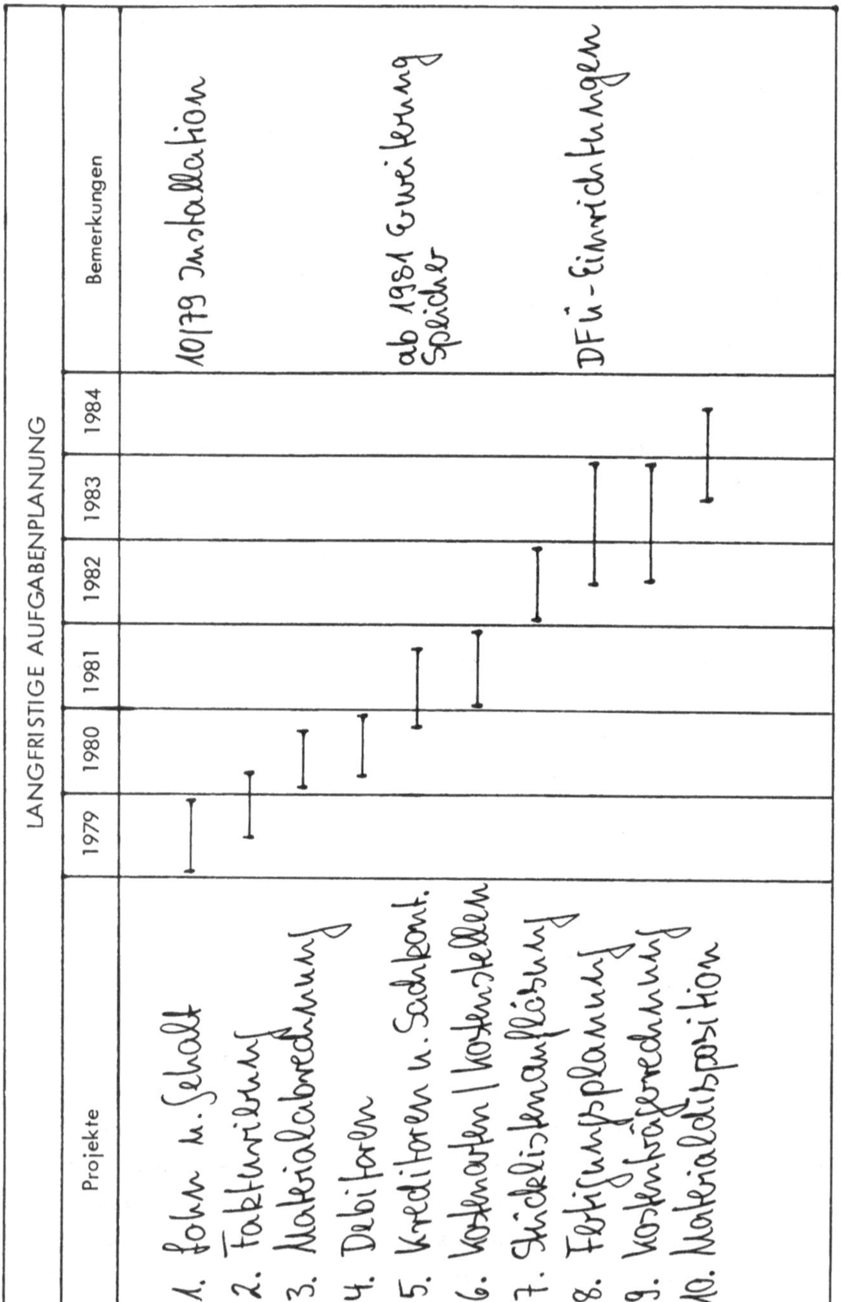

Bild 48: Langfristige EDV-Terminplanung

LANGFRISTIGE PERSONAL-, MASCHINEN- UND KOSTENPLANUNG

Bezeichnung	1979		1980		1981		1982		1983		1984	
	Änd.	Su.	Änd.	Su.	Änd.	Su.	Änd.	Su.	Änd.	Su.	Änd.	Su.
Personal												
Leitung EDV	—	3	—	3	—	3	—	3	—	3	—	3
EDV - Organisation	—	15	—	15	+3	18	—	8	—	18	+2	20
Programmierung	—	12	—	12	—	12	+3	15	—	15	+2	17
RZ - Leitung	—	1	—	1	—	1	—	1	—	1	—	1
Arbeitsvorbereitung	—	4	—	4	+2	6	—	6	—	6	—	6
Datenerfassung	—	10	+2	12	+2	14	—	14	+2	16	+4	20
Datenverarbeitung	—	6	—	6	+2	8	—	8	—	8	—	8
Kontrolle/Abstimmung	—	4	—	4	—	4	+2	6	—	6	—	6
Summe	—	55	+2	57	+9	66	+5	71	+2	73	+8	81
Maschinen												
EDV - Anlagen	—	X	—	—	+256	512	3MP	8MP	—	—	—	—
DE - Geräte	—	8	+2	10	+ 2	12	—	—	+2	14	+6	20
DFÜ - Einrichtungen	—	—	—	—	+ 2	2	4	6	+14	20	+5	25
Sonstige	—	—	—	—	—	—	—	—	—	—	—	—
Kosten (in TDM)												
Personalkosten	—	170	+15	185	+30	215	+30	245	+15	260	+20	280
Maschinenkosten	—	520	+10	530	+90	620	+60	680	+110	790	+60	850
Materialkosten	—	160	+20	180	+10	190	+10	200	+20	220	+30	250
Sonstige Kosten	—	130	+10	140	+10	150	+10	160	+20	180	+10	190
Summe	—	980	+55	1.035	+140	1.175	+110	1.285	+165	1.450	+120	1.570

Bild 49: Langfristige Personal-, Maschinen- und Kostenplanung

EDV-Organisation

Die dritte Führungsaufgabe der Geschäftsführung im Hinblick auf die EDV-Aktivitäten im Unternehmen ist die Durchsetzung einer zweckmäßigen Organisation, die erst die Voraussetzungen für die Realisierung der EDV-Pläne schafft. Diese Aktivitäten der Geschäftsführung liegen im Bereich der EDV-Struktur- und -Ablauforganisation. Beispiele für die EDV-Organisation sind:

- Gibt es einen funktionierenden EDV-Ausschuß im Unternehmen?

- Ist sichergestellt, daß auch die Betriebsorganisation in EDV-Aufgaben eingeschaltet wird?

- Erfüllen die Fachabteilungen die notwendigen EDV-Aufgaben?

- Wird die EDV-Abteilung regelmäßig durch die Revisionsabteilung überprüft?

- Ist gewährleistet, daß der Datenschutzbeauftragte seinen Aufgaben und Pflichten ausreichend nachkommt?

- Ist die EDV-Abteilung richtig in die Unternehmenshierarchie eingeordnet und zweckmäßig gegliedert?

- Wird das EDV-Personal nach modernen Grundsätzen geführt?

- Ist das Unternehmen mit ausreichender Hardware und Software ausgestattet?

- Werden die Arbeitsgebiete nach einheitlichen Regeln und mit Hilfe moderner Verfahrenstechniken auf die EDV umgestellt?

- Ist sichergestellt, daß die Änderung von Programmen sicher und wirtschaftlich erfolgt?

- Werden die Arbeitsabläufe im Rechenzentrum ausreichend überwacht?

- Stehen EDV-Kosten und EDV-Nutzen in günstigem Verhältnis zueinander?

- Sind die gesetzlich geforderten und betrieblich notwendigen Maßnahmen des Datenschutzes und der Datensicherung gewährleistet?

Umfang und Bedeutung dieser Organisationsmaßnahmen bedingen, daß sie jeweils in eigenen Kapiteln dieses Hauptabschnittes dargestellt werden.

EDV-Kontrollen

EDV-Zielsetzungen, die EDV-Planung und die Maßnahmen der EDV-Organisation bleiben bedeutungs- und wirkungslos, wenn sie nicht regelmäßig in geeigneter Weise durch die Geschäftsführung kontrolliert werden. Als Grundlage dieser Kontrollen sind periodische Rechenschaftsberichte der EDV-Abteilung unverzichtbar. Im allgemeinen genügt es, wenn diese Berichte vom Leiter der EDV-Abteilung ausgearbeitet und im Einzelfalle mit den anderen EDV-Beteiligten (EDV-Ausschuß, Betriebsorganisation und Fachabteilungen) abgestimmt werden. Hinzu kommen die Revisionsberichte der Revisionsabteilung und der periodische, meist vierteljährlich erstellte Bericht des Datenschutzbeauftragten über die geplanten und realisierten Datenschutz- und Datensicherungsmaßnahmen sowie festgestellten Sicherungsmängel.

Bei allen Unterlagen und Berichten kommt es auf folgende Punkte an:

- Die Berichte sollten sowohl periodisch (monatlich, vierteljährlich, jährlich) als auch aperiodisch (bei Schwierigkeiten und schnell zu entscheidenden Maßnahmen) gewonnen werden.

- Alle Berichtsdaten sollten Plan- oder Sollwerten gegenübergestellt und ihre Abweichungen ausgewiesen werden.

- Die Plan- und Istdaten einer Periode sollten mit den Plan- und Istdaten anderer Perioden verglichen werden (Zeitreihen, dynamische Analysen, Vergleich mit langfristigen EDV-Plänen).

- Alle Berichte sollten durch Hinweise auf erhebliche Abweichungen und auf notwendige Entscheidungen ergänzt werden.

- Vor allem die Monatsberichte (möglichst aber auch die längerfristigen Berichte) sollten in graphischer und tabellarischer Form mit Planwerten, Istdaten, Abweichungen sowie Einzel- und akkumulierten Ergebnissen erstellt werden; soweit erforderlich, sind die zahlenmäßigen Darstellungen durch textliche Erläuterungen zu ergänzen.

Die Bilder 51 - 55 zeigen Beispiele einer Projektplanung (mit Soll- und Istwerten je umzustellendes Arbeitsgebiet), einer Personaleinsatzplanung (mit Soll- und Istwerten je EDV-Mitarbeiter), einer kurzfristigen Personal-, Maschinen- und Kostenplanung sowie je einer Auswertung der Maschinenbelegung nach Arbeitsschlüsseln und Kostenstellen. Zumindest bei größeren EDV-Systemen werden die beiden letzgenannten Auswertungen monatlich mit Hilfe der EDV-Anlage und eines besonderen Programmpaketes "Job Accounting" gewonnen.

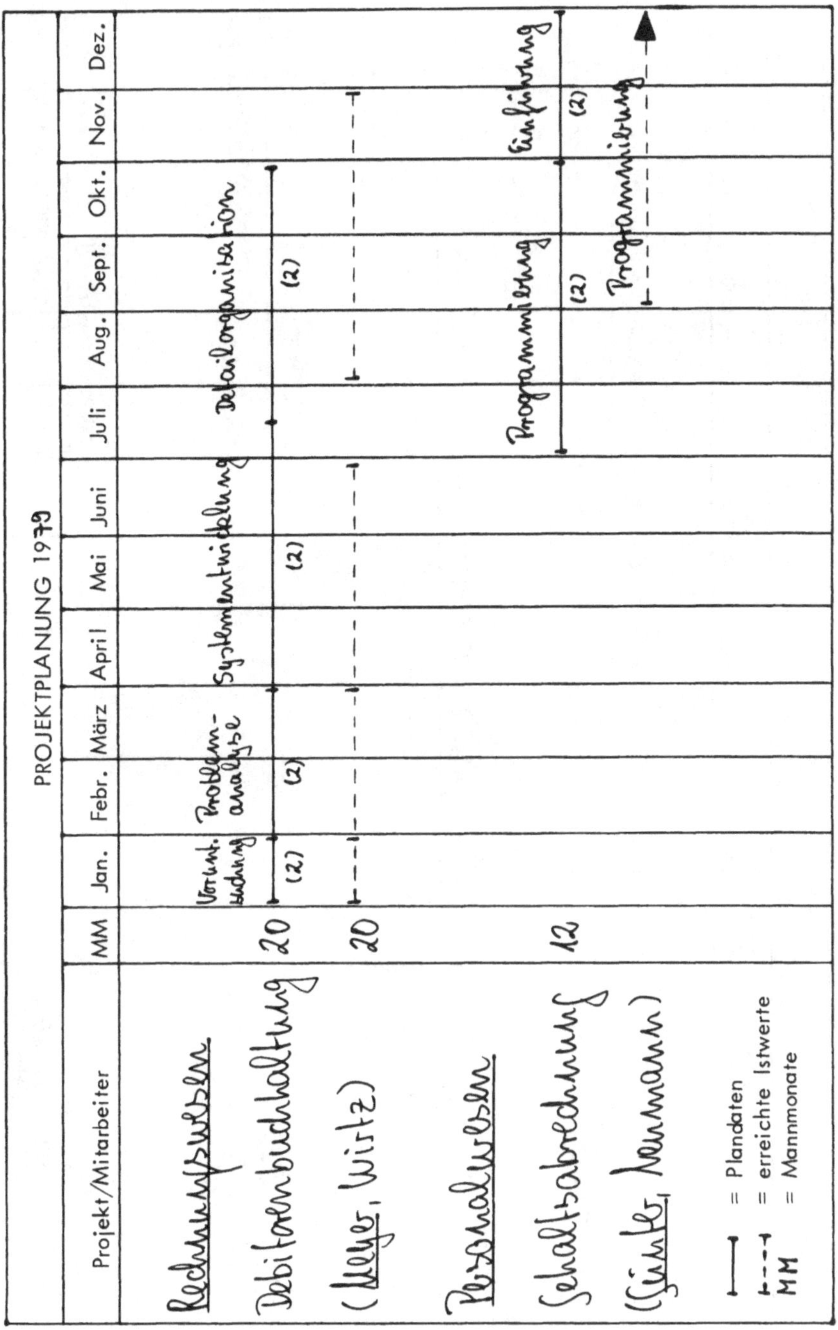

Bild 51: Projektplanung

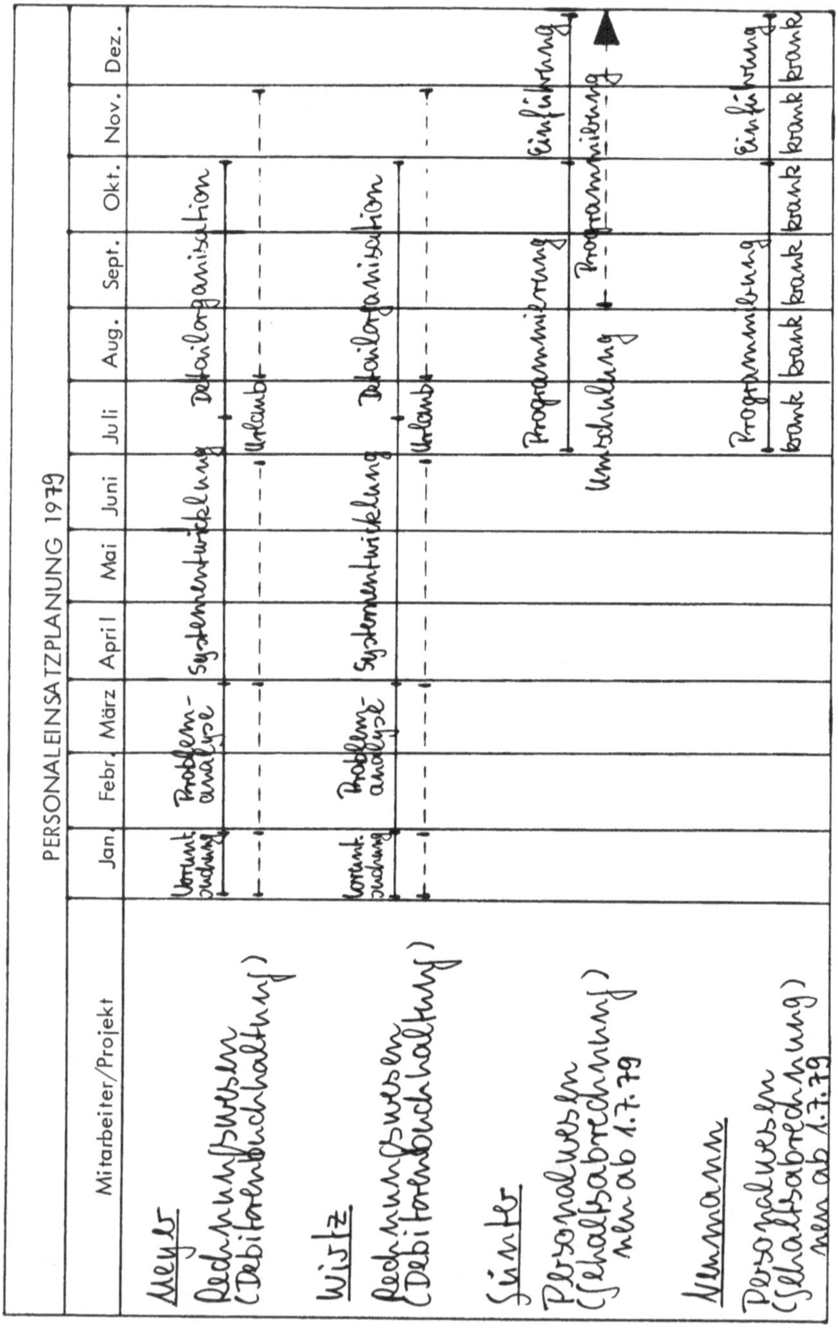

Bild 52: Personaleinsatzplanung

KURZFRISTIGE PERSONAL-, MASCHINEN- UND KOSTENPLANUNG 1979

Planungszeitraum: 1979 – 1984

Planungsjahr: 1979

Bezeichnung	Erläuterungen	Vorjahr	Soll	Ist	Abw.	Bemerkungen
Personal						
1. Leitung EDV	+ Abt. u. Sekr.	–	3	3	–	
2. EDV-Organisation	incl. Leitung	–	15	15	–	
3. Programmierung	incl. Leitung	–	12	10	./. 2	nicht benötigt
4. RZ-Leitung	–	–	1	1	–	
5. Arbeitsvorbereitung	2 Schichten	–	4	4	–	
6. Datenerfassung	incl. Leitung	–	10	10	–	
7. Datenverarbeitung	2 Schichten	–	6	6	–	
8. Kontrolle			4	4	–	
Summe			55	53	./. 2	
Maschinen						
1. EDV-Anlagen	370,135-256 K	–	x	x	–	
2. DE-Geräte	MB-Geräte	–	8	8	–	
3. DFÜ-Geräte		–	–	–	–	
4. Sonstige		–	–	–	–	
Kosten (in TDM)						
1. Personalkosten	incl. 30% Soz-Kost.	–	170	160	./. 10	weniger Personal
2. Maschinenkosten		–	520	520	–	
3. Materialkosten		–	160	150	./. 10	geringerer Verbrauch
4. Sonstige Kosten	Räume, Energie usw.	–	130	130	–	
Summe			980	960	./. 20	

Bemerkungen:

Bild 53: Kurzfristige Personal-, Maschinen- und Kostenplanung

AUSWERTUNG NACH ARBEITSSCHLÜSSELN									
Mon./Jahr	M.-Syst.	Mtl. Ist-St.	Konsolprotokoll Anfang	Konsolprotokoll Ende	Arbeitsschlüssel		Störungsschlüssel		
6179	1370,145	310	0147	0536	0=Stillstand 1=Originalarb. 2=Wiederholung 3=Umwandlung	4=Programmtest 5=Originaltest 6=Wartung 7=Reparatur	1=Bedienungsfehl. 2=Progr.-Fehler 3=Hardwarefehler 8=Störung	4=Softw.-Fehl. 5=Ausfall Netz 6=Ausf. Klima.	
Lfd. Nr.	Arbeits-schlüssel	Störungs-schlüssel	Anzahl	Zeit in Stunden	Zeit in %	Zwischensumme	Gesamtsumme	Bemerkungen	
01	0	–	–	–	–	–	–		
02	1	–	326	185	ca. 60	185			
03	2	–	18	16	ca. 5	16			
04	3	–	142	28					
05	4	–	176	42					
06	5	–	3	14	ca. 27	84			
07	6	–	6	8					
08	7	–	5	6					
09	8	3	12	7					
10	8	4	6	4	ca. 8	25			
					ca. 100		310		

Bild 54: Maschinenbelegung nach Arbeitsschlüsseln

AUSWERTUNG NACH KOSTENSTELLEN

Mon./Jahr	M.-Syst.	Mtl. Ist-St.	Wertfaktor je Std.	Wertfaktor je Min.	Arbeitsschlüssel	Störungsschlüssel
7/79	1370,145	310	660.-	11.-	0=Stillstand, 1=Originalarb., 2=Wiederholung, 3=Umwandlung, 4=Programmtest, 5=Originaltest, 6=Wartung, 7=Reparatur	1=Bedienungsfehl., 2=Progr.-Fehler, 3=Hardwarefehler, 4=Softw.-Fehl., 5=Ausfall Netz, 6=Ausf. Klima., 8=Störung

Lfd. Nr.	Auftraggeber	Kostenstelle	Arbeitsschlüssel	Störungsschlüssel	Anzahl Läufe	Zeit in Stunden	Zeit in %	Bemerkungen
01	Buchhaltung	4/13	1	–	26	8,5	2,9	
02	Fertigung	3/12	1	–	28	75,5	25,5	
03	Kostenrechnung	4/10	1	–	15	76,5	25,9	
04	Vertrieb	2/08	1	–	16	36,8	12,5	
05	"	"	2	–	2	3,2	1,1	
06	Programmierung	–	3	–	142	28,0	9,5	
07	"	–	4	–	176	42,0	14,2	
08	Wartung	–	6	–	6	8,0	2,7	
09	Reparatur	–	7	–	5	6,0	2,0	
10	Störung	–	8	–	18	11,0	3,7	
	Summen					295,5	100,0	

Bild 55: Maschinenbelegung nach Kostenstellen

Zusammenfassung

- Die erste Führungsaufgabe der Geschäftsführung im Bereich der EDV besteht darin, EDV-Ziele zu setzen sowie die mit dieser Zielsetzung verbundenen Voraussetzungen, Auswirkungen, Risiken und Alternativlösungen für die Erreichung der gesteckten EDV-Ziele festzustellen und zu analysieren.

- Die Geschäftsführung muß, abgeleitet aus den EDV-Zielen, den Entwurf eines EDV-Gesamtkonzepts sowie die Ausarbeitung von Termin- und Mittelplänen veranlassen und überprüfen.

- Erst die Durchsetzung einer zweckmäßigen Struktur- und Ablauforganisation schafft die notwendigen Voraussetzungen für die Realisierung der EDV-Pläne; diese Organisation erstreckt sich sowohl auf Stellen und Aktivitäten außerhalb als auch innerhalb der EDV-Abteilung.

- EDV-Zielsetzung, EDV-Pläne und eine EDV-Organisation bleiben wirkungslos, wenn sie nicht regelmäßig kontrolliert werden; deshalb muß die Geschäftsführung die Ausarbeitung entsprechender Berichte veranlassen und mit Hilfe dieser EDV-Berichte laufend Kontrollen durchführen.

Zur Unterstützung der Geschäftsführung bei der Steuerung und Kontrolle von EDV-Aktivitäten, aber auch als EDV-Koordinator und Mittler zwischen EDV-Abteilung und Fachabteilungen hat sich der EDV-Ausschuß bewährt.

3.22 Der EDV-Ausschuß

Die Aufgaben eines solchen EDV-Ausschusses sind

- die Mitwirkung bei der Ausarbeitung eines EDV-Gesamtkonzepts und einer langfristigen EDV-Planung

- die Beratung der Geschäftsführung in allen übergeordneten Fragen der elektronischen Datenverarbeitung

- die Koordination und Prioritätenfestlegung aller EDV-Aufgaben im Unternehmen

- die Entgegennahme von EDV-Anträgen und Vergabe von Aufträgen für EDV-Voruntersuchungen und

- bestimmte Überwachungs- und Kontrollfunktionen.

Mitglieder des EDV-Ausschusses sind zweckmäßigerweise der Leiter der EDV-Abteilung, der Leiter der Betriebsorganisation und 2 bis 4 sachkundige Delegierte der hauptsächlich von der EDV betroffenen Fachbereiche. Um die Bedeutung des EDV-Ausschusses zu erhöhen, sollte an seiner Spitze möglichst ein Mitglied der Geschäftsführung stehen. Von Fall zu Fall können dann weitere Teilnehmer aus den Fachabteilungen, deren EDV-Fragen gerade im Ausschuß behandelt werden, zeitweise hinzugezogen werden.

Der EDV-Ausschuß trifft sich üblicherweise einmal monatlich und zusätzlich bei besonderen Anlässen. Er hat normalerweise eine unterstützende, koordinierende und beratende Funktion, sollte aber in Einzelfällen (z.B. Festsetzung von Umstellungsprioritäten) begrenzte Entscheidungsbefugnisse haben. Bild 56 zeigt die Stellung des EDV-Ausschusses zwischen Geschäftsführung, Betriebsorganisation, EDV-Abteilung und Fachabteilungen außerhalb der hierarchischen Unternehmensorganisation.

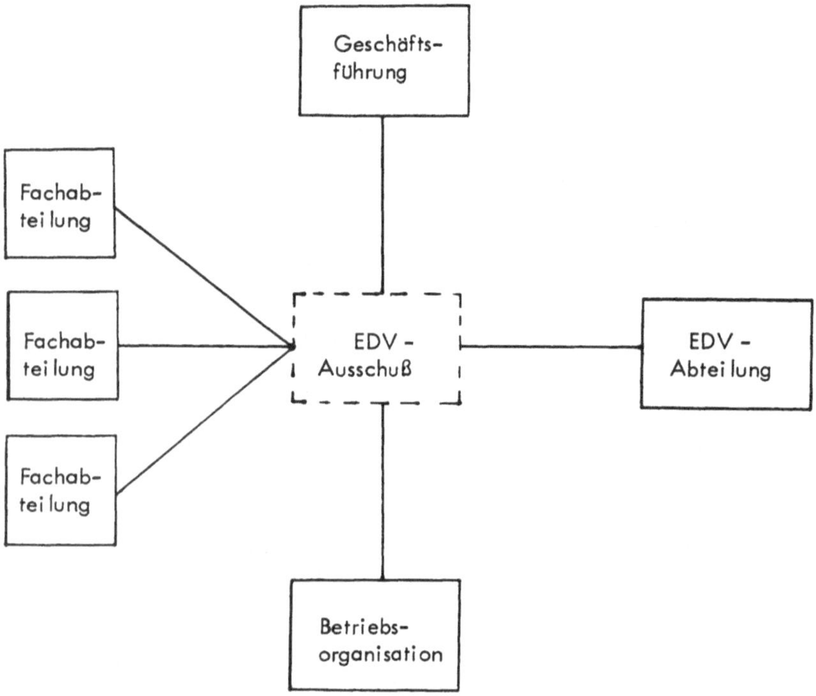

Bild 56: EDV - Ausschuß

Zusammenfassung

- Der EDV-Ausschuß dient zur Unterstützung der Geschäftsführung in EDV-Fragen, als Koordinator bei EDV-Anwendungen und als Mittler zwischen EDV-Abteilung, Betriebsorganisation und Fachabteilungen.

- Ständige Mitglieder des EDV-Ausschusses sind der Leiter der EDV-Abteilung, der Leiter der Betriebsorganisation und 2 bis 4 Delegierte der Fachbereiche; von Vorteil ist es, wenn der EDV-Ausschuß durch ein Mitglied der Geschäftsführung geleitet wird.

- Es sollte in einer kleinen Satzung festgelegt werden, welche Aufgaben und Befugnisse der EDV-Ausschuß besitzt.

3.23 EDV-Aufgaben der Betriebsorganisation

Unter dem Begriff Betriebsorganisation wollen wir die Organisationsabteilung verstehen, die sich vornehmlich mit denjenigen Aufgaben der Struktur- und Ablauforganisation befasst, die nichts mit EDV-Prozessen zu tun haben. Beispiele sind die Ausarbeitung von Organisationsdiagrammen, die Darstellung von Stellenbeschreibungen, die Rationalisierung herkömmlicher Organisationsabläufe, das Formularwesen, die Beschaffung von Büromaschinen und die Einrichtung der Textverarbeitung. Aus der Aufzählung dieser Aufgaben geht aber schon im Einzelfalle (z.B. bei der Rationalisierung von Organisationsabläufen und der Einrichtung der Textverarbeitung) die enge Verbindung zur EDV-Abteilung hervor (z.B. die gemeinsame Rationalisierung eines Arbeitsgebietes mit Hilfe der EDV und herkömmlicher Verfahrenstechniken oder die Lösung der Textverarbeitung mit Hilfe des Computers). Aus diesem Grunde ist es unumgänglich, daß Betriebsorganisation und EDV-Abteilung bei einzelnen Aufgaben zusammenarbeiten bzw. die Betriebsorganisation bei wichtigen EDV-Prozessen mitwirkt.

Die erste Frage nach der Gemeinsamkeit liegt darin, ob Betriebsorganisation und EDV-Abteilung eine gemeinsame Abteilung oder Hauptabteilung bilden sollten. Für eine Zusammenlegung von Betriebsorganisation und EDV-Abteilung zur "Organisation und Datenverarbeitung" spricht die beschriebene starke Verknüpfung von organisatorischer Tätigkeit und EDV-Prozessen. Dagegen spricht, daß im Falle einer einzigen Abteilung mit einem gemeinsamen Leiter an der Spitze viele organisatorische Dinge aus der Sicht reiner EDV-Lösungen gesehen werden können. Es fehlt die fachliche Überwachung der EDV-Abteilung, die im Falle der Trennung zumindest teilweise durch die Betriebsorganisation ausgeübt werden kann, sofern hierfür EDV-fachkundige Kräfte zur Verfügung stehen. Fehlt eine solche Überwachung, so kann es zu einer ungesunden und wirtschaftlich nicht gerechtfertigten Aufblähung kommen; es werden möglicherweise Aufgaben auf die EDV-Anlage übertragen, die nicht das Merkmal einer sinnvollen und wirtschaftlichen EDV-Voraussetzung tragen. Sowohl die Zusammenlegung von Organisation und Datenverarbeitung als auch ihre Trennung kommen in der Praxis vor, und beide Modelle haben Befürworter und Gegner. Aus unserer Sicht heraus scheint es, als ob in letzter Zeit die Befürworter einer Trennung der beiden Abteilungen (allerdings bei enger Aufgabenkoordination!) zugenommen haben. Bild 57 zeigt die in der Praxis häufig vorkommenden Einordnungs- und Gliederungsmodelle.

Unserer Ansicht nach sollte die Betriebsorganisation (Organisationsabteilung) bei EDV-Prozessen immer mehr die Rolle einer neutralen, objektiven EDV-Instanz gegenüber EDV-Abteilung und Fachabteilungen übernehmen. Diese Rolle steht der Betriebsorganisation umso mehr zu, als sie weder Auftraggeber (Fachabteilungen) noch Auftragnehmer (EDV-Abteilung) bei der Vergabe von EDV-Aufträgen und Programmänderungen ist. Sie kann unabhängig von Prestige- und Kapazitätsfragen sachlich und wirtschaftlich im Gesamtinteresse des Unternehmens beraten und empfehlen. Diese Aufgaben und Verantwortungen setzen allerdings voraus, daß die Mitarbeiter der Organisationsabteilung ausreichend in den Grundlagen und Techniken der EDV ausgebildet sind und ihre Mitwirkung bei bestimmten EDV-Prozessen (EDV-Planung, EDV-Gesamtkonzept, EDV-Analyse, EDV-Umstellungen, Programm-Änderungsdienst, Maßnahmen des Datenschutzes und der Datensicherung) schriftlich in Stellenbeschreibungen und Arbeitsanweisungen sichergestellt ist. Denn nur auf diese Weise kann gewährleistet werden, daß die Mitwirkung und Mitverantwortung der Betriebsorganisation bei EDV-Prozessen nicht reine Absichtserklärungen bleiben, sondern in die tägliche Praxis umgesetzt werden.

Zusammenfassung

- Betriebsorganisation und EDV-Abteilung müssen bei bestimmten EDV-Prozessen eng zusammenarbeiten, wo-

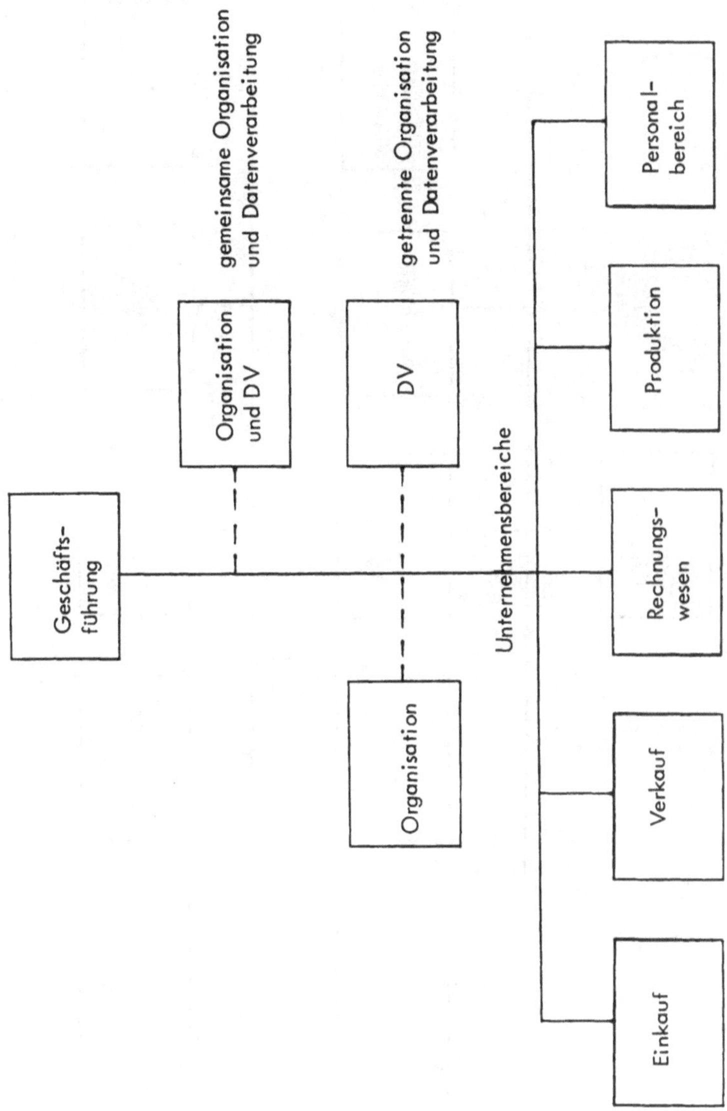

Bild 57 (1): Einordnung und Gliederung von Betriebsorganisation und EDV - Abteilung (Beispiele)

bei der neutralen Betriebsorganisation in einigen EDV-Fragen sogar das Primat der Entscheidung (besser: Empfehlung) eingeräumt werden sollte.

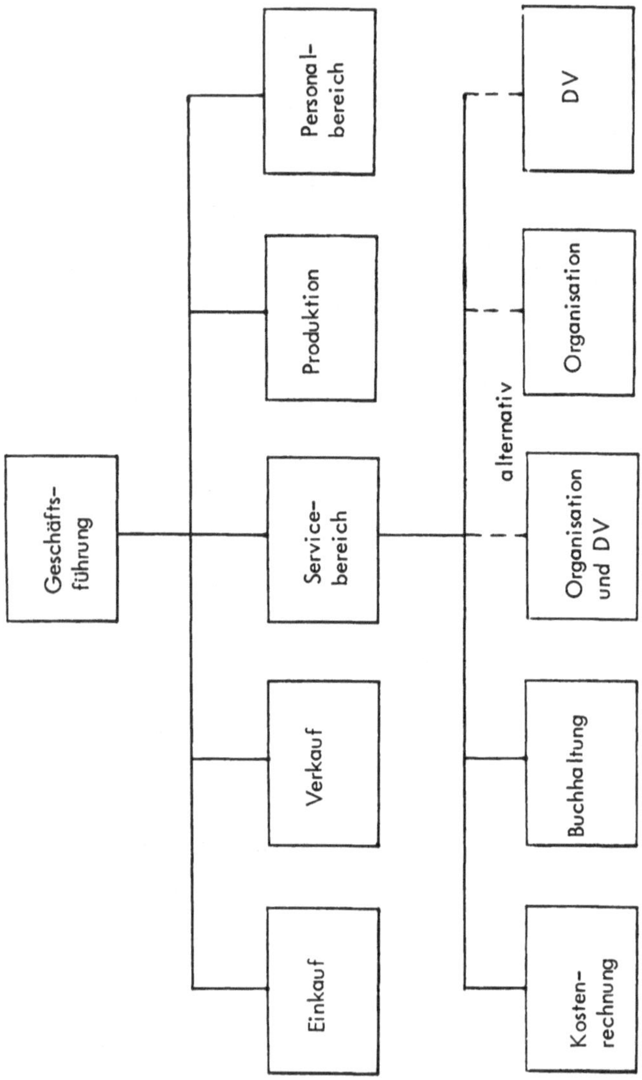

Bild 57 (2): Einordnung und Gliederung von Betriebsorganisation und EDV - Abteilung (Beispiele)

- Betriebsorganisation und EDV-Abteilung können entweder als gemeinsame Abteilung Organisation und Datenverarbeitung oder aber getrennt in die Unternehmenshierarchie eingeordnet sein; im Falle der Trennung der beiden Abteilungen sollte aber die enge Zusammenarbeit durch eine gemeinsame Unterstellung innerhalb desselben Fachbereichs (Vorstandsressorts) gefördert werden (siehe Bild 57, zweites Modell).

- Die EDV-Aufgaben der Betriebsorganisation sollten in Stellenbeschreibungen und Arbeitsanweisungen dokumentiert sein.

3.24 EDV-Aufgaben der Fachabteilungen

Der Wandel in der EDV seit dem Beginn dieser Entwicklung vor etwa 30 Jahren läßt sich am besten an drei parallel verlaufenden Entwicklungsstufen aufzeigen, im einzelnen:

- Computer haben nicht nur immer mehr EDV-Anwendungen übernommen, sondern führen heute neben einfachen Abrechnungsaufgaben auch Arbeiten im Bereich der Disposition durch, unterstützen die Führungskräfte aller Ebenen bei Planungsaufgaben und versorgen sie mit aktuellen Informationen.

- Durch neue Techniken (Dialogverkehr, Datenfernübertragung und Datenbanken) rückt der Computer immer näher an den einzelnen Arbeitsplatz der Fach- und Führungskräfte in den Abteilungen heran.

- Um die EDV-Anwendungen wirtschaftlich effizienter, sachlich sinnvoller und sicherer zu gestalten, ist es unumgänglich, daß die Fach- und Führungskräfte in den Fachabteilungen an EDV-Prozessen mitwirken.

Während dem Mitarbeiter in den Fachabteilungen früher mehr eine passive (Interview-) Rolle bei der Gestaltung von EDV-Prozessen zukam, sollte er heute unbedingt zur aktiven Mitwirkung und zu sachlichen Kontrollen bei EDV-Prozessen (Umstellung, Änderung, Handhabung) herangezogen werden;

vielleicht werden die Mitarbeiter der Fachabteilungen künftig sogar selbst die Verantwortung für die Gestaltung und Konzipierung (nicht Lösung) von EDV-Anwendungen tragen.

Die erste Gruppe der Mitarbeiter in den Fachabteilungen, die an der Gestaltung von EDV-Abläufen mitwirkt, sind die sogenannten EDV-Kontaktleute. Es empfiehlt sich, je Unternehmensbereich und Werk 1 - 2 solcher EDV-Kontaktleute einzusetzen. Die EDV-Kontaktleute arbeiten während der Umstellungsarbeit mit den EDV-Fachkräften zusammen, machen Vorschläge für Änderungen und Verbesserungen und unterstützen die Mitarbeiter in den Fachabteilungen bei der Handhabung umgestellter EDV-Systeme. In der Regel sind EDV-Kontaktleute nicht ganztägig, sondern nur zeitweise mit EDV-Aufgaben beschäftigt. Neben gutem fachlichen Wissen ihres Bereiches sollten sie in den Grundlagen der EDV (ca. 5 Tage) sowie in den Aktivitäten der Systemanalyse (Grundwissen ca. 10 - 15 Tage, Erweiterungswissen ca. 5 -10 Tage jährlich) ausgebildet werden.

Aus Bild 58 geht hervor, daß die EDV-Kontaktleute in den Fachabteilungen im Bereich neuer Umstellungen und Programmänderungen mit den Mitarbeitern der EDV-Verfahrensentwicklung (EDV-Organisatoren, Systemanalytiker, Programmierer) und im Hinblick auf die Handhabung umgestellter EDV-Abläufe mit den Mitarbeitern des EDV-Betriebs (Rechenzentrum, Gruppe Kontrolle / Abstimmung) zusammenarbeiten.

Neben den EDV-Kontaktleuten, die meist einen erheblichen Teil ihrer Arbeitszeit mit EDV-Aufgaben zubringen, kommt es heute genauso auf die entsprechende Aktivität der übrigen Mitarbeiter in den Fachabteilungen an. Ihre Tätigkeiten liegen jedoch weniger in einer vollzeitigen Mitarbeit bei Umstellungen und Änderungen als in der sachlichen Unterstützung und in fachbezogenen Kontrollen sowie natürlich in der Handhabung umgestellter EDV-Systeme. Sie müssen kontrollieren, ob alle Datenarten, Verarbeitungsregeln und Auswertungen vom Projektteam, das die Umstellungen durchführt (und dem auch die betreffenden EDV-Kontaktleute ange-

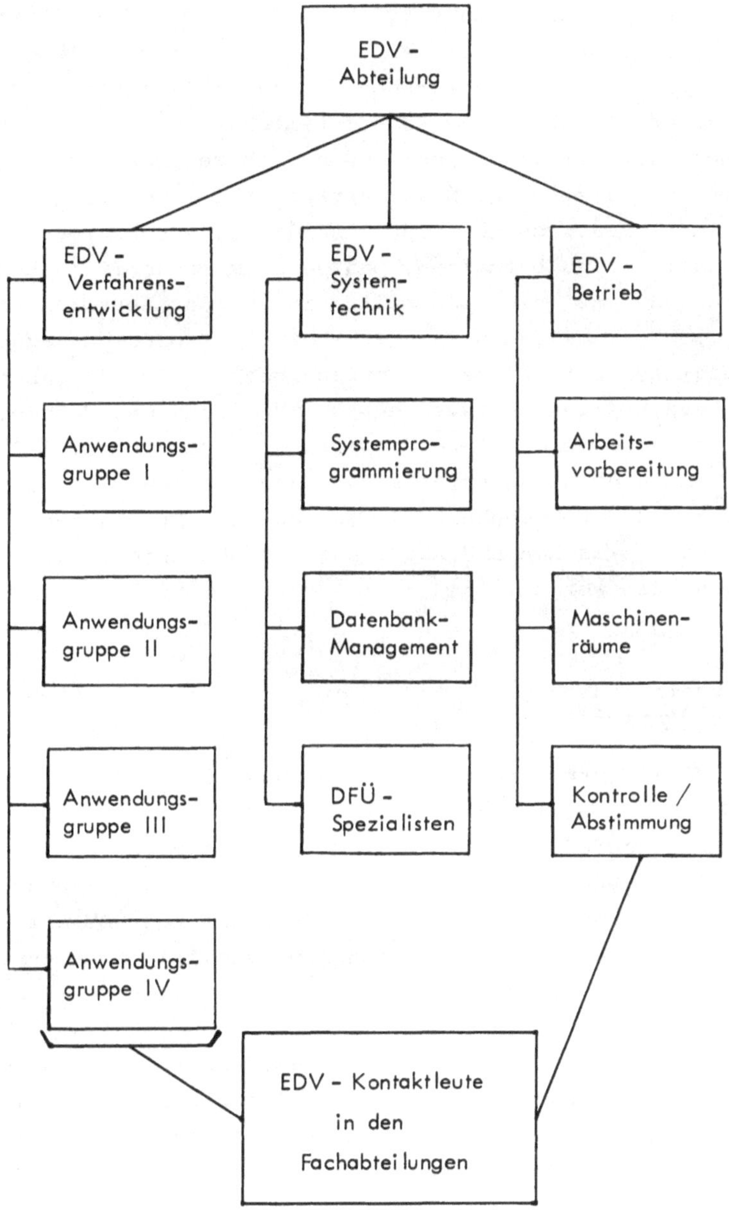

Bild 58: EDV - Kontaktleute in den Fachabteilungen

hören), erfaßt und berücksichtigt werden und die Programme sicher funktionieren, bevor sie endgültig freigegeben werden. Außer der Mitwirkung bei der EDV-Planung (im EDV-Ausschuß), bei neuen EDV-Umstellungen, bei der Änderung bereits laufender Programme und in der Handhabung umgestellter EDV-Systeme sind die Mitarbeiter in den Fachabteilungen unmittelbar von den Maßnahmen des Datenschutzes und der Datensicherung betroffen. Ganz allgemein kommt es heute darauf an, daß die Mitarbeiter in den Fachabteilungen zu gleichberechtigten Partnern bei EDV-Prozessen werden und zugleich eine klare Abgrenzung bei den EDV-Aufgaben und -Verantwortungen zwischen EDV-Abteilung und Fachabteilungen erfolgt. Die genannte Mitwirkung setzt voraus, daß alle Fach- und Führungskräfte der Fachabteilungen in den Grundlagen der EDV-Technik (1 Tag) und den Fragen der Zusammenarbeit zwischen EDV-Abteilung und Fachabteilungen (2 Tage) geschult werden.

Zusammenfassung

- Durch höhere EDV-Anwendungsstufen, neue EDV-Techniken und den Zwang zu größerer Produktivität und Wirtschaftlichkeit bei EDV-Prozessen ist es heute unumgänglich, daß die Mitarbeiter in den Fachabteilungen an der Gestaltung und Änderung von EDV-Abläufen sowie in der Handhabung umgestellter EDV-Systeme aktiv mitwirken.

- In besonders starkem Maße arbeiten die sogenannten EDV-Kontaktleute in den Fachbereichen an allen EDV-Prozessen mit; sie müssen ähnlich gut ausgebildet sein wie die EDV-Organisatoren und Systemanalytiker.

- Die Mitwirkung der übrigen Fach- und Führungskräfte in den Fachabteilungen erstreckt sich mehr auf sachliche Kontrollen (Organisationstests, Programmtests, Testauswertungen) bei EDV-Projekten und auf die Handhabung umgestellter EDV-Systeme.

3.25 Überprüfung durch die Revisionsabteilung

Die EDV-Kontrollen der Geschäftsführung müssen, wie bei allen anderen betrieblichen Tätigkeiten im Unternehmen auch, durch detaillierte Überprüfungen aller EDV-Aktivitäten innerhalb und außerhalb der EDV-Abteilung ergänzt werden. Diese Aufgaben übernehmen auf EDV-Untersuchungen spezialisierte Revisoren, ganz gleich, ob sie der Revisionsabteilung des Unternehmens angehören oder als externe EDV-Revisoren, von Beratungsunternehmen oder Wirtschaftsprüfungsgesellschaften, tätig sind.

EDV-Revisionen müssen sich sowohl auf Programmprüfungen im Sinne der Ordnungsmäßigkeit der Buchführung als auch auf eine etwa alle 2 bis 3 Jahre stattfindende Gesamtuntersuchung (EDV-Systemrevision) erstrecken; Programmprüfungen sollten laufend und im Zusammenhang mit Jahresabschlüssen durchgeführt werden.

Ziel einer EDV-Systemrevision ist dagegen die Überprüfung der organisatorischen Zweckmäßigkeit, Wirtschaftlichkeit und Sicherheit aller EDV-Abläufe und EDV-Aktivitäten. Sofern auf eine Überprüfung des Datenschutzes und der Datensicherung verzichtet und dieses Gebiet allein dem betrieblichen Datenschutzbeauftragten überlassen wird, muß an ihre Stelle die Überprüfung der Aktivitäten des Datenschutzbeauftragten selbst treten. Eine EDV-Systemrevision darf nicht nur die Beurteilung des Istzustandes umfassen, sondern muß praktikable Verbesserungsvorschläge einschliessen.

Für eine umfassende EDV-Systemrevision muß, abhängig von der Größe des Unternehmens und der EDV-Abteilung, ein Zeitraum von 4 bis 6 Wochen angesetzt werden. Als Hilfsmittel für die Durchführung der Revision haben sich Checklisten (Fragebogen) und Auswertungslisten bewährt.

Die Bilder 59 - 65 zeigen eine Übersicht über die Begriffe der Revision und Kontrolle, eine Unterscheidung von EDV-Programm- und -Systemrevision, eine Darstellung der Ziele einer EDV-Systemrevision, die Objekte einer EDV-Systemrevision, den Ablauf und die Hilfsmittel sowie einen Auszug aus einem Revisionsfragebogen (Checkliste).

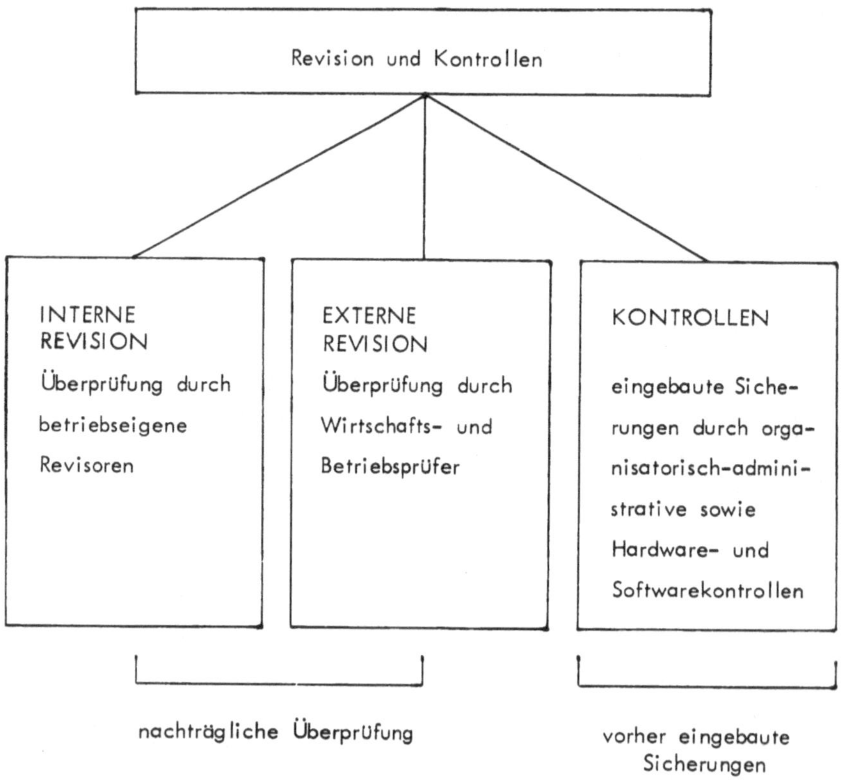

Bild 59: Revision und Kontrollen

Zusammenfassung

- Nach dem Grundsatz "Vertrauen ist gut, Kontrolle ist besser!" müssen auch EDV-Aktivitäten und EDV-Abteilung regelmäßigen Überprüfungen unterzogen werden.

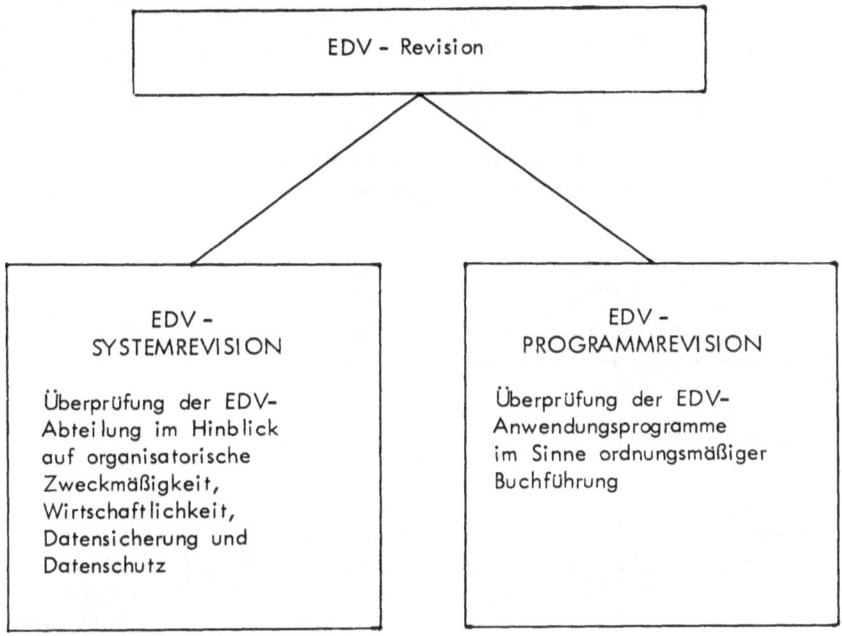

Bild 60: EDV - System- und -Programmrevision

- Von den häufig durchgeführten Programmprüfungen ist die, in der Regel alle 2 bis 3 Jahre durchgeführte, Gesamtuntersuchung (EDV-Systemrevision) zu unterscheiden.

- Ziel einer EDV-Systemrevision ist die Überprüfung der organisatorischen Zweckmäßigkeit, der Wirtschaftlichkeit und der Sicherheit aller EDV-Abläufe und EDV-Aktivitäten. Objekte sind die Projektumstellung einschließlich Änderungsdienst, die Abwicklung im Rechenzentrum sowie sonstige projektunabhängige Bereiche wie EDV-Anwendungen, die EDV-Strukturorganisation, das EDV-Personal und die EDV-Kosten.

- Für die erfolgreiche Durchführung einer EDV-Systemrevision ist es von ausschlaggebender Bedeutung, daß der EDV-Revisor ein hervorragender EDV-Fachmann ist, der über geeignete Prüfungstechniken verfügt und bei der Revision systematisch vorgeht.

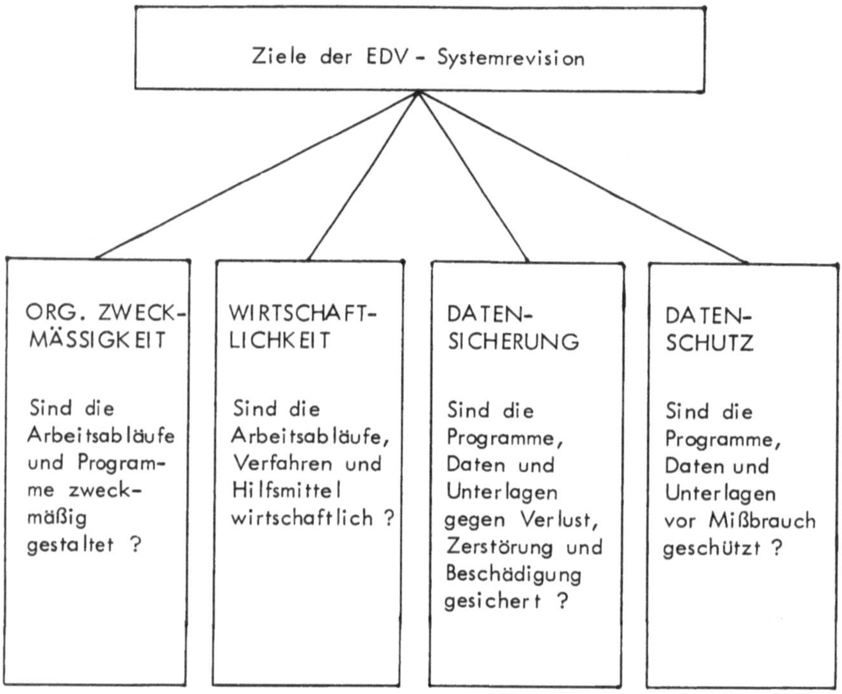

Bild 61: Ziele der EDV - Systemrevision

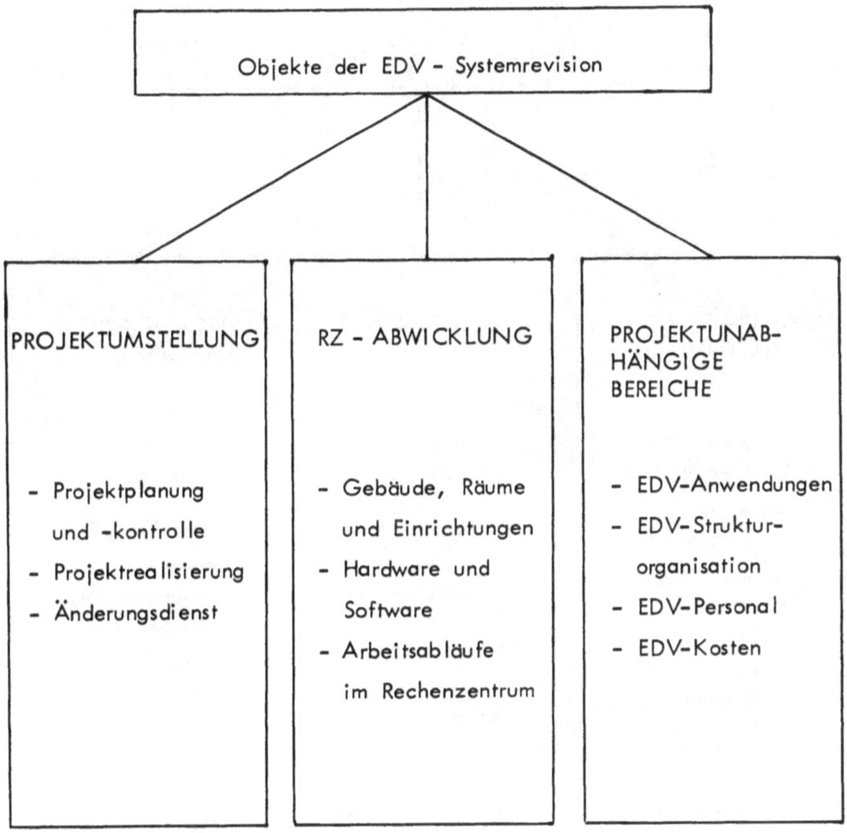

Bild 62: Objekte der EDV - Systemrevision

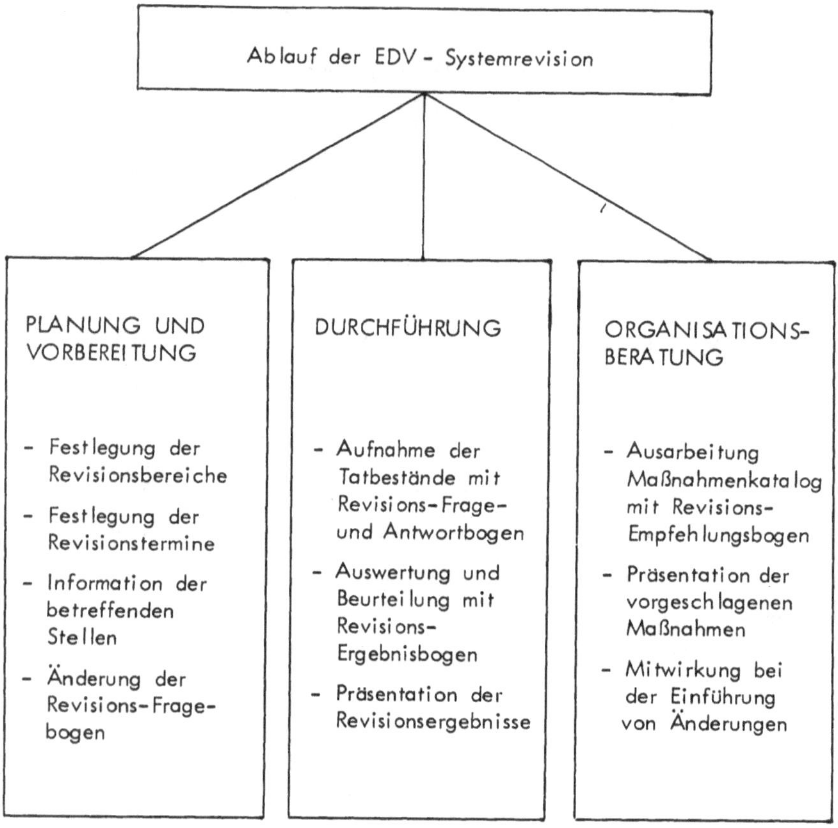

Bild 63: Ablauf einer EDV - Systemrevision

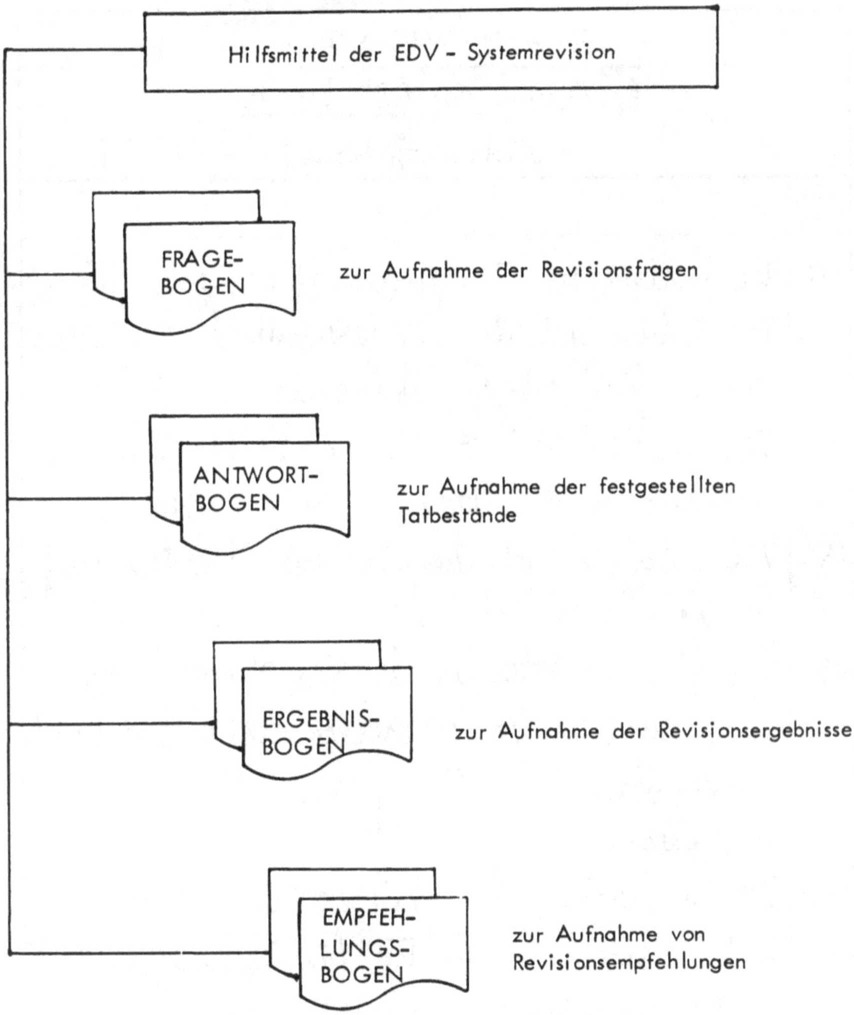

Bild 64: Hilfsmittel einer EDV - Systemrevision

REVISIONSFRAGEBOGEN

Revision der EDV-Kosten
- Kostenerfassung -

Lfd. Nr.	Fragen
010	Wie werden die EDV-Gesamtkosten beurteilt?
020	Wie haben sich die EDV-Gesamtkosten in den letzten fünf Jahren entwickelt?
030	Wie werden sich die EDV-Kosten in den nächsten Jahren voraussichtlich entwickeln?
040	Wie verteilen sich die EDV-Gesamtkosten auf die einzelnen Kostenarten?
050	Hat sich die Relation der einzelnen Kostenarten zueinander verschoben, und wie wird die künftige Entwicklung voraussichtlich aussehen?
060	Werden Wirtschaftlichkeitsvergleiche und Kostenkontrollen für RZ-Abwicklungen vorgenommen?
070	Werden Wirtschaftlichkeitsvergleiche und Kostenkontrollen für Umstellungsprojekte vorgenommen?
080	Wurden Alternativen zu eigenen RZ-Abwicklungen untersucht?

Bild 65: Auszug aus dem Fragebogen einer EDV-Systemrevision

3.26 Der betriebliche Datenschutzbeauftragte

Zu den Stellen außerhalb der EDV-Abteilung, die ebenfalls EDV-Aktivitäten durchführen, gehört auch der betriebliche Datenschutzbeauftragte. Nach § 28 Bundes-Datenschutzgesetz (BDSG) müssen alle Firmen, die Datenverarbeitung für eigene oder fremde Zwecke betreiben, ab 1.7.1977 einen betrieblichen Datenschutzbeauftragten bestellen, sofern sie personenbezogene Daten automatisch verarbeiten und hierbei in der Regel mindestens 5 Arbeitnehmer ständig beschäftigen.

Das Gesetz bestimmt ferner, daß zum Datenschutzbeauftragten nur bestellt werden darf, wer die zur Erfüllung seiner Aufgaben erforderliche Fachkunde und Zuverlässigkeit besitzt. Der Datenschutzbeauftragte ist dem Inhaber, dem Vorstand, dem Geschäftsführer oder dem sonstigen gesetzlich oder verfassungsmäßig berufenen Leiter unmittelbar zu unterstellen; er ist bei Anwendung seiner Fachkunde auf dem Gebiet des Datenschutzes weisungsfrei und darf wegen der Erfüllung seiner Aufgaben nicht benachteiligt werden. Der Datenschutzbeauftragte ist von seiner Firma bei der Erfüllung seiner Aufgaben zu unterstützen.

Der Datenschutzbeauftragte hat die Ausführung des BDSG sowie anderer Vorschriften über den Datenschutz sicherzustellen; in Zweifelsfällen kann er sich an die Aufsichtsbehörde wenden. Er hat ferner eine Übersicht über die Art der gespeicherten personenbezogenen Daten und über die Geschäftszwecke und -ziele, zu deren Erfüllung die Kenntnis dieser Daten erforderlich ist, über deren regelmäßige Empfänger sowie über die Art der eingesetzten automatisierten Datenverarbeitungsanlagen zu führen. Außerdem muß er die ordnungsgemäße Anwendung der Datenverarbeitungsprogramme, mit deren Hilfe personenbezogene Daten verarbeitet werden sollen, überwachen. Schließlich muß er die bei der Verarbeitung personenbezogener Daten tätigen Personen durch geeignete Maßnahmen mit den Vorschriften dieses Gesetzes sowie anderer Vorschriften über den Datenschutz vertraut machen und bei der Auswahl der in der Verarbeitung personenbezogener Daten tätigen Personen beratend mitwirken.

Zusammenfassung

- Das Bundes-Datenschutzgesetz (BDSG) bestimmt, daß Unternehmen einen betrieblichen Datenschutzbeauftragten bestellen müssen, wenn sie personenbezogene Daten automatisch verarbeiten und hierbei in der Regel mindestens 5 Arbeitnehmer ständig beschäftigen. Auch die Bestellung eines externen Datenschutzbeauftragten ist unter bestimmten Voraussetzungen möglich, und Unternehmen mit mehreren rechtlich selbständigen Betrieben können einen gemeinsamen Datenschutzbeauftragten bestellen, wenn er von allen Betrieben einen Arbeitsvertrag erhält.

- Der Datenschutzbeauftragte muß die erforderliche Fachkunde und Zuverlässigkeit besitzen, ist in Sachen des Datenschutzes und der Datensicherung der Geschäftsführung direkt zu unterstellen und muß bei der Erfüllung seiner Aufgaben unterstützt werden; in Zweifelsfällen kann er sich an die Aufsichtsbehörde wenden. Ein EDV-Leiter ist aus Gründen einer Interessenkollision genauso wenig zum Datenschutzbeauftragten geeignet wie ein fachunkundiger Personalleiter oder Leiter der Finanzbuchhaltung.

- Die Aufgaben des Datenschutzbeauftragten bestehen vornehmlich darin, die vom EDV-Personal eingeleiteten Maßnahmen des Datenschutzes und der Datensicherung zu überwachen.

- Der Datenschutzbeauftragte sollte als Grundlage seiner Tätigkeit einen entsprechenden Anstellungsvertrag sowie eine detaillierte und schriftliche Stellenbeschreibung haben.

3.3 EDV-Aktivitäten innerhalb der EDV-Abteilung

3.31 Die Strukturorganisation der EDV-Abteilung

Einleitung

Die Strukturorganisation einer EDV-Abteilung erstreckt sich auf

- die richtige Einordnung der EDV-Abteilung in die Unternehmenshierarchie
- die zweckmäßige Gliederung der EDV-Abteilung selbst und
- die Versorgung der EDV-Mitarbeiter mit aussagefähigen und aktuellen Stellenbeschreibungen.

Einordnung der EDV-Abteilung

Die Unterstellung der EDV-Abteilung unter eine Fachabteilung oder einen Fachbereich, z.B. unterhalb der Buchhaltung oder des Rechnungswesens, ist meist historisch begründet und erinnert an die Unterstellung der früheren Lochkartenstelle oder Hollerith-Abteilung. Im Gegensatz zu früher werden EDV-Anlagen aber heute in der Regel für alle Bereiche und Abteilungen des Unternehmens eingesetzt. Wird eine EDV-Anlage für andere Aufgaben als die der Buchhaltung und des Rechnungswesens verwendet, so ist die Unterstellung unter eine Fachabteilung unzweckmäßig. Da diese Abteilung der einzige Benutzer der EDV ist, führt eine solche Unterstellung früher oder später zu Schwierigkeiten. Bei Kapazitäts- und Terminengpässen ist der Leiter der EDV-Abteilung an die Anweisungen seines unmittelbaren Vorgesetzten gebunden und kann nicht frei über die sachlich richtige Reihenfolge bei der Umstellung und Abwicklung der Arbeiten entscheiden, was zwangsläufig zur Bevorzugung der Arbeiten des eigenen Bereichs und Benachteiligung anderer Fachabteilungen führt. Aus diesem Grunde ist es heute zweckmäßig, die EDV-Abteilung direkt der Geschäftsführung oder dem Leiter eines Servicebereichs zu unterstellen. Bild 66 zeigt die in der Praxis am häufigsten anzutreffenden Modelle der Einordnung der EDV-Abteilung in die Unternehmenshierarchie. Nur in wenigen Großunternehmen ist die EDV-Abteilung gleichberechtigt in der oberen Instanzenebene angesiedelt. Am häufigsten ist die Einordnung der EDV-Abteilung als Stabs-/Servicestelle direkt unterhalb der Geschäftsführung oder, vor allem bei großen Unternehmen, als Abteilung innerhalb eines besonderen Servicebereichs, der nur Serviceleistungen für andere Unternehmensbereiche erbringt.

Alle anderen vorkommenden Einordnungsmodelle funktionieren in der Regel nur so lange, wie die Harmonie der betreffenden Führungskräfte sichergestellt ist. Auf die nochmalige Behandlung der Frage nach der Gemeinsamkeit oder Trennung von EDV-Abteilung und Betriebsorganisation haben wir an dieser Stelle verzichtet.

Gliederung der EDV-Abteilung

Neben der zweckmäßigen Einordnung der EDV-Abteilung in die organisatorische Hierarchie des Unternehmens kommt es vor allem auf eine klare organisatorische Gliederung der EDV-Abteilung selbst an. Hierbei ist es von großer Bedeutung, daß

- die Aufgaben- und Verantwortungsbereiche der einzelnen Stellen klar und eindeutig voneinander abgegrenzt sind und

- die fachlichen (nicht disziplinarischen) Kontrollspannen nicht mehr als 4 bis 6 Mitarbeiter je Führungskraft umfassen.

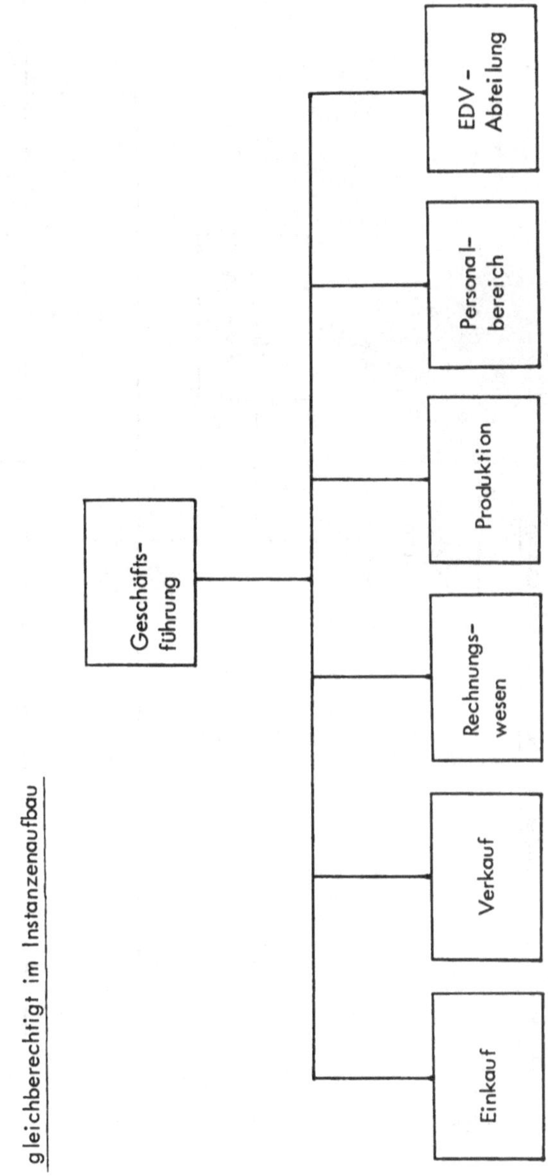

Bild 66 (1): Einordnung der EDV-Abteilung in die Unternehmenshierarchie

Für die Gliederung selbst gibt es verschiedene Modelle, die sich in der Praxis bewährt haben und die vor allem von der Größenordnung der EDV-Abteilung abhängig sind. Wie in Bild 67 dargestellt, wird eine kleine EDV-Abteilung (bis zu 10

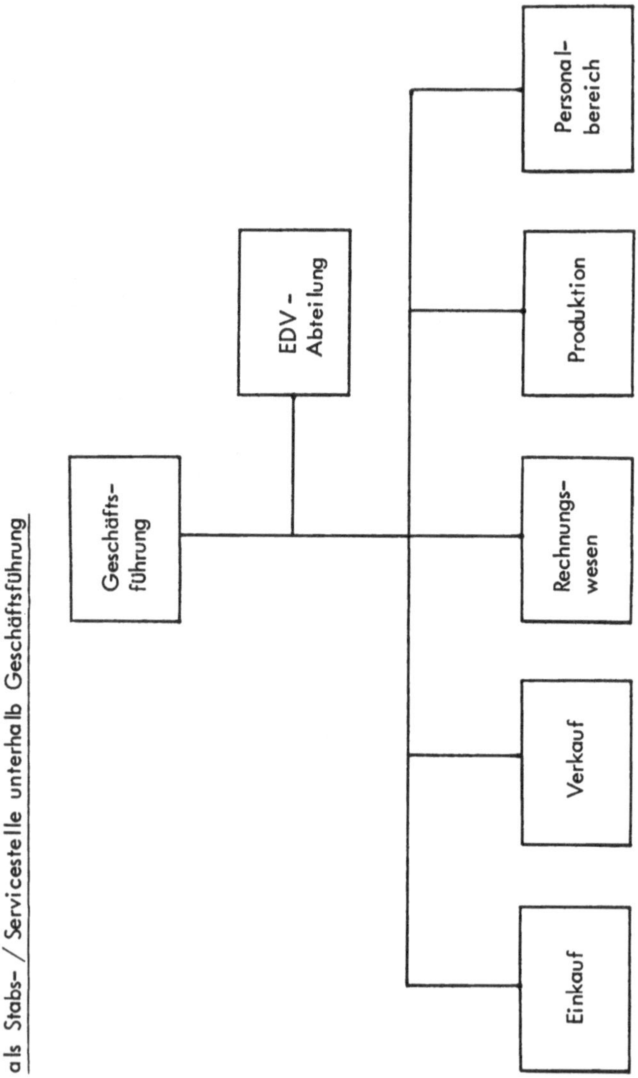

Bild 66 (2): Einordnung der EDV - Abteilung in die Unternehmenshierarchie

Mitarbeitern) zweckmäßigerweise in die Stellen Programmierung, Datenerfassung und Rechenzentrum gegliedert. Bei einer mittelgroßen EDV-Abteilung (ebenfalls im Bild 67 dargestellt) finden wir meist eine Trennung von EDV-Organisation (Systemanalyse), Programmierung und Rechenzentrum. Die Programmierung kann weiter in die Anwendungs- und Systemprogrammierung

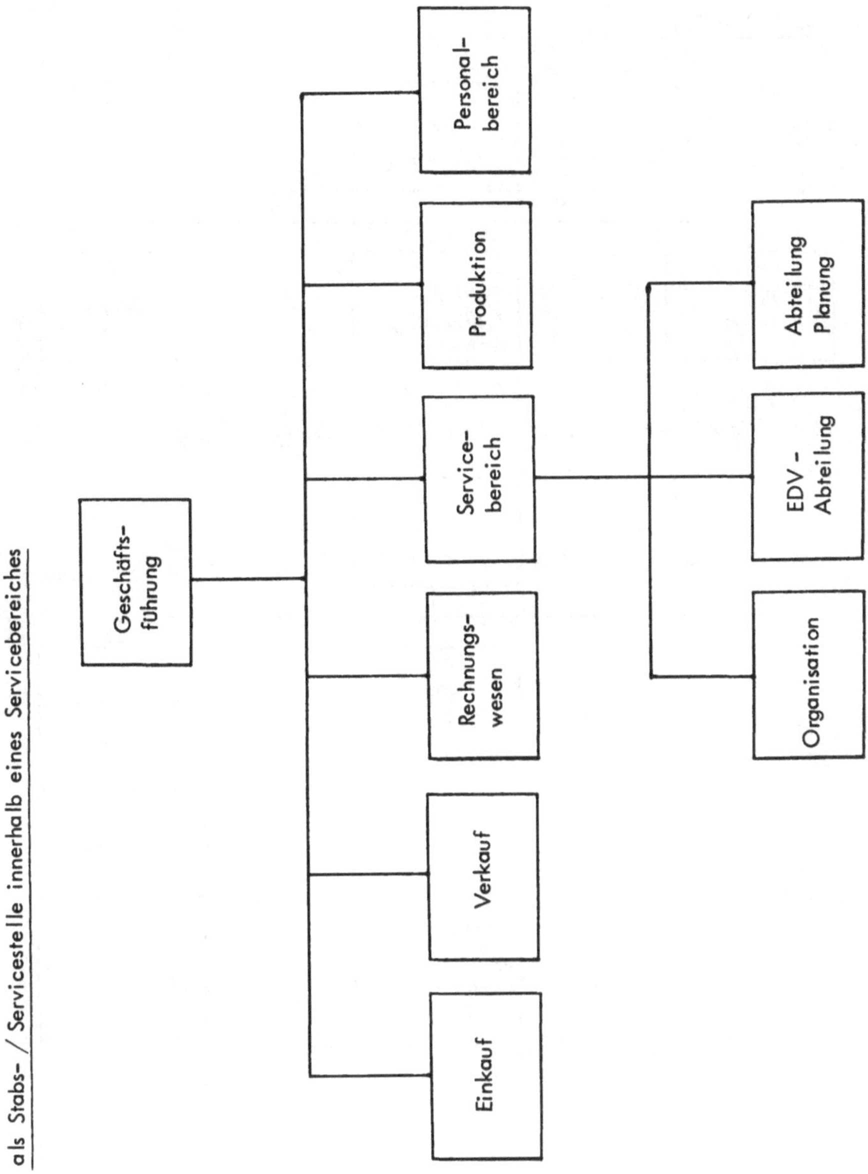

Bild 66 (3): Einordnung der EDV - Abteilung in die Unternehmenshierarchie

und das Rechenzentrum in die Gruppen Arbeitsvorbereitung, zentrale Datenerfassung, Maschinenräume und Kontrolle / Abstimmung gegliedert werden. Eine große EDV-Abteilung mit mehr als 50 Mitarbeitern (siehe hierzu die Darstellungen in

Kleine EDV-Abteilung (bis zu 10 Mitarbeitern)

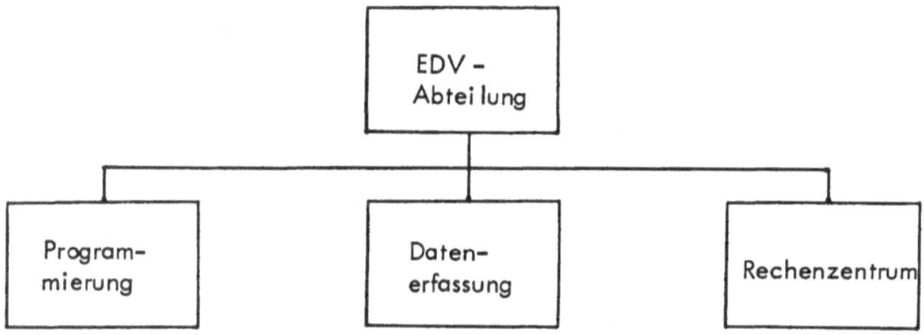

Mittlere EDV-Abteilung (ca. 11 bis 25 Mitarbeiter)

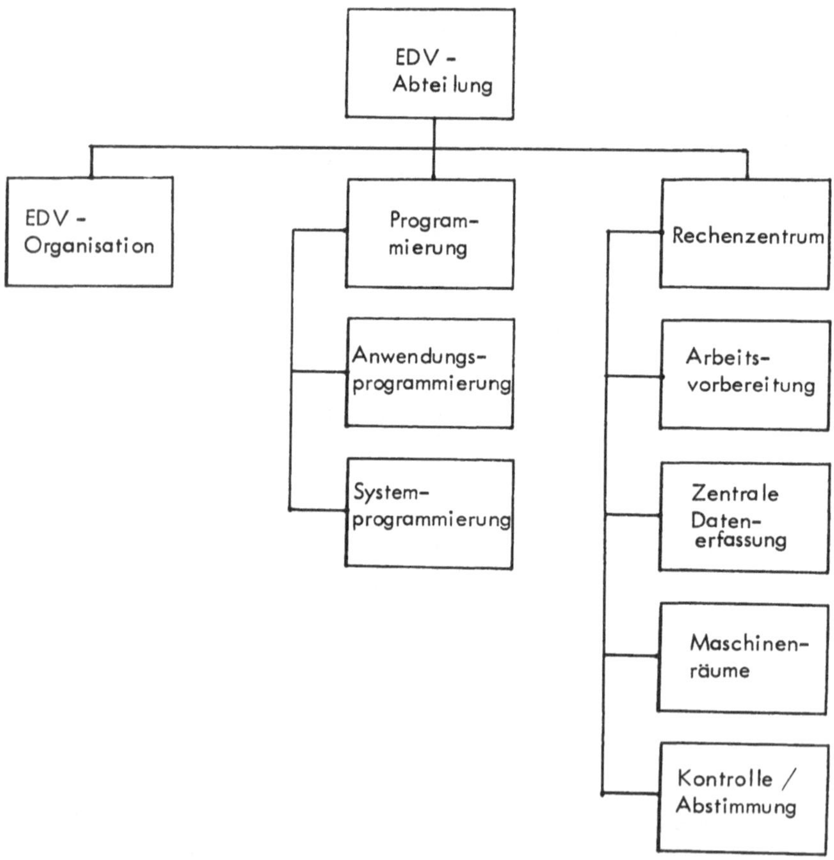

Bild 67: Gliederung einer kleinen und einer mittleren EDV-Abteilung nach dem Funktionenprinzip

den Bildern 68 und 69) wird entweder ebenfalls nach dem Funktionenprinzip oder aber nach dem Sachgebietsprinzip (Bild 69) gegliedert. Bei der Gliederung nach dem Funktionenprinzip werden die Stellen oder Gruppen EDV-Organisation mit Systemplanung und Systemanalyse, Programmierung mit Neuprogrammierung und Programmpflege, EDV-Systemtechnik mit den Stellen Systemprogrammierung, Datenbank-Management und DFÜ-Spezialisten sowie EDV-Betrieb (Rechenzentrum) mit der bekannten Untergruppierung unterschieden. Der Hauptunterschied zwischen Funktionen- und Sachgebietsprinzip besteht darin, daß im ersten Falle die Funktionen EDV-Organisation und Programmierung getrennt sind, während im zweiten (modernen und bei Großunternehmen bewährten) Modell EDV-Organisatoren und Programmierer zu sachgebietsbezogenen Projektgruppen zusammengefaßt werden. In einem Industrieunternehmen beispielsweise bestehen dann solche festen Projektgruppen getrennt für die Bereiche Einkauf, Verkauf, Produktion, Rechnungswesen und Personal. Von Vorteil ist bei diesem Modell, daß sowohl für die Neuprogrammierung als auch für die Daten- und Programmpflege spezialisiertes EDV-Personal den Fachbereichen zur Verfügung steht. Nachteilig wirkt sich aus, daß sich hier eine Tendenz zur Etablierung der einzelnen Mannschaften festsetzt und dadurch die Mobilität zwischen den einzelnen Projektgruppen immer geringer wird, wodurch möglicherweise mit einer etwas größeren Anzahl von EDV-Organisatoren und Programmierern gerechnet werden muß.

Stellenbeschreibungen

Zur Festlegung und Darstellung der Organisationsstruktur gehört aber nicht nur die klare Gliederung und Abgrenzung der einzelnen Stellen voneinander, sondern auch ihre Beschreibung unabhängig vom jeweiligen Stelleninhaber. Diesen Zweck erfüllen Stellenbeschreibungen, die an die Organisationsstruktur anknüpfen und deshalb immer sach- und nicht personenbezogen sind.

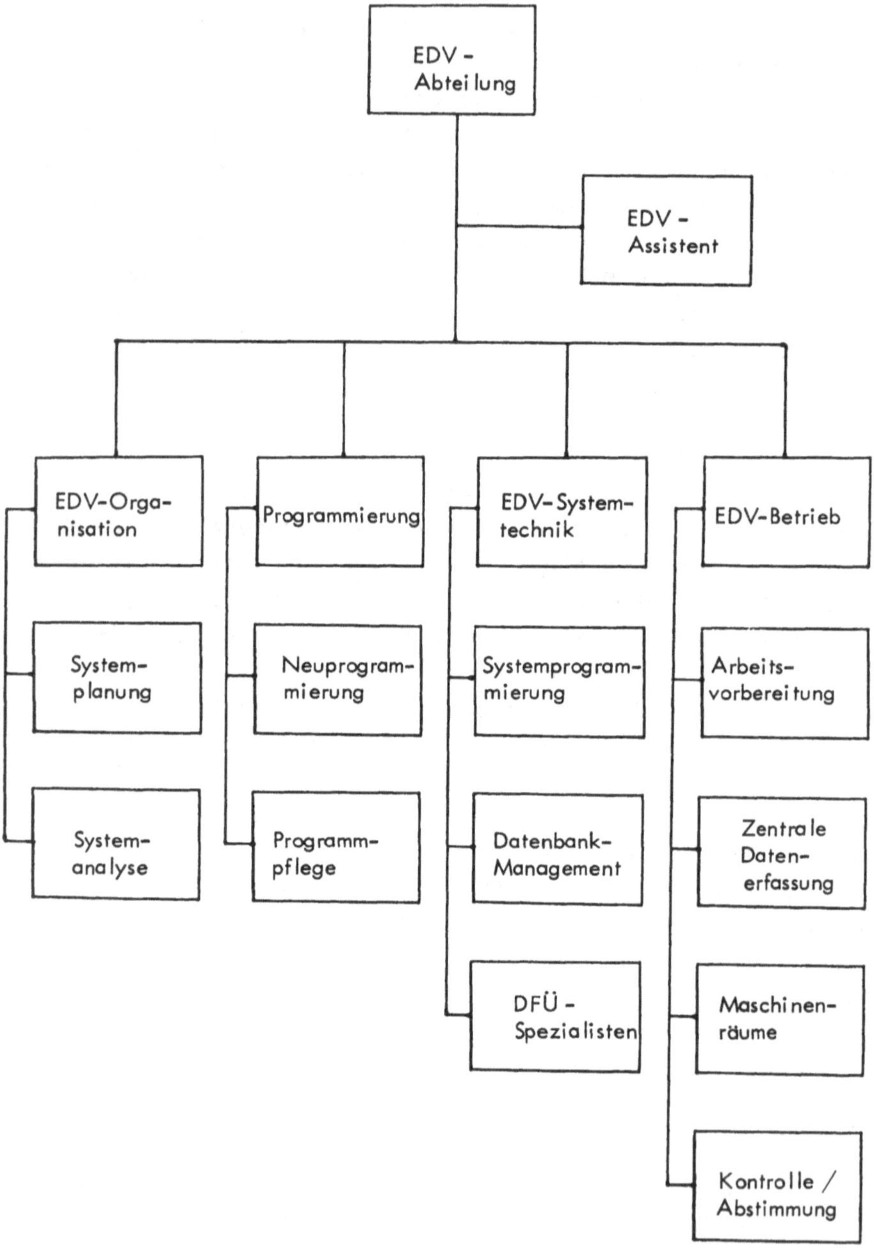

Bild 68: Gliederung einer großen EDV - Abteilung nach dem Funktionenprinzip

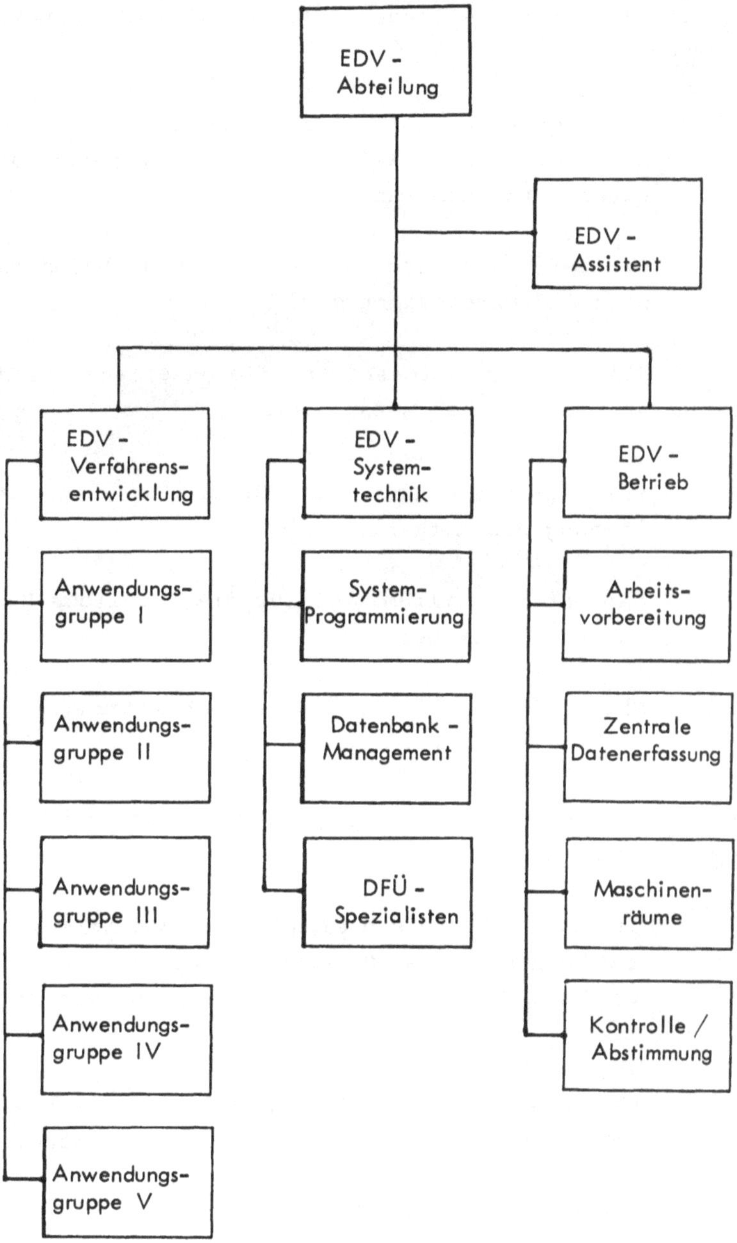

Bild 69: Gliederung einer großen EDV - Abteilung nach dem Sachgebietsprinzip

Die Vorteile der Stellenbeschreibung sind für den Vorgesetzten:

- Sie bietet dem Vorgesetzten die Sicherheit, daß der Mitarbeiter sich seiner Verantwortung und Aufgaben nicht entziehen kann.

- Sie zeigt dem Vorgesetzten, wo er selbst nicht handeln und entscheiden darf.

- Sie gibt dem Vorgesetzten die Unterlage für die Einarbeitung neuer Mitarbeiter.

- Sie bietet die Grundlage für die Steuerung und Überwachung des Mitarbeiters.

- Sie ist ein Hilfsmittel für die fachliche Beurteilung des Mitarbeiters.

- Sie hilft zur richtigen Stellenbesetzung.

Für den Mitarbeiter bietet die Stellenbeschreibung folgende Vorteile:

- in der Stellenbeschreibung sind die Normalfälle festgelegt; jeder Mitarbeiter weiß, welche Aufgaben er zu erfüllen hat und wie groß sein Freiraum ist.

- Der Mitarbeiter erhält durch die Stellenbeschreibung Handlungsfreiheit gegenüber seinem Vorgesetzten.

- Die Stellenbeschreibung legt die Verantwortung des Mitarbeiters eindeutig fest.

- Der Mitarbeiter erhält durch die Stellenbeschreibung Handlungsfreiheit gegenüber seinem Vorgesetzten und seinen Kollegen.

- Der Mitarbeiter weiß, wie er sich den einzelnen Stellen im Unternehmen gegenüber zu verhalten hat.

- Die Stellenbeschreibung bietet dem Mitarbeiter eine Grundlage zur Selbstkontrolle und gibt ihm mehr Sicherheit gegenüber einer falschen fachlichen Beurteilung.

- Die Stellenbeschreibung ist eine wichtige Grundlage für die Einarbeitung eines neuen Mitarbeiters sowie für die Gehaltseinstufung.

Bild 70 zeigt das Muster und Beispiel einer Stellenbeschreibung.

Zusammenfassung

- Die EDV-Abteilung sollte möglichst sachlich und unabhängig innerhalb der oberen Instanzen (selten), unterhalb der Geschäftsführung (häufig) oder innerhalb eines eigenen Servicebereiches (bei großen Unternehmen häufig anzutreffen) eingeordnet sein.

- Die zweckmäßige Gliederung der EDV-Abteilung ist vornehmlich von ihrer Größe abhängig. Kleine und mittelgroße EDV-Abteilungen werden vornehmlich nach den EDV-Funktionen, große EDV-Abteilungen meist vorteilhaft nach dem Sachgebietsprinzip gegliedert, das eine stärkere Spezialisierung des einzelnen EDV-Mitarbeiters, eine bessere Programmpflege und günstigere Kontaktmöglichkeiten zu den Mitarbeitern der Fachabteilungen gestattet.

- Eine EDV-Abteilung wird zweckmäßigerweise so tief gegliedert, daß auf je 4 bis 6 Mitarbeiter ein Fachvorgesetzter kommt.

<table>
<tr><td colspan="2">STELLENBESCHREIBUNG</td></tr>
<tr><td>Bereich: Organisation
Abteilung: EDV-Abteilung</td><td>Gruppe: Verfahrensentwicklung
Stellenbeschreibung: Systemanalytiker (Junior-Fachkraft, Fachkraft, Senior-Fachkraft)</td></tr>
<tr><td colspan="2">Unterstellung: Er ist dem Leiter der Gruppe Verfahrensentwicklung direkt unterstellt.
Überstellung: Bei Einsatz als Projektleiter (Untere Führungskraft) unterstehen ihm alle Projektgruppenmitarbeiter fachlich.
Stellvertretung: ----------</td></tr>
<tr><td colspan="2">Informationsrecht:
Er nimmt an allen Sitzungen und Präsentationen seiner Projekte teil und wird über alle Tatbestände seiner Projekte sowie über neue Techniken und Hilfsmittel informiert.</td></tr>
<tr><td colspan="2">Informationspflicht:
Er gibt wöchentlich einen Arbeitsbericht ab.
Bei Einsatz als Projektleiter informiert er den Leiter der Verfahrensentwicklung über Stand und Entwicklung seiner Projekte.</td></tr>
<tr><td colspan="2">Ziel der Stelle:
Analyse neuer Systeme und Ausarbeiten von Programmen entsprechend der Zielsetzung der EDV-Abteilung.</td></tr>
<tr><td colspan="2">Besondere Befugnisse des Stelleninhabers:
Bei Einsatz als Projektleiter kann er Überstunden in begründeten Ausnahmefällen anordnen und fachliche Anordnungen treffen. Außerdem wirkt er als Projektleiter bei Mitarbeiterbeurteilungen mit.</td></tr>
</table>

Bild 70 (1): Stellenbeschreibung

Aufgaben der Stelle:	Funktionen						
	HK	JF	FK	SF	UF	MF	OF
- Mitwirkung bei der Projektplanung.			X	X			
- Mitwirkung bei der Arbeitsplanung.			X	X			
- Selbständige Durchführung von Problemanalysen.			X	X			
- Durchführung von Problemanalysen unter fachlicher Anleitung.		X					
- Selbständige Durchführung von Systementwicklungen.			X	X			
- Durchführung von Systementwicklungen unter fachlicher Anleitung.		X					
- Planung und Durchführung von Systemeinführungen.			X	X			
- Planung und Durchführung von Systemeinführungen unter fachlicher Anleitung.		X					
- Ausarbeitung von Dokumentationsunterlagen je Projektstufe.		X	X	X			
- Planung und Durchführung von Präsentationen.			X	X			
- Durchführung von Sonderaufgaben: Wirtschaftlichkeitsanalysen, Maschinenauswahl und Untersuchungen auf dem Gebiet der Anwendungssoftware.				X			
- Zusammenarbeit mit Fachabteilungen, Betriebsorganisation und Revision.			X	X			
- Planung, Überwachung und Kontrolle von Arbeitsaufträgen.				X			
- Mitwirkung bei der Einführung neuer Arbeitstechniken und Hilfsmittel.				X			
- Eigene Weiterbildung.		X	X	X			

Funktionen:

HK = Hilfskraft
JF = Junior-Fachkraft
FK = Fachkraft
SF = Senior-Fachkraft
UF = Untere Führungskraft
MF = Mittlere Führungskraft
OF = Obere Führungskraft

Bild 70 (2): Stellenbeschreibung

- Um eine klare Aufgaben- und Verantwortungsabgrenzung sicherzustellen, sollten alle EDV-Mitarbeiter aussagefähige und aktuelle Stellenbeschreibungen haben.

3.32 Führung des EDV-Personals

3.321 Einleitung und Übersicht

Erfolg oder Mißerfolg der EDV hängen hauptsächlich davon ab, ob es gelingt, die EDV-Abteilung des Unternehmens ausreichend mit qualifiziertem Personal auszustatten und dieses Personal an das Unternehmen zu binden. Die richtige Ausstattung mit qualifiziertem Personal, die steigenden und teilweise geänderten Anforderungen an das EDV-Personal und die schlechte Situation auf dem EDV-Personalmarkt machen es erforderlich, daß sich auch die Geschäftsführung mit diesen Fragen besonders intensiv befaßt.

3.322 Personalbedarf

Der Bedarf an EDV-Organisatoren (Systemanalytiker) und Programmierern wird ganz allgemein von folgenden Tatbeständen beeinflußt:

- Größe und Ausrüstung der EDV-Anlage und Zusatzeinrichtungen.

- Anzahl und Schwierigkeitsgrad der umzustellenden Arbeitsgebiete.

- EDV-Stufe (einfache Abrechnungsaufgaben, Planungs- und Informationssysteme, Gestaltungssysteme).

- Zeitraum, der für die einzelnen Umstellungsstufen und Arbeitsgebiete vorgesehen ist.

- Die fachliche Qualifikation und der Ausbildungsstand des eingesetzten EDV-Personals.

- Automatisierungsstand des Unternehmens (Einführung oder Erweiterung der EDV).

- Vorlage wirklichkeitsnaher Organisationsunterlagen (Arbeitsablaufpläne, Arbeitsanweisungen, Strukturdiagramme).

Bei der Ermittlung des Personalbedarfs an EDV-Organisatoren und Programmierern geht man am besten von den umzustellenden Hauptarbeitsgebieten und den geplanten Umstellungsterminen aus. Für jedes dieser Hauptarbeitsgebiete, das gleichzeitig, also mit anderen Arbeitsgebieten parallel, umgestellt werden soll, wird ein Umstellungsteam aus EDV-Organisatoren, Programmierern und EDV-Kontaktleuten in der Größe von 2 bis 5 Personen gebildet. Vom organisatorischen und programmierungstechnischen Schwierigkeitsgrad eines Arbeitsgebietes hängt es ab, wieviele EDV-Organisatoren, Programmierer und EDV-Kontaktleute ein Projektteam umfaßt.

Die Größe der Bedienungsmannschaft und Sachbearbeiter im Rechenzentrum wird durch die Größe und Ausrüstung der EDV-Anlage, die Maschinenauslastung, die Anzahl Schichten und die Arbeitsweise der Anlage bestimmt. Jeder Schicht steht ein Schichtleiter vor, der im allgemeinen zugleich der Konsoloperator ist. Aus Sicherheitsgründen müssen mindestens zwei Operateure je Schicht vorgesehen sein. Zu den Operatoren kommen weitere Mitarbeiter für die Arbeitsplanung und Arbeitsvorbereitung, für das Archiv und Materiallager, zum Bedienen der Papier-Trenn- und-Schneidemaschinen sowie der Ein- und Ausgabekontrolle. Die Anzahl der zentral eingesetzten Datatypistinnen steht im direkten Verhältnis zu der je Zeiteinheit anfallenden und zu erfassenden Datenmenge.

Der Versuch, zu allgemein gültigen und generell anwendbaren Aussagen über die Höhe des Personalbedarfs zu kommen, scheitert an der Vielfalt und Gewichtung der obengenannten Einflußgrößen. Zur Orientierung mag dienen, daß die Personalkosten einer EDV-Abteilung in der Regel das eineinhalb bis zweifache der Maschinenkosten betragen sollten.

Es fehlt nicht an Bestrebungen, den Personalbedarf der EDV-Abteilung einzuschränken. Die Verwendung von Standard-Anwendungssoftware, die Benutzung problemorientierter Programmiersprachen sowie die Vereinheitlichung der Verfahrenstechniken in EDV-Organisation, Programmierung und Rechenzentrum durch Standards, Arbeitsanweisungen und einheitliche Dokumentation sind Beispiele, wie sich die zeitraubenden und kostenaufwendigen Umstellungs- und Abwicklungsarbeiten vermindern lassen.

Personalbedarf und geplante Personaländerungen werden üblicherweise im Stellenplan festgehalten, wie als Muster und Beispiel in Bild 71 dargestellt.

3.323 Personalqualifikation

Die rein mengenmäßige Stellenplanung und -besetzung ist aber nicht mit der Qualifikation des eingesetzten oder zu beschaffenden Personals zu verwechseln. Während die Umstellung einfacher Abrechnungsaufgaben bzw. die Steuerung kleiner EDV-Anlagen noch durch mittelmäßig qualifizierte Kräfte möglich ist, erfordern hochwertige EDV-Aufgaben und leistungsfähige Großanlagen hochqualifizierte Fachkräfte. Dies gilt sowohl für neue Anwendungen als auch für die Planung, Vorbereitung und Steuerung der Anlagen im Rechenzentrum. Den qualifizierten Anwendungsfachkräften (EDV-Organisatoren, Systemplaner, Systemanalytiker, Anwendungsprogrammierer) müssen Systemspezialisten, Systemprogrammierer, Datenbank-Manager, DFÜ-Spezialisten und qualifizierte Mitarbeiter im Rechenzentrum (insbesondere Arbeitsplaner und Konsolope-

STELLENPLAN							
Abteilung: EDV Gruppe: —			Geschäftsjahr: 1979 Bemerkungen: —				
Stelle	Qualifikation	Ist am	Planung				Bemerkungen
		31.12.78	1.4.	1.7.	1.10.	31.12.79	
EDV-Leiter	—	1	—	—	—	1	
Sekretärin	—	1	—	—	—	1	
Leiter EDV-Organisation	—	1	—	—	—	1	
EDV-Organisatoren	Junior-Fachkräfte	2	—	—	1	3	
	Fachkräfte	5	1	1	—	7	
	Senior-Fachkräfte	2	1	—	—	3	
Leiter Programmierung	—	1	—	—	—	1	
Anwendungsprogrammierer	Junior-Fachkräfte	3	—	—	—	3	
	Fachkräfte	7	1	1	1	10	
	Senior-Fachkräfte	2	—	1	—	3	
Systemprogrammierer	Senior-Fachkräfte	2	—	—	—	2	
Leiter Rechenzentrum	—	1	—	—	—	1	
Datatypistinnen	—	8	2	—	—	10	
Konsoloperateure	Senior-Fachkräfte	2	—	—	—	2	
Peripherieoperateure	Fachkräfte	4	—	—	—	4	
Arbeitsvorbereiter	Fachkräfte	2	—	1	—	3	
RZ-Sachbearbeiter	Fachkräfte	4	—	—	—	4	
Summe		48	5	4	2	59	

Bild 71: Stellenplan

rateure) entsprechen. Die Anforderungen an die einzelnen Mitarbeitergruppen werden im Anforderungsprofil festgehalten, wie im Bild 72 dargestellt.

Von besonderer Bedeutung ist die Qualifikation des EDV-Leiters. Abgesehen von sehr kleinen EDV-Abteilungen, wo der EDV-Leiter mehr ein Fachvorgesetzter ist, kommt es mit zunehmender Abteilungsgröße auf die Führungsqualifikation des EDV-Leiters an. Echte Führungsautorität, die Qualifikation zur Führung und Motivation der Mitarbeiter, Fähigkeiten zur Planung und Organisation, Loyalität zur Geschäftsführung sowie das Denken in Kosten- / Nutzenrelationen sind Fähigkeiten, die gleichrangig neben der fachlichen Qualifikation stehen müssen.

3.324 Auswahl und Beschaffung des Personals

Steht der quantitative und qualitative Personalbedarf für den Planungszeitraum fest, so folgt die Planung und Beschaffung der zur Deckung dieses Bedarfs benötigten EDV-Führungs- und -Fachkräfte. Ob diese Mitarbeiter (oder ein Teil davon) aus dem eigenen Unternehmen hervorgehen oder auf dem Arbeitsmarkt angeworben werden, ist für die Beschaffung von zweitrangiger Bedeutung. Soweit fähige Kräfte im eigenen Unternehmen zur Verfügung stehen, wird man auf diese zurückgreifen und sie ausbilden oder schulen. Ist dies nicht der Fall, so ist das Unternehmen auf den Arbeitsmarkt angewiesen. In der Praxis hat es sich bewährt, vorhandene Mitarbeiter durch Fachkräfte von außen zu ergänzen, die bereits über entsprechende Erfahrungen in anderen Unternehmen verfügen. Nachwuchskräfte wird man dagegen meist aus eigenen Mitarbeitern auswählen. Da für diese Personen aber 1 bis 2 Jahre für Ausbildung und Einarbeitung benötigt werden, bevor sie als vollwertige Kräfte zur Verfügung stehen, und diese Zeit oftmals nicht vorhanden ist, muß zumindest teilweise auf Kräfte von außerhalb des Unternehmens zurückge-

ANFORDERUNGSPROFIL

Bereich:	Organisation	Gruppe:	Verfahrensentwicklung
Abteilung:	EDV-Abteilung	Stelle:	Systemanalytiker

Anforderungsmerkmale	Anforderungsbewertung						
	HK	JF	FK	SF	UF	MF	OF
Schul- und Ausbildung							
Schule: mittlere Reife		2	2	2			
Hochschule:		0	0	0			
Fachausbildung: Betriebswirtschaft		2	2	4			
EDV-Grundausbildung:		2	2	4			
EDV-Spezialausbildung: Cobol, EDV-Org.		1	2	2			
Zwischensumme		7	8	12			
Berufserfahrung							
Facherfahrung: Betriebswirtschaft		2	2	2			
EDV-Grunderfahrung: Programmierung		2	2	4			
EDV-Spezialerfahrung: Cobol		4	4	4			
Zwischensumme		8	8	10			
Persönliche Anforderungen							
Gewissenhaftigkeit		2	2	2			
Ausdauer		2	4	4			
Eignung zur Teamarbeit		2	2	2			
Logische Denkweise		2	4	4			
Schnelle Auffassungsgabe		2	2	2			
Zwischensumme		10	14	14			
Gesamtsumme		25	30	36			

Bewertung:	Funktionen:	
0=keine Bedeutung	HK = Hilfskraft	UF = Unt. Führungskraft
1=geringe Bedeutung	JF = Jun.-Fachkraft	MF = Mittl. Führungskraft
2=mittlere Bedeutung	FK = Fachkraft	OF = Obere Führungskraft
4=große Bedeutung	SF = Sen.-Fachkraft	

Bild 72: Anforderungsprofil

griffen werden. Die Auswahl von Nachwuchskräften für die EDV-Abteilung erfolgt meist mit Hilfe eines Tests, bei dem der Bewerber innerhalb einer bestimmten Zeit eine größere Anzahl von Aufgaben lösen muß, die aus der Fortführung logisch aufgebauter Folgen bestehen. Die richtigen Lösungen erhalten eine dem Schwierigkeitsgrad entsprechende Punktbewertung, und der Test gilt als bestanden, wenn eine festgesetzte Punktzahl erreicht ist. Sicher sagt der Test wenig über die besondere Eignung eines Bewerbers aus. Denn wer eine hohe Punktzahl erreicht, braucht deshalb noch nicht eine Spitzenkraft zu werden. Allerdings wird ein Bewerber, der in einer vorgeschriebenen Zeit nur eine sehr geringe Punktzahl erreicht, sich wohl kaum für den Beruf eines EDV-Organisators, Programmierers oder Operators eignen.

Die Bilder 73 bis 76 zeigen eine Übersicht über die Aktivitäten bei der Personalbeschaffung, einen Personal-Beschaffungsplan sowie Formularmuster für die Behandlung einer Kurzbewerbung und einer vollständigen Bewerbung.

3.325 Personalmanagement

Einleitung

Neben der Ermittlung des richtigen Personalbedarfs und der Auswahl und Beschaffung des Personals bildet das Personalmanagement den dritten Hauptpunkt einer methodischen Personalführung im EDV-Bereich. Denn die Erhaltung qualifizierten EDV-Personals ist genauso wichtig wie die richtige Bedarfsermittlung und die Auswahl und Beschaffung des Personals.

Das Personalmanagement dient also der Erhaltung, Betreuung und Sicherung des eingesetzten EDV-Personals. Es baut auf den sachlichen und methodischen Grundlagen der Organisationsstruktur und Personalplanung auf und umfaßt folgende Aktivitäten:

CHECKLISTE PERSONALBESCHAFFUNG			
Lfd. Nr.	Aktivitäten	Abt.	Hilfsmittel
1.	Planung der Personalbeschaffung		
1.1	Festlegung der Daten (Art, Anzahl, Termin)	EDV	STELLENPLAN
1.2	Prüfung auf interne Beschaffungsmöglichkeiten	PA	
1.3	Einschaltung Arbeitsämter	PA	
1.4	Einschaltung Ausb.-Institute	PA	
1.5	Bereitstellung von Unterlagen	EDV	STELLENBESCHREIBUNG ANFORDERUNGSPROFIL GEHALTSSTRUKTUR
2.	Personalwerbung		
2.1	Auswahl der Werbeträger	PA	
2.2	Festlegung der Schalttermine	PA	
2.3	Entwurf der Anzeigen	PA	
3.	Bewerbungen		
3.1	Telefonische Anfragen	EDV	KURZBEWERBUNG
3.2	Schriftliche Anfragen	EDV	KURZBEWERBUNG
3.3	Schriftliche Bewerbungen	EDV	
3.4	Auswertung der schriftlichen Bewerbungen	EDV	
3.5	Vorstellung: Fachgespräche	EDV	BEWERBUNGSBOGEN
3.6	Vorstellung: Abschlußgespräch	PA	BEWERBUNGSBOGEN
4.	Einstellung		
4.1	Entscheidung	PA / EDV	
4.2	Angebot	PA	ANSTELLUNGSVERTRAG
4.3	Zusagen	PA	
4.4	Absagen	PA	
5.	Beschaffungskontrolle		
5.1	Anzeigenkontrolle	PA	PERSONAL-BESCHAFFUNGSPLAN
5.2	Bewerbungskontrolle	PA	
5.3	Kostenkontrolle	PA	

Bild 73: Checkliste Personalbeschaffung

PERSONAL-BESCHAFFUNGSPLAN				
Hauptabteilung: EDV	Werbeträger	cz	cw	FAZ
Abteilung:	Anzahl Anzeigen	1	1	1
Gruppe:	Schalttermine	1.5.79	15.5.	15.5.

Planung

Stellenbezeichnung	Position	Anz.	Datum	Bemerkungen
Systemplaner	Fachkraft	2	1.10.79	
Systemanalytiker	"	1	"	
Anwendungsprogrammierer	"	3	"	

Kontrolle

Anzeigenkontrolle

Werbeträger	cz	cw	FAZ	Summe
Telefonische Anfragen	12	15	23	50
Schriftliche Anfragen	3	1	6	10
Schriftliche Bewerbungen	6	7	11	24

Bewerbungskontrolle		Kostenkontrolle	
Vorstellungsgespräche	13	Anzeigenkosten	8.000,-
Einstellungsangebote	6	Vorstellungskosten	2.350,-
Einstellungen	5	Sonstige Kosten	-
Bewerberabsagen	1	Gesamtkosten	10.350,-

Bild 74 (1): Personal-Beschaffungsplan

Durchführung					
Lfd. Nr.	Aktivität	Abt.	Name	Termin	erl.
1.	Planung Personalbeschaffung				
1.1	Festlegung Beschaffungsdaten	EDV	Kurz	15.3.	Ku.
1.2	Prüfung auf int. Beschaffungsmöglichk.	PA	Winter	20.3.	Wint.
1.3	Einschaltung Arbeitsämter	PA	Winter	20.3.	Wint.
1.4	Einschaltung Ausbildungsinstitute	PA	Winter	20.3.	Wint.
1.5	Bereitstellung von Unterlagen	EDV	Kurz	30.5.	Ku.
2.	Personalwerbung				
2.1	Auswahl der Werbeträger	PA	Winter	15.3.	Wint.
2.2	Festlegung der Schalttermine	PA	Winter	20.3.	Wint.
2.3	Entwurf und Vergabe der Anzeigen	PA	Winter	15.4.	Wint.
3.	Bewerbungen				
3.1	Telefonische Anfragen	EDV	Kurz		Ku.
3.2	Schriftliche Anfragen	EDV	Kurz		Ku.
3.3	Schriftliche Bewerbungen	EDV	Kurz		Ku.
3.4	Auswertung der schriftl. Bewerbungen	EDV	Kurz		Ku.
3.5	Vorstellung: Fachgespräche u. Tests	EDV	Kurz		Ku.
3.6	Vorstellung: Abschlußgespräch	PA	Winter		Wint.
4.	Einstellung				
4.1	Entscheidung	PA/ EDV	Wint. Kurz		Wint.
4.2	Angebot	PA	Winter		Wint.
4.3	Zusagen	PA	Winter		Wint.
4.4	Absagen	PA	Winter		Wint.
5.	Beschaffungskontrolle				
5.1	Anzeigenkontrolle	PA	Winter		Wint.
5.2	Bewerbungskontrolle	PA	Winter		Wint.
5.3	Kostenkontrolle	PA	Winter		Wint.

Bild 74 (2): Personal-Beschaffungsplan

KURZBEWERBUNG	
Datum: 9.6.79	Name: Jansen, Horst
Bearbeiter: Neumann	Anschrift: Weserstraße 6
Werbeträger: cz	5 Köln 1
telefonisch: ⊗ schriftlich: ○	Telefon: 74 32 38

Bewerberdaten

Gegenwärtig beschäftigt als: Systemplaner

Ungekündigt: ja ⊗ nein ○

Kündigungstermine: 3 Monate zum Quartal

Bewerbungsgrund: finanziell

Gegenwärtiges Gehalt:	3.000,- DM p.m.	39.000,- DM p.a.
Gewünschtes Gehalt:	3.300,- DM p.m.	42.900,- DM p.a.

Schulbildung
mittlere Reife

Ausbildung
Cobol, Dateiorganisation, EDV-Organisation

Berufserfahrung
2 Jahre Programmierung
3 Jahre Systemanalyse
2 Jahre Systemplanung

Besondere Fähigkeiten
2 Jahre Projektleitung

Maßnahmen

Firma hat kein Interesse	○	Bewerber hat kein Interesse	○
Firma bittet um schriftliche Bewerbung	⊗	Bewerber bittet um Bedenkzeit	○
Firma bittet um persönliche Vorstellung	○	Bewerber bewirbt sich schriftlich	○

Bild 75: Kurzbewerbung

BEWERBUNGSBOGEN	
Persönliche Daten	
Name: Bergen	Staatsangehörigkeit: deutsch
Vorname: Richard	Arbeitserlaubnis: –
Geburtsdatum: 30.1.1942	Anschrift: Auf der Brede 60 5608 Radevormwald
Geburtsort: Radevormwald	
Familienstand: verh.	
Anzahl Kinder: 2	Telefon-Nr.: 02123/68531
Gegenwärtige Situation	**Vorstellungen/Wünsche**
Erlernter Beruf: Industriekfm.	Angestrebte Stellung: Syst.analyt.
Gegenwärtige Stellung: Syst.analyt.	Angestrebte Position: Fachkraft
Gekündigt zum:	Gew. Einstellungstermin: 1.10.79
Kündigungsfristen: 3 Mon. z. Quartal	Gew. Einstellungsort: Frankfurt
Gegenwärtiges Monatsgehalt: 2.900,-	Gehaltswunsch p.m.: 3.100,-
Zulagen, Prämien usw.: 13. Gehalt	Zulagen, Prämien usw.: 13. Gehalt
Gegenwärtige Bezüge p.a.: 37.700,-	Gewünschte Bezüge p.a.: 40.300,-
Sonderrechte: –	Sonderrechte: –
Wettbewerbsverbot: –	Wettbewerbsverbot: –
Sonstiges: –	Sonstiges: –
Bewerbungsunterlagen	**Bearbeitung**
Bewerbungsschreiben ⊗	Bearbeiter EDV: Neumann
Tabellarischer Lebenslauf ⊗	Bearbeiter PA: Winterfeld
Anzahl Ausbildungszeugnisse 2	Vorstellungsdatum: 16.5.79
Anzahl Beschäftigungszeugnisse 4	Beschaffungsaktion: per 1.10.79
Sonstige: –	Werbeträger: CZ

Bild 76 (1): Bewerbungsbogen

Schulbildung/Ausbildung					
von	bis	Schule/ Institut	Fach- richtung	Abschluß	Hinweise
1948	1952	Volksschule	–	–	–
1952	1958	Mittelschule	–	Mittlere Reife	–
1959	1962	Kfm. Lehre	–	Industriekfm.	–
	1966	IBM	Abs.-Kursus	–	360,25
	1968	IBM	DOS-Kursus	–	360
	1970	IBM	Dateiorganis.	–	–
	1973	FHTH	METHODOS II	–	EDV-Org.
	1974	IBM	Datenbanken	–	Einführung

Berufserfahrung					
von	bis	Firma/ Branche	Stelle/ Position	Tätigkeit	EDV- Hinweise
1959	1962	Fa. Berg, Köln	Kfm. Lehre	Industriekfm.	–
1.1.62	31.12.65	"	Kfm. Angest.	Kostenrechng.	–
1.1.66	30.6.69	IBM, Köln	Programmierer	Kfm. Anw.	Abs. 360,25
1.7.69	31.12.73	Fa. Gold, Köln	Syst.analyt.	"	360,40
1.1.74	–	Fa. Horn, Frankf.	"	Kostenrechng.	370,125

Besondere Fähigkeiten (lt. Unterlagen)

Einsatz als Projektleiter

Bild 76 (2): Bewerbungsbogen

Beurteilung			
Beurteilungsmerkmal	**Erläuterungen**	**Note**	
Bewerbung			
Bewerbungsschreiben	Inhalt und Stil gut	2	3
Tabell. Lebenslauf	Ohne Beanstandungen	2	2
Ausbildung und Berufsweg			
Schulbildung	Volks- u. Mittelschule mit befriedigendem Abschluß	3	3
Ausbildung	gutes Mittelmaß, Cobol fehlt	3	4
Berufserfahrung	ausreichende Erfahrung in Programmierung u. Systemanalyse	2	2
Besondere Fähigkeiten	2 Jahre Projektleitereinsatz	2	3
Sonstiges	–		
Vorstellung			
Persönlichkeitstest	–	–	–
Fachtest	–	–	–
Vorstellungsgespräch			
- Intelligenz	guter Eindruck	2	2
- Selbständigkeit	nicht ganz befriedig. Eindruck	3	4
- Ausdauer	nicht zu beurteilen	–	–
- Zuverlässigkeit	guter Eindruck	2	2
- Anpassungsfähigkeit	scheint f. Teamarbeit gut geeignet	3	2
- Durchsetzungsvermögen	fraglich	4	4
Gesamtbild			
- persönlich	insges. befriedigender Eindruck	2	3
- fachlich	insges. guter Eindruck	2	2
Summe		2	3+

1 = ausgezeichnet
2 = gut
3 = durchschnittlich
4 = noch ausreichend
5 = nicht ausreichend
\+ = nach oben tendierend
\- = nach unten tendierend

Bild 76 (3): Bewerbungsbogen

Entscheidung

Entscheidung Firma bis:	–	Entscheidung Bewerber bis:	–
Einstellung zum:	1.10.79	Mündl. Zusage Bewerber:	–
Vertragsausfertigung bis:	15.6.79	Schr. Zusage Bewerber bis:	20.6.79
Vertragsrückgabe bis:	20.6.79	Bemerkungen:	
Ablehnung:	–		

Einzelheiten Anstellungsvertrag

Stellenbezeichnung:	Systemanalytiker
Position:	Fachkraft
Probezeit:	6 Monate mit mtl. Kündigung
Kündigungsfrist:	3 Monate zum Quartal
Monatliches Gehalt:	3.100.–
Übernahme Umzugskosten:	ja
Übernahme Maklerkosten:	ja
Übernahme sonstige Kosten:	nein
Übernahme Gratifikation:	nein
Übernahme Urlaub:	nein
Trennungsentschädigung:	ja, 6 Monate
Sondervereinbarungen:	nein
Urlaub:	üblich
Überstundenvergütung:	nein
Freiwillige Sozialleistungen:	üblich: 13. Gehalt

Bewerbungskosten

Fahrtkosten:	80,–	Verpflegungskosten:	15,–
Übernachtungskosten:	–	Erstattung:	95,– bar bezahlt

Mitteilung Betriebsrat

Ausgang am:	18.5.79	Zustimmung:	ja / nein
Eingang am:	28.5.79	Ablehnung:	

Bild 76 (4): Bewerbungsbogen

- Mitarbeiterführung
  (Delegation, Motivation und Leistungskontrolle)

- Mitarbeiterbeurteilung
  (Zielsetzung, Methodik, Durchführung und Hilfsmittel)

- Karriereförderung
  (Stellenversetzung und Funktionsumsetzung)

- Gehaltsfindung
  (Gehaltsstruktur, Richtgehälter und Individualgehälter)

- Aus- und Weiterbildung.

Mitarbeiterführung

Zur Mitarbeiterführung gehört zunächst, daß die Stelle des EDV-Leiters richtig besetzt ist, der nicht nur ein guter Fachmann, sondern vor allem in der Lage sein muß, seine Mitarbeiter zu führen, zu begeistern und zu motivieren. Die Mitarbeiter der EDV-Abteilung erwarten moderne Führungsprinzipien und ein entsprechendes Führungsverhalten. Ein autoritärer oder bürokratischer Führungsstil eignet sich genauso wenig wie Kumpanei von EDV-Leiter und seinen Mitarbeitern gegenüber dem Unternehmen. Der Mitarbeiter von heute will motiviert sein und bei den Planungen mitwirken. Soll er sich engagieren, so muß er die Ziele kennen und von den eingeschlagenen Wegen überzeugt sein. Dies aber kann nur durch Information, Motivation und entsprechende Mitwirkung geschehen.

Ohne daß wir hier näher auf das umfangreiche Gebiet der Mitarbeiterführung eingehen wollen, seien die nachfolgenden Prinzipien einer modernen Mitarbeiterführung herausgestellt.

Hierbei handelt es sich im einzelnen um

- das Delegationsprinzip
- die Leistungskontrolle
- die Motivation
- die Mitarbeiterbeurteilung
- die Karriereförderung
- die Gehaltsfindung und
- die Weiterbildung der Mitarbeiter.

Eine der Grundvorausetzungen einer modernen Mitarbeiterführung ist die Delegation. Unter Delegation wird das Prinzip verstanden, Verantwortung auf die Mitarbeiter zu delegieren. Auf diese Weise wird einmal der Mitarbeiter aus der Stufe des Befehlsempfängers und subalternen Arbeitskraft herausgeführt und zum anderen der Vorgesetzte frei für Steuerungsaufgaben sowie für planerische und gestalterische Tätigkeiten.

Mit der Delegation allein ist es jedoch nicht getan. Derjenige, der führt, muß überwachen und kontrollieren, ob die Durchführung der Arbeiten und die Erfüllung der Aufgaben entsprechend der Zielsetzung und Vorgabe erfolgt. Diese Leistungskontrolle muß aber so erfolgen, daß nicht der positive Wert der Eigenverantwortung durch den negativen Wert der Überwachung und Kontrolle aufgehoben wird. Deshalb sollte der Vorgesetzte bei der Überwachung und Kontrolle behutsam vorgehen und neben sachlicher Kritik auch Lob und Anerkennung aussprechen.

Motivation bedeutet schließlich, den Mitarbeitern Ziele setzen, an deren Realisierung sie selbst aus innerer Überzeugung heraus interessiert sind. Mitarbeiterführung und

Motivation hängen insofern zusammen, als man Mitarbeiter nur dann wirklich führen kann, wenn man es versteht, sie richtig zu motivieren. Eine Motivation setzt jedoch voraus, daß für die Mitarbeiter klare Aufgaben- und Verantwortungsbereiche vorhanden sind, in die der Vorgesetzte nur bei Ausnahmefällen oder bei Kontrollen eingreifen darf. Führungsstil und-verhalten sind der beste Schutz gegen eine übermäßige Mitarbeiterfluktuation.

Mitarbeiterbeurteilung

Von der analytischen Arbeitsplatzbewertung, dokumentiert im Anforderungsprofil, unterscheidet sich die methodische Mitarbeiterbeurteilung, mit der die subjektiven Leistungen und Verhaltensweisen des Mitarbeiters analysiert und beurteilt werden. Eine solche objektive und systematisch durchgeführte Mitarbeiterbeurteilung ist von großem Nutzen für den einzelnen Mitarbeiter, für den Vorgesetzten und auch für das Unternehmen insgesamt. Aufgrund der in der Regel einmal jährlich durchgeführten Beurteilung werden die Mitarbeiter gefördert, d.h. auf mögliche Stellen- und Funktionswechsel, Gehaltsänderung und Weiterbildung überprüft.

Neben der Förderung der Mitarbeiter ist es vornehmlich Ziel der Mitarbeiterbeurteilung, die Leistungen und das Leistungsverhalten des Mitarbeiters anhand einer Reihe von Beurteilungsmerkmalen systematisch und so objektiv wie möglich zu beurteilen. Die Beurteilung bezieht sich immer auf einen Mitarbeiter an einer bestimmten Stelle mit bestimmten Aufgaben, wie sie in der Stellenbeschreibung dokumentiert sind, und auf eine bestimmte Qualifikation, ausgedrückt durch sein Anforderungsprofil. Während die Stellenbeschreibung die Aufgaben des Stelleninhabers aufführt und das Anforderungsprofil die Anforderungen an den Stelleninhaber nennt, wird durch die Mitarbeiterbeurteilung ermittelt, welche Leistungen der Mitarbeiter in einem Zeitraum wirklich erbracht hat.

Aus den Aufgaben der Stelle und den Anforderungen an den Stelleninhaber ergeben sich konkrete Leistungsziele (Soll-Leistung). Aus dem Vergleich von Soll-Leistung und tatsächlich erbrachter Leistung (Ist-Leistung) ergibt sich dann das Leistungsbild des Mitarbeiters.

Zur Leistungsbeurteilung werden die Beurteilungsmerkmale Leistungsergebnis, unterteilt nach Leistungsmenge und Leistungsgüte, und Leistungsverhalten, unterteilt nach Zusammenarbeit, Arbeitsplanung und Selbständigkeit, herangezogen. Soweit das Leistungsblatt für Führungskräfte hinzugefügt wird, kommt die Beurteilung der Personalführung hinzu, im einzelnen Planung und Organisation, Delegation, Information und Anleitung, Kontrolle und Förderung.

Nach der Aufführung der verschiedenen Beurteilungsmerkmale ist nach der Bedeutung zu fragen, die den einzelnen Beurteilungsmerkmalen bei der Bildung des Gesamturteils über die Leistung der Mitarbeiter beizumessen ist. Die Höhe ihrer Bedeutung hängt vor allem davon ab, wie wesentlich sie die Leistung der Mitarbeiter kennzeichnen. Je nach ihrer Bedeutung können die Beurteilungsmerkmale ein unterschiedliches Gewicht erhalten. Es sei angemerkt, daß die Gewichtung der Beurteilungsmerkmale demnach für die einzelnen Mitarbeitergruppen verschieden sein muß.

Als nächstes sind die Beurteilungsstufen festzulegen. Hierbei ist davon auszugehen, daß die einzelnen Stufen noch unterschieden werden können und eindeutig gegeneinander abzugrenzen sind. Um eine Mittelorientierung auszuschließen, empfiehlt es sich, sechs Beurteilungsstufen festzulegen. Die Skala reicht von "erfüllt die minimalen Erwartungen nicht" bis "übertrifft bei weitem die Erwartungen". Die Erwartungen, um deren Erfüllung es hier geht, beziehen sich auf die konkreten Aufgaben der Stelle, wie sie in der Stellenbeschreibung ausgewiesen sind. Erfüllt ein Mitarbeiter beispielsweise die Erwartungen (Beurteilungsstufe 4), so soll damit gesagt werden, daß er eine Leistung erbringt, die erfahrungsgemäß von jedem Mitarbeiter mit hinreichender

Eignung entsprechend Anforderungsprofil nach Einarbeitung erreichbar ist. Die Erwartungen dürfen demgemäß nicht auf die persönliche Leistungsfähigkeit des betreffenden Mitarbeiters bezogen werden.

Die Mitarbeiterbeurteilung ist Sache des direkten disziplinarischen Vorgesetzten. Soweit die Mitarbeiter innerhalb des Beurteilungszeitraums in verschiedenen größeren Projekten eingesetzt waren, sollten die betreffenden Projektleiter zu einer Vorbeurteilung hinzugezogen werden. Der Vorgesetzte hat darauf zu achten, daß die Beurteilung so objektiv und neutral wie irgend möglich durchgeführt wird.

Bei der Leistungsbeurteilung hat der Vorgesetzte die von ihm bei den einzelnen Beurteilungsmerkmalen vergebenen Beurteilungsstufen schriftlich zu begründen. Diese schriftliche Begründung stellt sicher, daß der Vorgesetzte sich selbst darüber klar ist, warum er diese und nicht eine andere Beurteilungsstufe gewählt hat. Das hilft ihm auch später in dem Gespräch mit dem Mitarbeiter über die Beurteilung. Auch die Ergebnisse des Gesprächs mit dem einzelnen Mitarbeiter über die Beurteilung werden auf dem Beurteilungsbogen festgehalten. Abschließend sei darauf hingewiesen, daß die Vorgesetzten die Beurteilung nicht an den Ergebnissen vorangegangener Beurteilungen ausrichten, sondern ausschließlich beurteilen sollten, welche Leistungen der Mitarbeiter während des Beurteilungszeitraumes gezeigt hat.

Das in Bild 77 dargestellte System einer Mitarbeiterbeurteilung lehnt sich an die Broschüre "Mitarbeiterbeurteilung für Angestellte,herausgegeben vom Arbeitsring der Arbeitgeberverbände der deutschen chemischen Industrie e.V., Wiesbaden, Dr. Curt Haefner-Verlag, Heidelberg, 2. Auflage, 1971", an.

MITARBEITERBEURTEILUNG
vertraulich

I. Deckblatt

Hauptabteilung: EDV-Abteilung Abteilung: EDV-Organisation Gruppe:	Stellenbezeichnung: Leiter EDV-Org. Position: Mittlere Führungskraft

Name: Klein, Werner Personal-Nr.: 02103 Eintrittsdatum: 1.7.70

Letzte Beurteilung am: 15.12.78 durch: H. Wen, Leiter EDV-Abt.

Beurteilungsanlaß

Ende der Probezeit	O	Ausscheiden	O
Stellenwechsel	O	Jahreswechsel	☒
Qualifikationswechsel	O	Sonstiges	O

Für die Beurteilung verantwortlich

Direkter Vorgesetzter: H. Wen, Leiter EDV-Abteilung
Nächsthöherer Vorgesetzter: H. Schmidt, Bereichsleiter

Durchführung der Beurteilung

am: 4.12.79	durch: H. Wen	Stelle: Leit. EDV-Abt.
am:	durch:	Stelle:
am:	durch:	Stelle:

Bild 77 (1): Muster einer Mitarbeiterbeurteilung

II. Leistungsbeurteilung für Fach- und Führungskräfte

Name: Klein, Werner Personal-Nr.: 02103

Beurteilungsmerkmale	1	2	3	4	5	6	Begründung: (Tatsachen/Ursachen bezogen auf konkrete Aufgaben)
A. Leistungsergebnis 1. LEISTUNGSMENGE							Hervorragender Einsatz; arbeitet zügig und stetig
						X	Bedeutung gering o mittel x groß o
2. LEISTUNGSGÜTE							Gewissenhafte und schnelle Lösungen
						X	Bedeutung gering o mittel o groß x
B. Leistungsverhalten 1. ZUSAMMENARBEIT							Gute u. sachliche Zusammenarbeit mit Mitarbeitern u. Vorgesetzten, arbeitet konstr. mit
					X		Bedeutung gering o mittel o groß x
2. ARBEITSPLANUNG							Methodische und gute Einteilung der Aufgaben
						X	Bedeutung gering o mittel x groß o
3. SELBSTÄNDIGKEIT							Große Selbständigkeit und Initiative
					X		Bedeutung gering o mittel o groß x
Gesamtbeurteilung der Leistung (A und B)							Insgesamt sehr gute Leistungen
						X	
	1	2	3	4	5	6	

1=minim. Erwartungen nicht erfüllt 2=erfüllt die minim. Erwartungen 3=erfüllt die Erwartungen nur teilweise	4=erfüllt die Erwartungen 5=übertrifft die Erwartungen 6=übertrifft bei weitem die Erwartungen

Bild 77 (2): Muster einer Mitarbeiterbeurteilung

III. Leistungsbeurteilung für Führungskräfte (Einlageblatt)							
Name: Klein, Werner							Personal-Nr.: 02103
Beurteilungsmerkmale	1	2	3	4	5	6	Begründung: (Tatsachen/Ursachen bezogen auf konkrete Aufgaben)
C. Personalführung 1. PLANUNG UND ORGANISATION							zweckmäßige Einsatzplanung der Mitarbeiter
				X			Bedeutung gering o mittel x groß o
2. DELEGATION							Delegiert u. läßt seinen Mitarbeitern genügend Spielraum für Eigenverantwortlichkeit
				X			Bedeutung gering x mittel o groß o
3. INFORMATION UND ANLEITUNG							Stellt sein Fachwissen seinen Mitarbeitern zur Verfügung u. motiviert sie gut
					X		Bedeutung gering x mittel o groß o
4. KONTROLLE							Kontrolle der Mitarbeiter in Einzelfällen nicht ausreichend
				X			Bedeutung gering o mittel x groß o
5. FÖRDERUNG							Setzt sich immer für seine Mitarb. ein, gibt aber Wünschen manchmal zu schnell nach
				X			Bedeutung gering x mittel o groß o
Gesamtbeurteilung der Personalführung (C)				X			Insgesamt gute Personalführung
	1	2	3	4	5	6	

1=minim. Erwartungen nicht erfüllt 2=erfüllt die minim. Erwartungen 3=erfüllt die Erwartungen teilweise	4=erfüllt die Erwartungen 5=übertrfft die Erwartungen 6=übertrifft bei weitem die Erwartungen

Bild 77 (3): Muster einer Mitarbeiterbeurteilung

IV. Gesamtbeurteilung und Stellungnahme des Mitarbeiters

Name: Klein, Werner Personal- Nr.: 02103

Gesamtbeurteilung des Mitarbeiters

1. Stärken des Mitarbeiters
   Belastbarkeit, Einsatzfreudigkeit, Persönliche Identifikation mit seinen Aufgaben

2. Schwächen des Mitarbeiters
   Neigt manchmal zu pessimistischer Betrachtungsweise und hat noch einzelne Führungsschwächen

3. Eignung für derzeitige Stelle und Position
   gut

4. Erfolg der bisherigen Aus- und Weiterbildung
   gut

5. Eignung für andere Aufgaben einschl. Führungsaufgaben
   ja ○ nein ⊗
   Wenn ja, für welche?

6. Leistungsverlauf seit der letzten Beurteilung
   verbessert ○ gleichbleibend ⊗ verschlechtert ○
   noch nicht zu beurteilen ○
   Begründung:

Stellungnahme des Mitarbeiters

1. Stimmt der Mitarbeiter dem Ergebnis seiner Beurteilung im wesentlichen zu? ja

2. Wo sieht er seine Stärken, seine noch ungenutzten Fähigkeiten und Kenntnisse?

3. Welche Wünsche Erwartungen hat er hinsichtlich seiner weiteren Förderung? Weiterbildung in Personalführung

Bild 77 (4): Muster einer Mitarbeiterbeurteilung

V. Förderungsmaßnahmen und Stellungnahmen

Name: Klein, Werner Personal- Nr.: 02103

Empfehlungen zur weiteren Förderung des Mitarbeiters

1. Stellenwechsel und Positionswechsel
nein

2. Gehaltserhöhung/Umstufung

ab 1.1.80 plus 300,- DM auf 4.200,- DM

3. Ausbildung/Weiterbildung
in Personalführung

Datum: 10.12.79 Unterschrift: Wer

Stellungnahme des nächsthöheren Vorgesetzten
einverstanden

Datum: 15.12.79 Unterschrift: Schmidt

Stellungnahme der Ausbildungsabteilung
Weiterbildung eingeplant

Datum: 18.12.79 Unterschrift: Immenhofer

Stellungnahme der Personalabteilung
Gehaltserhöhung veranlaßt

Datum: 21.12.79 Unterschrift: Hausmann

Bild 77 (5): Muster einer Mitarbeiterbeurteilung

Karriereförderung

Aus der Beurteilung des Mitarbeiters im Hinblick auf seine tatsächlich erbrachten Leistungen wird seine weitere Förderung abgeleitet. Ein Teil dieser Förderungsmaßnahmen ist die Versetzung (bzw. Vorbereitung dazu) des Mitarbeiters in eine andere Stelle oder Umsetzung in eine andere Funktion. Während der Stellenwechsel eine Änderung hinsichtlich der vertikalen EDV-Struktur bedeutet (z.B. vom Operator zum Programmierer oder vom Programmierer zum EDV-Organisator), stellt der Funktionswechsel eine horizontale Änderung dar (z.B. von der Junior-Fachkraft zur Fachkraft oder von der Senior-Fachkraft zur unteren Führungskraft).

Es sei darauf hingewiesen, daß ein Stellen- oder Funktionswechsel eine Änderung der Anforderungen an den Stelleninhaber bedeutet und deshalb vor einer Versetzung oder Umsetzung geprüft werden muß, ob der betreffende Mitarbeiter dem neuen Anforderungsprofil weitgehend entspricht. Hierbei ist es im allgemeinen erstrebenswert, den Mitarbeitern vor allem Beförderungsmöglichkeiten zu bieten, die in der horizontalen EDV-Struktur liegen. Vertikale Karrieremöglichkeiten (also eine Stellenversetzung) sind nach unseren Erfahrungen außerordentlich begrenzt, weil ein guter Operator verhältnismäßig selten auch ein guter Programmierer wird und die Voraussetzungen und Anforderungen an einen guten EDV-Organisator sich erheblich von denen des Programmierers abheben.

Gehaltsfindung

Zu den zweifellos schwierigsten Aufgaben der Personalführung im EDV-Bereich gehört die "richtige" und "gerechte" Gehaltsfindung für die Mitarbeiter. Die Gehaltsfindung im EDV-Bereich wird auch dadurch erschwert, daß zum einen EDV-Kräfte schlecht mit Mitarbeitern anderer Stellen zu vergleichen sind und zum anderen ein knappes Marktangebot an qualifizierten EDV-Kräften besteht.

Bei der Gehaltsfindung geht man am besten so vor, daß man zunächst für eine bestimmte Fachkraft (hierzu eignet sich am besten der Anwendungsprogrammierer, Qualifikationsgrad Fachkraft) den Faktor 1,0 für das Richtgehalt festlegt. Alle Faktoren in der Tabelle, vertikal nach Stellen und horizontal nach Funktionen gewichtet, spiegeln dann die unterschiedlichen Anforderungen wieder, die an die einzelnen Stelleninhaber und Funktionen gestellt werden. Die Struktur der Richtgehälter - Faktoren sollte einmal für die EDV-Abteilung festgelegt werden und bleibt so lange gleich, wie sich nicht Verschiebungen in den Anforderungen und damit in den Faktoren ergeben.

Bei der üblicherweise jährlich neu durchzuführenden Gehaltsfindung geht man nun so vor, daß man für die Fachkraft Anwendungsprogrammierer (Faktor 1,0) das monatliche Richtgehalt festlegt. Dieses Richtgehalt ist abgestimmt auf vergleichbare Positionen im Unternehmen und auf den Arbeitsmarkt. Ausgehend vom Basisfaktor 1,0 und dem festgelegten Richtgehalt werden dann alle anderen Richtgehälter durch entsprechende Multiplikation des Richtgehalts für den Programmierer mit dem betreffenden Faktor ermittelt. Als letzter Schritt werden die individuellen Gehälter je Mitarbeiter festgelegt. Das individuelle Gehalt ergibt sich aus dem Richtgehalt für die betreffende Stelle und Funktion mit Abweichung nach unten oder oben entsprechend dem Ergebnis der zuletzt durchgeführten Mitarbeiterbeurteilung. Üblicherweise genügt es, wenn die Bandbreite für die Individualgehälter bei ± 10 % der Richtgehälter liegt.

Um nicht nur die monatlichen Gehälter, sondern auch die Jahresbezüge mit den Zahlen des EDV-Personalmarktes vergleichen zu können, ist es erforderlich, von 13 gezahlten Monatsgehältern im Jahr auszugehen. Soweit weniger oder mehr als 13 Monatsgehälter jährlich gezahlt werden, sind die im Bild 78 aufgeführten Monatsgehälter entsprechend nach oben oder unten zu interpolieren.

GEHALTSSTRUKTUR (mit Gehältern 1979)										
Stelle	Junior-Fachkraft		Fachkraft		Senior-Fachkraft		Untere Führungskraft		Mittlere Führungskraft	
EDV-Leiter									2,0	6.400
EDV-Sekretärin			0,7	2.240						
Leiter EDV-Organisation							1,6	5.120		
EDV-Organisatoren	0,9	2.880	1,1	3.520	1,2	3.840				
Leiter Programmierung							1,5	4.800		
Anwendungsprogrammierer	0,8	2.560	1,0	3.200	1,1	3.520				
Systemprogrammierer	0,8	2.560	1,1	3.520	1,2	3.840				
Leiter Rechenzentrum							1,4	4.480		
Datatypistinnen	0,6	1.920	0,7	2.240	0,8	2.560				
Konsoloperateure	0,7	2.240	0,9	2.880	1,0	3.200				
Peripherieoperateure	0,5	1.600	0,7	2.240	0,8	2.560				
Arbeitsvorbereiter	0,6	1.920	0,8	2.560	0,9	2.880				
RZ-Sachbearbeiter	0,6	1.920	0,8	2.560	0,9	2.880				

Bild 78: Gehaltsstruktur mit Richtgehältern 1979

Bei der üblicherweise jährlichen Neufestlegung der Gehälter sind neben den internen Gehaltsrelationen in der EDV-Abteilung und den Gehaltsvergleichen zu anderen Mitarbeitern im Unternehmen auch Marktfaktoren zu berücksichtigen wie beispielsweise

- Marktuntersuchungen über EDV-Gehälter (jährlich von den Firmen Diebold GmbH, Frankfurt, und Handelsdienst GmbH, Hamburg, durchgeführt)

- Regionale Unterschiede (Nord- / Südgefälle, Ballungsgebiete, ländliche Regionen)

- Branchenunterschiede ("sichere" und "unsichere" Branchen)

- EDV-Anlage (Größe, Ausrüstung, "Exoten") und

- Anwendungen (Dialogverkehr, Datenbanken, Datenfernübertragung).

Die in Bild 78 genannten Faktoren und Richtgehälter für 1979 sind nicht repräsentativ und können allenfalls als Orientierungszahlen herangezogen werden.

Weiterbildung

Die betriebliche Weiterbildung dient der Erhöhung der Leistungsfähigkeit und Förderung des Leistungswillens der Mitarbeiter. Die Erhöhung der Leistungsfähigkeit bedeutet die Vermittlung von Kenntnissen und Fähigkeiten, die der Mitarbeiter zur Erfüllung seiner Aufgaben braucht, während die Förderung des Leistungswillens durch vermehrte Kenntnisse dazu dienen soll, es dem Mitarbeiter zu ermöglichen, neue und größere Aufgaben zu übernehmen. Die betriebliche Weiterbildung sollte sich in jedem Falle an den zukünftigen Aufgaben der EDV orientieren und hierbei Vorbildung und Fähigkeiten des Mitarbeiters berücksichtigen. Weiterbildung ist ein Teil der Personalpolitik. Sie muß planvoll sein und darf sich nicht in der Erfüllung von Ausbildungsbudgets erschöpfen.

Aufgrund des Anforderungsprofils je Stelle und Funktion und den Ergebnissen der periodischen Mitarbeiterbeurteilung sollte ein mittelfristiger Schulungsrahmen des Mitarbeiters festgelegt werden. Dieser Schulungsrahmen berücksichtigt die zukünftigen Anforderungen an den Stelleninhaber genauso wie seine bisherigen Kenntnisse und Erfahrungen sowie Fähigkeiten. Als Hilfsmittel für die Planung der Weiterbildung dient ein Formular "Schulungsplan" (Bild 79), das neben den Daten des mittelfristigen Schulungsrahmens die jährlichen Weiterbildungsdaten und, auf der Rückseite, die durchgeführte Weiterbildung aufnimmt.

Um die Weiterbildung so wirkungsvoll wie möglich zu gestalten, empfiehlt es sich, nach jedem Seminar eine "Seminarbeurteilung" auszufüllen, wie in Bild 80 dargestellt.

Zusammenfassung

- Um die geplanten EDV-Aufgaben quantitativ und qualitativ erfüllen zu können, bedarf es ausreichenden und qualifizierten EDV-Personals. Die Anzahl der benötigten EDV-Mitarbeiter kann nicht generell beziffert werden; als Orientierungshilfe mag dienen, daß die Personalkosten der EDV-Abteilung im allgemeinen das 1 1/2 bis 2fache der Hardwarekosten betragen.

- Möglichkeiten der Personalreduzierung sind die Verwendung von Standard-Anwendungssoftware, die Benutzung problemorientierter Programmiersprachen und die Vereinheitlichung in EDV-Organisation, Programmierung und Rechenzentrum durch Standards, Arbeitsanweisungen und einheitliche Dokumentation.

SCHULUNGSPLAN

Abt./Gruppe: EDV-Abt./Progr.	Ausbildung ○
Name: Meyer, Kurt	Weiterbildung ⊠
Stellenbezeichnung: Anwendungsprogrammierer	Seminarziel: Senior-Fachkraft
Position: Fachkraft	Schulungstage pro Jahr: 10

Schulungsrahmen 1979 - 1982

Weiterbildung zur Senior-Fachkraft Anwendungsprogrammierer

Planung

Datum	Seminar	Anz. Tage	Institut	Bemerkungen
9.-11.6.	Strukt. Programmierung	3	EDV-Akademie	in Marburg
22.-26.9.	Datenbanktechniken	5	"	in Frankfurt

Bild 79 (1): Schulungsplan

Durchführung					
Datum	Seminar	Anz. Tage	Institut	Pers. Karte	Bemerkungen
9.-11.6.	Strukt. Programmierung	3	EDV-Akademie	x	empfehlenswert

Bild 79 (2): Schulungsplan

SEMINARBEURTEILUNG

Abt./Gruppe: EDV-Abteilung / Programmierung	Seminar: Strukt. Programmierung
Name: Meyer, Kurt	vom: 9. Juni bis: 11. Juni 1979
Stellenbezeichnung: Anwendungsprogrammierer	Institut: EDV-Akademie
Position: Fachkraft	Ort: Marburg
Seminarziel: Senior-Fachkraft	Seminarleiter: Hensler

Gegenstand	Note	Erläuterungen
Referenten	2	ohne Beanstandung
Seminaraufbau	4	teilweise unlogisch
Seminarinhalt	3	verbesserungsbedürftig
Unterlagen	3	z.T. unübersichtlich
Beispiele	2	praxisnah
Diskussion	3	nicht straff genug
Zeitlicher Ablauf	2	gut
Allgem. Betreuung	2	ohne Beanstandung
Gesamtbewertung	3	–

Seminarkosten	
Seminargebühren	750,–
Reisekosten	180,–
Nebenkosten	–
Kosten gesamt	930,–
Kosten je Seminartag	319,–

Noten

sehr gut	=	1
gut	=	2
befriedigend	=	3
ausreichend	=	4
schlecht	=	5
sehr schlecht	=	6

Nutzenbeurteilung

empfehlenswert

Bild 80: Seminarbeurteilung

- Von entscheidender Bedeutung ist die Auswahl des EDV-Leiters. Er sollte nicht nur eine gute EDV-Fachkraft sein, sondern vor allem über Führungseigenschaften sowie über Fähigkeiten der Planung, Organisation und Kontrolle verfügen.

- Da die Risiken und Fluktuationskosten im Bereich der EDV-Abteilung sehr hoch sind, sollte bei der Beschaffung von EDV-Personal mit größter Gewissenhaftigkeit und in enger Zusammenarbeit zwischen Personal- und EDV-Abteilung vorgegangen werden.

- Die Führung der Mitarbeiter im EDV-Bereich sollte nach den Prinzipien der Aufgaben- und Verantwortungsdelegation, der Motivation und der Leistungskontrolle erfolgen; ein autoritärer Führungsstil ist genauso abzulehnen wie eine Kumpanei zwischen Führungskräften und Mitarbeiter.

- Jeder Mitarbeiter sollte einmal jährlich von seinem Vorgesetzten und anhand eines guten Beurteilungssystems im Hinblick auf seine Leistungen und sein Leistungsverhalten beurteilt werden; aus dem Ergebnis der Mitarbeiterbeurteilung werden Förderungsmaßnahmen wie Karriereförderung, Gehaltsverbesserungen und Weiterbildung abgeleitet.

- Eine gerechte Gehaltsfindung setzt eine Arbeitsplatzbewertung (aus Stellenbeschreibung und Anforderungsprofil) voraus und führt zu einer Gehaltsstruktur, aus der sich die jährlichen Richtgehälter ableiten; aus dem Richtgehalt der Gruppe ergibt sich dann, als Ergebnis der jährlichen Mitarbeiterbeurteilung, das Individualgehalt des Mitarbeiters.

- Für die Weiterbildung des Mitarbeiters sollte ein langfristiger Weiterbildungsrahmen geschaffen werden, der sich an den künftigen EDV-Aufgaben im Unternehmen und an den Fähigkeiten des Mitarbeiters orientiert. Aus dem Weiterbildungsrahmen wird dann der jährliche Weiterbildungsplan des Mitarbeiters abgeleitet, wobei der jährliche Weiterbildungsbedarf mit etwa 8 bis 10 Arbeitstagen für EDV-Organisatoren und Programmierer, mit ca. 15 Arbeitstagen für die Mitarbeiter der Gruppe EDV-Systemtechnik und mit ca. 5 Arbeitstagen für die Mitarbeiter des Rechenzentrums (EDV-Betrieb) angenommen werden kann.

3.33 Hardware- und Softwareausstattung

3.331 Einleitung und Übersicht

Ähnlich wichtig wie eine gute und ausreichende Personalausstattung ist die Versorgung des Unternehmens mit der richtigen Hardware (EDV-Anlage, Datenerfassungsgeräte und Datenübertragungseinrichtungen) einschließlich Systemsoftware und Anwendungssoftware (Standard-Anwendungssoftware). Da die Systemsoftware, vor allem das Betriebssystem, zur notwendigen Ergänzung der Hardware gehört und im allgemeinen aber auch ganz oder zum größten Teil vom Hersteller der EDV-Anlage geliefert wird, muß die Systemsoftware zusammen mit der Hardware ausgewählt und beurteilt werden.

Die Aktivitäten im Hinblick auf die Hardware- und Softwareausstattung sind sowohl bei der Ersteinrichtung einer EDV als auch bei jeder Ersatzinstallation und, zumindest in Teilbereichen, auch bei Erweiterung einer EDV-Anlage durchzuführen. Unabhängig hiervon ist die Beschaffung einzelner Softwarepakete auf dem Softwaremarkt zu sehen, bei der es ebenfalls auf große Sorgfalt bei der Auswahl und Beurteilung ankommt.

Bei der Auswahl und Beschaffung geht es darum, die für das Unternehmen und die anstehenden EDV-Aufgaben am besten geeigneten und zuverlässigsten maschinen- und programmtechnischen Einrichtungen herauszufinden. Da die Anlagen, Geräte und Programmpakete meist nicht nur sehr teuer sind, sondern das Unternehmen auch langfristig binden, muß hierbei mit größter Sorgfalt und Erfahrung vorgegangen werden.

3.332 Hardwareauswahl

Zweckmäßigerweise geht man bei der Auswahl und Beschaffung der Hardware einschließlich Systemsoftware wie folgt vor:

- Festlegung der Arbeitsgebiete und des Grob-Datenmengengerüstes für die geplanten EDV-Anwendungen.

- Darstellung des Grob-Datenflusses für die geplanten EDV-Anwendungen.

- Ermittlung der benötigten Kapazität und Leistungsfähigkeit für die geplante Anlage.

- Vorauswahl aufgrund leistungsunabhängiger Kriterien.

- Ausschreibung der Hardware und Software.

- Auswertung der Herstellerangebote.

- Vertragsverhandlungen und endgültige Entscheidung.

Soweit es sich nicht um eine Erst- oder Ersatzinstallation, sondern um die Erweiterung einer vorhandenen EDV-Anlage handelt (darauf sei nochmals hingewiesen), gelten die nachfolgenden Darstellungen und Erläuterungen nur in entsprechenden Teilbereichen.

Die obengenannten Aktivitäten können zu insgesamt drei Gruppen zusammengefaßt werden. Es sind dies

- <u>die Vorbereitungsarbeiten</u>
  (von der Aufgabenanalyse über die Grob-Darstellung der geplanten EDV-Abläufe, der Vorentscheidung und der Ermittlung der benötigten Leistung und Kapazität bis hin zur Vorauswahl und zur Erstellung der Ausschreibungsunterlagen)

- <u>die Durchführungsarbeiten</u>
  (Auswertung und Beurteilung der Herstellerangebote) und

- <u>die Abschlußarbeiten</u>
  (Vertragsverhandlungen und Entscheidung).

Bei den Vorbereitungsarbeiten werden zunächst diejenigen Arbeitsgebiete festgelegt, die mit der geplanten oder erweiterten EDV-Anlage abgewickelt werden sollen. Wegen der Beantwortung der Frage, welche Arbeitsgebiete und Aufgaben sich für eine sinnvolle und wirtschaftliche EDV-Anwendung eignen, sei auf den Abschnitt 4 dieses Buches "EDV-Anwendungen und Management-Informationssysteme" hingewiesen. Im weiteren Verlauf wird nun jedes für die EDV geplante Arbeitsgebiet analysiert,

- welche Datenmengen je Zeiteinheit eingegeben (Eingabe), am Bildschirm abgefragt (Abfragen), über Drucker ausgegeben (Ausgaben) und in Dateien oder Datenbanken (Dateien) gespeichert werden sollen; siehe hierzu das Beispiel eines Gesamt-Datenmengengerüstes in Bild 81, und

- wie eine erste EDV-Lösungsmöglichkeit (dargestellt als Grob-Datenfluß, siehe hierzu einen Auszug in Bild 82) aussehen soll.

Der Ausarbeitung und Darstellung des Datenmengengerüstes und Grob-Datenflusses schließt sich die Ermittlung der be-

GESAMT - DATENMENGENGERÜST				
Arbeiten	täglich	wöchentl.	monatlich	Bestand
Eingaben				
Auftragsbearbeitung/Fakturierung	36.000			
Lagerbestandsführung	5.000			
Finanzbuchhaltung	9.000		10.000	
Lohn-/Gehaltsabrechnung			1.000	
Statistiken			10.000	
Summe	50.000		21.000	
Abfragen				
Auftragsbearbeitung/Fakturierung	4.000			
Lagerbestandsführung	2.000			
Finanzbuchhaltung	2.000		2.000	
Lohn-/Gehaltsabrechnung		500	1.000	
Statistiken			2.000	
Summe	8.000	500	5.000	
Ausgaben				
Auftragsbearbeitung/Fakturierung	12.250			
Lagerbestandsführung	3.100	10.000	1.500	
Finanzbuchhaltung	1.200	15.800	15.500	
Lohn-/Gehaltsabrechnung			6.850	
Statistiken			25.250	
Summe	16.550	25.800	49.100	
Dateien				
Kundendatei				2,0 Mio
Artikeldatei				0,5 Mio
Auftragsdatei				0,5 Mio
Debitorendatei				4,0 Mio
Kreditorendatei				1,0 Mio
Sachkonten				0,1 Mio
Vertreterdatei				0,3 Mio
Personalstammdatei				0,2 Mio
Lohn- und Gehaltskonten				0,1 Mio
Statistische Dateien				5,0 Mio
Summe				13,7 Mio

Erläuterungen
- bei den Dateien ist auf die geforderte Kapazität während eines Ablaufs zu achten
- die Abfragen liegen zwischen 15 und 20% der Eingaben
- Eingaben und Abfragen sind in Anzahl Stellen angegeben
- Ausgaben sind in Anzahl Zeilen angegeben
- Dateien sind in Anzahl Bytes angegeben (sie sind nur einmal aufgeführt)

Bild 81: Gesamt - Datenmengengerüst

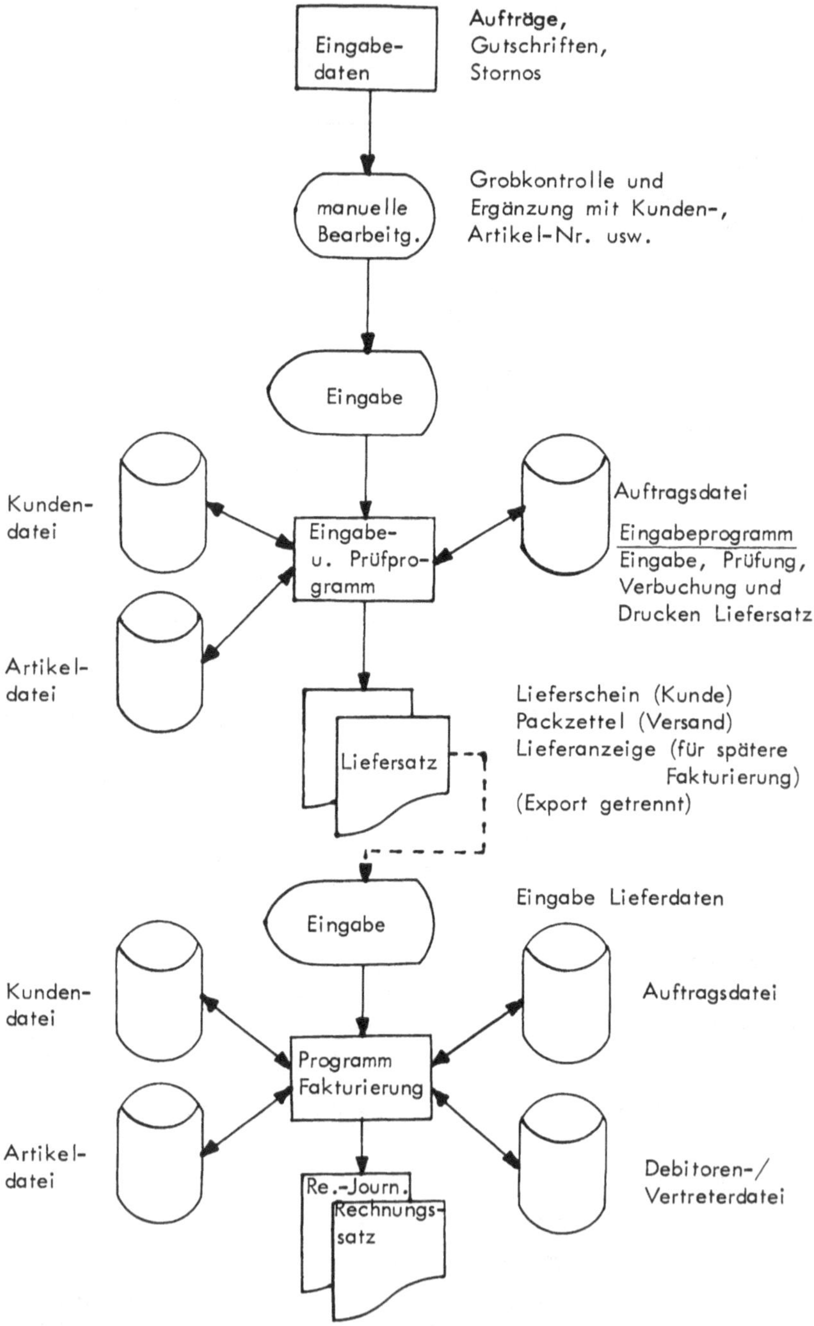

Bild 82: Grob-Datenflußplan

nötigten Leistungsfähigkeit und Kapazität an. In diesem Schritt muß geprüft und festgelegt werden,

- welche Leistungsfähigkeit (interne Geschwindigkeit) und Größe (Kapazität des internen Arbeitsspeichers) die Zentraleinheit haben muß

- wieviele Bildschirmgeräte (Direkteingabe mit Abfragemöglichkeiten) in den Fachabteilungen und im Rechenzentrum benötigt werden

- welche Kapazität und Speicherart (Magnetplatteneinheiten und/oder Magnetbandgeräte) für extern zu speichernde Dateien oder Datenbanken erforderlich sind

- welche Ausgabegeräte (Drucker) mit welcher Leistungsfähigkeit für die Ausgabe von Verarbeitungsergebnissen und Informationen notwendig sind

- welche zusätzlichen Geräte und Einrichtungen für Datenerfassung und Datenübertragung gebraucht werden.

Bei der Festlegung der vorläufigen Ausstattung kommt es auf folgende Punkte an:

- Kann die EDV-Anlage die geplanten EDV-Aufgaben quantitativ, qualitativ und zeitlich bewältigen?

- Besitzt die EDV-Anlage darüber hinaus eine entsprechende Reserve (üblicherweise 30 bis 50 %)?

- Kann die EDV-Anlage beim Kunden auf mindestens die doppelte Leistung und Kapazität erweitert werden?

Bild 83 zeigt die Darstellung des sogenannten Hardware-Diagramms, als Beispiel für eine kleine EDV-Anlage (MDT-System).

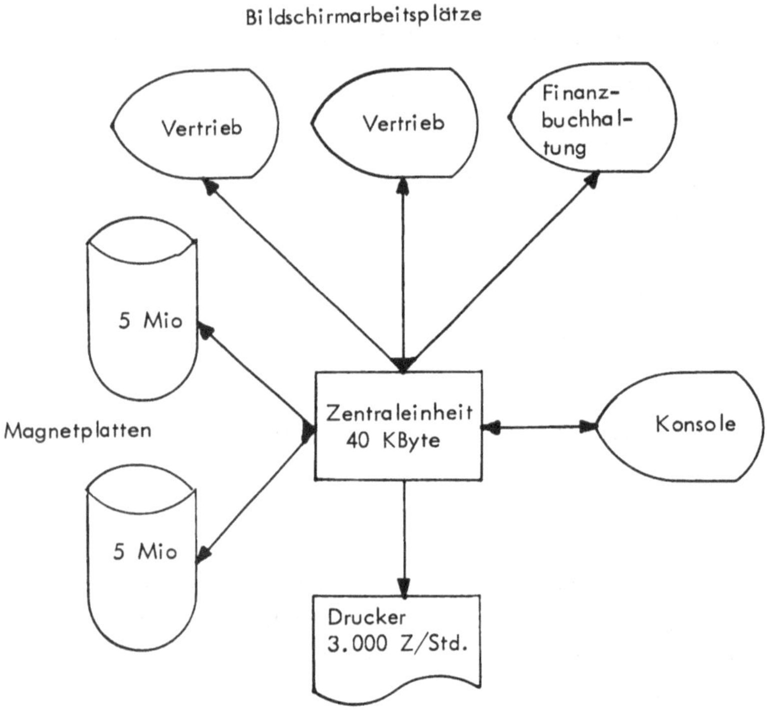

Bild 83: Hardware - Diagramm

Bevor nun mit der Vorbereitung der Ausschreibung und der Aufarbeitung der Ausschreibungsunterlagen begonnen wird, muß geklärt werden, ob die aufgezeigte Größenordnung der EDV-Installation für das Unternehmen akzeptabel scheint und es keine wirtschaftlicheren Verfahren oder EDV-Lösungen gibt.

Obwohl eine endgültige Entscheidung über den Einsatz bzw. die Erweiterung einer EDV-Anlage erst mit Hilfe einer gesonderten Kosten- / Nutzenanalyse (siehe hierzu Kapitel 3.35 "EDV-Kosten und EDV-Nutzen") getroffen werden sollte, kann an dieser Stelle der Vorbereitungsarbeiten vorläufig festgelegt werden, ob die vorgesehene Größenordnung der EDV-Anlage und Zusatzeinrichtungen realistisch scheint.

Andere EDV-Lösungen wären möglicherweise der alternative Einsatz mehrerer MDT-Systeme statt einer einzigen größeren EDV-Anlage (dezentrale Datenverarbeitung) oder die Benutzung eines Service-Rechenzentrums. Auch hierzu sei auf Kapitel 3.35 verwiesen.

Davon ausgehend, daß zugunsten einer eigenen EDV-Anlage entschieden wurde, muß nun, bevor die Ausschreibung erfolgt, in einer Vorauswahl festgelegt werden, welche Herstellerfirmen in die Ausschreibung einbezogen werden sollen. Üblicherweise werden "Exoten" (Hersteller, die bisher nicht oder kaum auf dem EDV-Markt vertreten sind), Hersteller, mit denen man bisher schlechte Erfahrungen gemacht hat und Hersteller, die keinen Service in der Nähe des Unternehmens anbieten, von der Auswahl ausgeschlossen. Weitere Beispiele solcher Mindestbedingungen sind:

- Kann die in Frage kommende Anlage die geplanten Aufgaben erfüllen und besitzt sie außerdem noch eine Leistungsreserve?

- Bietet die Anlage die Möglichkeit einer späteren Erweiterung nach dem Baukastensystem?

- Ist der Hersteller in der Lage, die Anlage in der gewünschten Zeit zu liefern?

- Ist gewährleistet, daß die Herstellerfirma auch in Zukunft ihren Kundendienst und die technische Wartung aufrechterhalten kann?

- Hat sich die betreffende Anlage bereits im praktischen Einsatz bewährt oder befindet sie sich noch in der Entwicklung oder im Versuchsstadium?

- Entsprechen die in die engere Auswahl einzubeziehenden Anlagen dem neuesten technischen Stand oder muß in Kürze mit der Bekanntgabe verbesserter Modelle gerechnet werden?

Alle anderen Hersteller, die die gewünschte Hardware- und Software liefern können und die obengenannten Mindestbedingungen erfüllen, nehmen nun an der folgenden Ausschreibung teil. Hierzu erhalten sie einen Unterlagensatz, bestehend aus

- dem bekannten Gesamt-Datenmengengerüst
- dem bekannten Grob-Datenflußplan
- dem bekannten Hardware-Diagramm und
- einem sogenannten Pflichtenheft, in dem alle geforderten Leistungs-, Kosten- und Servicemerkmale in Form von Fragen aufgeführt sind.

Bild 84 zeigt den Ausschnitt aus einem Hersteller-Pflichtenheft.

Für die Beurteilung der in die Ausschreibung einbezogenen Anlagen wird zunächst ein Katalog gewünschter Eigenschaften aufgestellt. Diese Eigenschaften bilden zwar die Grundlage für die Beurteilung, sind aber erst einmal noch nicht auf bestimmte EDV-Anlagen bezogen. Sie erstrecken sich vielmehr ganz allgemein auf die Leistungsfähigkeit von Hardware und Systemsoftware sowie auf die Kosten und Serviceleistungen des Herstellers. Hierbei handelt es sich also um Eigenschaften, die für den Benutzer von besonderer Wichtigkeit sind.

Im nächsten Schritt werden diese Eigenschaften gewichtet. Eine solche Gewichtung besagt, daß den einzelnen Eigenschaften, basierend auf insgesamt 100 Punkte, ein bestimmter Wert beigemessen wird. Beispielsweise ist in einem Unternehmen die Leistungsfähigkeit der Hardware besonders bedeutsam, weil streng zeitgebundene und umfangreiche Tagesarbeiten ablaufen müssen. Ein anderes Unternehmen kann vielleicht seine EDV-Anlage ohnehin nur zu 60 bis 80 % nutzen, weswegen hier die Kosten an erster Stelle der gewichteten Eigenschaften stehen werden. Um also den Wert einer bestimmten

HERSTELLER - PFLICHTENHEFT	
lfd. Nr.	Frage
1.	Hardware und Systemsoftware
1.1	Hardware
1.11	Wie groß ist die Zykluszeit der CPU?
1.12	In welchen Stufen und bis zu welcher Maximalgröße ist der Arbeitsspeicher ausbaufähig?
1.13	Welche Kapazität des Arbeitsspeichers wird für Betriebssystem und andere Systemsoftware ständig benötigt?
1.14	Welche Kapazität des Arbeitsspeichers ist für Anwenderprogramme verfügbar?
1.15	Wie viele Arbeitsspeicherkapazität wird je Bildschirm benötigt?
1.16	Welcher Speicherschutz ist für den Arbeitsspeicher vorhanden?
1.17	Wie viele Programme können maximal überlappt ablaufen (Multiprogramming)?
1.18	Gibt es Relocation-Register für die Verschiebung von Programmen, und wenn ja, wie viele?
1.19	Wie viele Zyklen werden je Befehlserfassung benötigt?
1.20	Wie hoch ist der Zeitbedarf je Befehlserfassung?
1.21	Wie viele Bildschirmarbeitsplätze für den lokalen Anschluß sind maximal anschließbar?
1.22	Können zusätzliche Bildschirmgeräte (für einen evtl. späteren Ausbau) über DFÜ angeschlossen werden?
1.23	Können einzelne Bildschirmgeräte mit Hardcopy-Geräten oder Terminal-Druckern gekoppelt werden?
1.24	Wie groß ist die Zeichenkapazität der angeschlossenen Bildschirmgeräte?
1.25	Wie groß ist der Punktraster der Bildschirmgeräte?
1.26	Wie lang ist die maximale Kabellänge ohne und mit Zusatzeinrichtungen bei lokalen Bildschirmgeräten?
1.27	Wie viele Disketten oder Magnetbandkassetten-Geräte können angeschlossen werden?

Bild 84: Hersteller-Pflichtenheft Hardwareauswahl (Auszug)

Eigenschaft hervorzuheben, wird ihr eine in Zahlen ausgedrückte und auf insgesamt 100 Punkte bezogene Gewichtung zugeteilt. Die Gewichtung wird für jede einzelne Eigenschaft bestimmt und zu Eigenschaftsgruppen akkumuliert. Beispielsweise sagt eine Gewichtung von 20 Punkten für die Hardware und Systemsoftware und von 40 Punkten für die Kosten aus, daß niedrigen Kosten ein doppelt so hoher Wert beigemessen wird wie der Leistungsfähigkeit der geplanten EDV-Anlage.

Naturgemäß ist die Gewichtung von Benutzer zu Benutzer verschieden. Um zu einem möglichst objektiven Ergebnis zu kommen und Fehlschlüsse einzelner Personen auszuschließen, geht man am besten so vor, daß die Gewichtung der gewünschten Eigenschaften getrennt von zwei oder mehr Personen durchgeführt wird. Im Anschluß daran werden die Gewichtungen verglichen und von den einzelnen Personen begründet. Das Endergebnis bildet aber nicht den mathematischen Mittelwert, sondern entspricht der gesamten Meinung, auf die man sich nach einer gründlichen Diskussion einigt. Bild 85 zeigt das Beispiel einer Aufstellung und Gewichtung gewünschter Eigenschaften.

In der nun folgenden Auswahl werden alle EDV-Anlagen, die den Filter der Vorauswahl und geforderten Mindestbedingungen passiert haben und für die Ausschreibungsangebote der Hersteller vorliegen, im Hinblick auf die gewünschten Eigenschaften beurteilt. Zu diesem Zweck bildet man sogenannte Wirksamkeitsfaktoren, und zwar je einen Faktor für jede gewünschte Eigenschaft und Anlage. Ein Wirksamkeitsfaktor kennzeichnet die besonders gute bzw. weniger gute Eignung einer EDV-Anlage, bezogen auf eine bestimmte Eigenschaft. Ein hoher Faktor ist immer als günstig, ein niedriger Faktor als ungünstig anzusehen. Beispielsweise sagt ein hoher Faktor bei der Bewertung der laufenden Kosten aus, daß die Mietkosten oder Abschreibungsraten bei dieser Anlage besonders niedrig liegen. Jede Bewertung kann sich natürlich immer nur auf den Vergleich mit den anderen, in die engere Wahl gezogenen Anlagen beziehen. Durch Multiplikation des Faktors (der zwischen 0,1 und 1,0 liegt) mit der dazugehöri-

Gewichtung der gewünschten Eigenschaften		
Eigenschaft	**Gew.**	**Bemerkungen**
<u>Hardware</u>		
- Zentraleinheit Zykluszeit	3	unterhalb 1 Mikrosekunde
- Arbeitsspeicher Kapazität	5	mehr als 80 KB
- Magnetplattenspeicher	5	Wechselplatten und Kapazität
- Bildschirmgeräte	8	Ausführung, Kabellängen, Anzahl
- Drucker	4	mehr als 18.000 Zeilen/Std.
- Disketten	3	2 Laufwerke, Off-Line
- DFÜ-Anschluß	2	geringe Bedeutung
Zwischensumme	30	
<u>Software (Systemsoftware)</u>		
- Größe Betriebssystem	4	betr. Größe Anwendungsprogramme
- Multiprogramming/ Parallelbetrieb	6	On-Line und Batch
- Datensicherung/ Dateiverwaltung	5	Effizienz und Art
- Dialogfähigkeit	5	Umfang und Einschränkungen
- Hauptspeicherverwaltung	2	Art und Effizienz
- Datenbanksoftware	3	mittlere Bedeutung
- Programmiersprachen	3	Assembler, Basic/Cobol, RPG
- Dienstprogramme	2	Anzahl und Art
Zwischensumme	30	
<u>Kosten</u>		
- Einmalkosten	3	Lieferung, Aufstellung
- Laufende Kosten	15	Miete und Wartung
- Zusatzkosten	7	Mehrschichtmiete/Software
Zwischensumme	25	
<u>Serviceleistungen</u>		
- Hardware/Softwareservice	8	Nähe und Größenordnung
- Marktposition	2	Hersteller, Anbieter, Absatz
- Schulungsmöglichkeiten	1	Umfang, Termine
- Vertragsbedingungen	4	Miete, sonstige Konditionen
Zwischensumme	15	
Gesamtsumme	100	

Bild 85: Gewichtung der gewünschten Eigenschaften

gen Gewichtung gelangt man zu Einzelergebnissen, deren Höchstsumme unter gewissem Vorbehalt die sich am besten eignende Anlage ausweist. Wie bei der Gewichtung der gewünschten Eigenschaften sollte auch die endgültige Anlagenbewertung durch verschiedene Personen mit einem abschließenden Gemeinschaftsergebnis vorgenommen werden. Die Bilder 86 und 87 zeigen Auszüge aus den Beurteilungsergebnissen.

Es sei besonders hervorgehoben, daß die Schwierigkeiten eines solchen zahlenmäßigen Anlagenvergleichs nicht verkannt werden dürfen. Die Gewichtung der Eigenschaften ist noch vergleichsweise einfach. Im allgemeinen weiß das Untersuchungsteam, ob es zur Lösung der anstehenden Aufgaben mehr auf eine hohe Leistungsfähigkeit ankommt oder das Schwergewicht mehr bei möglichst geringen Kosten liegt. Sehr viel schwieriger ist dagegen eine der Wirklichkeit entsprechende Zuordnung der Wirksamkeitsfaktoren. Zwar sind die monatlichen Mietkosten oder die Kaufpreise der Anlagen genau bekannt, wie aber soll beispielsweise die Wirksamkeit unterschiedlicher Betriebssysteme oder der Kundendienst der einzelnen Hersteller vergleichsweise beurteilt werden? Auf der anderen Seite können die EDV-Organisatoren nicht auf einen zahlenmäßigen Anlagenvergleich verzichten. Eine Näherungsmethode ohne 100%ige Vergleichsergebnisse ist immer noch besser, als es auf gut Glück zu versuchen, sich den Empfehlungen eines einzelnen Herstellers zu beugen oder sich kritiklos der Entscheidung eines Nachbarunternehmens anzuschließen. Für EDV-Fachkräfte mit entsprechenden Erfahrungen wird die vorliegende Methode eine gute Hilfe sein, darf sie aber auf der anderen Seite nicht davon entbinden, mit großer Gewissenhaftigkeit und Genauigkeit vorzugehen.

Die Addition aller Einzelergebnisse als Produkte von Gewichtung mal Wirksamkeitsfaktor ergibt dann den Endwert je Anlage. Und die höchste Summe bezeichnet diejenige Anlage, die sich am besten zur wirtschaftlichen Lösung der gestellten Aufgaben im Unternehmen eignet. Diese Aussage gilt jedoch nur, wenn Bewertung und Beurteilung mit größter Gewissenhaftigkeit und durch erfahrene Fachkräfte vor-

Anlagenbewertung							
Eigenschaft	Gew.	Anlage 1		Anlage 2		Anlage 3	
		X	=	X	=	X	=
Hardware							
- Zentraleinheit	8	0,1	0,8	0,6	4,8	0,4	3,2
- Arbeitsspeicher	4	0,4	1,6	0,5	2,0	0,3	1,2
- Magnetplattenspeicher	4	1,0	4,0	0,7	2,8	0,2	0,8
- Bildschirmgeräte	5	0,6	3,0	1,0	5,0	0,6	3,0
- Drucker	4	1,0	4,0	1,0	4,0	1,0	4,0
- Disketten	3	0,2	0,6	0,6	1,8	1,0	3,0
- DFÜ-Anschluß	2	1,0	2,0	1,0	2,0	0,1	0,2
Zwischensumme	30		16,0		22,4		15,4
Software							
- Größe Betriebssystem	4	0,4	1,6	0,1	0,4	0,6	2,4
- Hauptspeicherverwaltung	4	0,1	0,4	0,4	1,6	0,8	3,2
- Mehrfachzugriff	5	1,0	5,0	1,0	5,0	1,0	5,0
- Multiprogramming	4	0,1	0,4	0,5	2,0	1,0	4,0
- Dialogfähigkeit	3	1,0	3,0	1,0	3,0	1,0	3,0
- Datensicherung	3	0,2	0,6	0,3	0,9	0,6	1,8
- Programmiersprachen	4	0,8	3,2	0,4	1,6	1,0	4,0
- Dienstprogramme	3	0,1	0,3	1,0	3,0	1,0	3,0
Zwischensumme	30		14,5		17,5		26,4
Kosten							
- Einmalkosten	2	0,4	0,8	0,6	1,2	0,2	0,4
- Laufende Kosten	20	0,8	16,0	0,7	14,0	1,0	20,0
- Zusatzkosten	3	0,8	2,4	0,8	2,4	0,4	1,2
Zwischensumme	25		19,2		17,6		21,6
Serviceleistungen							
- Hardware-/Softwareservice	8	0,1	0,8	0,1	0,8	1,0	8,0
- Marktposition	2	0,1	0,2	0,1	0,2	0,5	1,0
- Schulung	1	0,8	0,8	0,8	0,8	1,0	1,0
- Vertragsbedingungen	4	0,1	0,4	1,0	4,0	0,2	0,8
Zwischensumme	15		2,2		5,8		10,8
Gesamtsumme	100		51,9		63,6		74,2
Reihenfolge			3		2		1

Bild 86: Anlagen-Gesamtbewertung

Anlagenbewertung - Hardware (Auszug)			
Eigenschaft	Anlage 1	Anlage 2	Anlage 3
<u>Zentraleinheit</u>			
- Zykluszeit	400 Mikrosek. für 2 Bytes	400 ns für 2 Bytes	600 ns für 2 Bytes
- Befehlszeit	0,8 bis 6 Mikrosekunden	unbekannt	unbekannt
- Struktur	16 Bit parallel	16 Bit parallel	unbekannt
- Indexregister	2	64	unbekannt
- Adressierung	direkt, indirekt, relativ, indiziert	alle	alle
<u>Arbeitsspeicher</u>			
- Angebot	96 KB/128 KB (max. 256 KB)	64 KB/112 KB (max. 128 KB)	64 KB (max. 64 KB)
- Art	Wortspeicher (1 Wort=2 Byt.)	Bytespeicher	Bytespeicher
- Betriebssystem	20 - 26 KB	39 KB	22 KB
- Bedarf je Bildschirm	bei Cobol keiner	16 KB	ca. 2 Bytes
- Speicherschutz	ja als Option	voll	voll
<u>Magnetplatten</u>			
- Angebot	2 X 50 MB (max. 200 MB)	2 X 24 MB (max. 200 MB)	2 X 13,5 MB (max. 27 MB)
- Ø Zugriffszeit	30 msec.	33 msec.	40 msec.
- Übertragungsleistung	450 KB/sec.	550 KB/sec.	889 KB/sec.
- Kapazität	54,7 MB	24 MB	27,1 MB
- Wechselbarkeit	wechsel	fest/wechsel	fest

Bild 87: Anlagen - Einzelbewertung (Auszug)

genommen wurden. Liegen zwei oder mehr Anlagen in ihrer Gesamtwertung dicht beieinander, so sollte die Bewertung bei diesen Anlagen überprüft oder wiederholt werden.

Den Abschluß der Anlagenauswahl bilden die Vertragsverhandlungen mit den in die engste Auswahl gekommenen Herstellerfirmen und die endgültige Entscheidung zugunsten eines Herstellers und einer Anlage. Hierbei ist zu empfehlen, nicht nur mit demjenigen Hersteller zu verhandeln, dessen Anlage den höchsten Wert bei der Beurteilung erhielt, sondern auch die Hersteller der nächstbesseren 1-2 Anlagen heranzuziehen, da erfahrungsgemäß eine endgültige Beurteilung der Kosten und Serviceleistungen nicht aufgrund der Angebote, sondern letztendlicher Konzessionen möglich ist. Auch halten wir es für sehr ratsam, alle wichtigen Punkte schriftlich als Bestandteil des Kauf- oder Mietvertrages, der allgemeinen Vertragsbedingungen und des Wartungsvertrages aufzunehmen.

Soweit eigene Fachkräfte für die Auswahl und Beurteilung mit entsprechenden Marktkenntnissen nicht zur Verfügung stehen, ist es unumgänglich, für diesen wichtigen Schritt einen qualifizierten und erfahrenen Berater heranzuziehen.

3.333 Auswahl von Standard-Anwendungssoftware

Die Auswahl von Standard-Programmpaketen in Verbindung mit der Anlagenauswahl ist im allgemeinen nur bei MDT-Systemen für den Benutzer von Bedeutung, weil es dort entscheidend darauf ankommt, daß der Hersteller neben der Hardware und Systemsoftware auch entsprechende Anwendungsprogramme anbietet. Im Gegensatz dazu kann es aber heute für nahezu jeden Anwender von Interesse sein, unabhängig von der Installation einer EDV-Anlage Standard-Anwendungssoftware einzusetzen. Dies gilt insbesondere für Anwendungen, die gut standardisierbar sind, z.B. die Finanzbuchhaltung, die Lohn- und Gehaltsabrechnung, die Materialverwaltung u.a.

Natürlich muß man auch bei der Auswahl und Beschaffung von Standard-Anwendungssoftware, das gleiche gilt für später zusätzlich beschaffte Standard-Systemsoftware, sehr sorgfältig vorgehen. Auch hier kommt es zunächst darauf an, mit Hilfe einer Analyse zu untersuchen und festzulegen,

- ob sich das betreffende Arbeitsgebiet überhaupt für eine Standardisierung eignet

- welche anwendungs- sowie Hardware- und Software-bezogenen Anforderungen an das Softwarepaket gestellt werden müssen (Leistungsumfang) und

- welche Anschlußpunkte an vor- und nachgelagerte Arbeitsgebiete beachtet werden müssen (Programmintegration).

Auch hier führt man eine Ausschreibung durch (alle in der Bundesrepublik angebotenen Softwarepakete werden zweimal jährlich im ISIS-Katalog der Firma Infratest, München, veröffentlicht) und überreicht den infrage kommenden Softwareanbietern eine Ausschreibungsunterlage, bestehend aus

- dem geforderten Leistungsumfang
  (Spezifikation der geplanten EDV-Anwendung)

- der vorhandenen Hardware- und Softwareausstattung
  (eingesetzte EDV-Anlage und Systemsoftware) und

- dem Pflichtenheft
  (Fragebogen an den Anbieter über das Softwarepaket, seine Kosten und die Serviceleistungen); Bild 88 zeigt ein solches Pflichtenheft.

Die Durchführung der Softwareauswahl wird nach dem gleichen Verfahren vorgenommen wie die Auswahl der Hardware und Systemsoftware. Auch hier benutzt der EDV-Mitarbeiter, der mit der Auswahl betraut ist, ein Schema und Bewertungssystem, wie in Bild 89 dargestellt. Von ausschlaggebender Bedeutung

FRAGEBOGEN SOFTWAREAUSWAHL	
Nr.	Kriterien
1.	<u>Produkt - Kriterien</u>
1.1	<u>Produkt - Spezifikation</u>
1.1.0	Genaue Beschreibung des Produkts, getrennt nach Eingabe, Verarbeitung, Speicherung und Ausgabe (Bitte Broschüre beifügen)
1.1.1	Worin liegen die besonderen qualitativen Merkmale des Produkts?
1.1.2	Ist das Produkt voll oder teilweise dialogfähig?
1.1.3	Seit wann ist das Produkt im Einsatz?
1.1.4	Welche vergleichbaren Anwender benutzen das Produkt?
1.1.5	Welche Hardware- und Software-Komponenten (Hardwaregröße und -konfiguration, Hauptspeicherbedarf, Betriebssystem, Dateiorganisation usw.) benötigt das Produkt?
1.1.6	In welcher Programmiersprache und unter Benutzung welcher Programmiermethode ist das Produkt geschrieben?
1.1.7	Für welche weiteren Anlagen und Betriebssysteme ist das Produkt geeignet?
1.1.8	Welche Angaben können zu den CPU- und den E/A-Laufzeiten gemacht werden?
1.1.9	Welche Kontrollen und Sicherungen sind in dem Produkt enthalten?
1.2	<u>Produkt - Zusatzleistungen</u>
1.2.0	Wie groß wird der für die betriebsindividuelle Anpassung benötigte Zeitaufwand geschätzt?
1.2.1	Welche Installationsvorbereitungen (Bereitstellung von Personal, Rechenzeit, Testdaten usw.) sind vom Anwender durchzuführen?
1.2.2	Welche Einführungsunterstützung gewährt der Anbieter dem Anwender für die einzelnen Mitarbeitergruppen (Operateure, Programmierer, Mitarbeiter der Fachabteilungen usw.)?
1.2.3	Welche Dokumentationsunterlagen, unterteilt nach allgemeiner Systembeschreibung, Programmdokumentation, Bediener-Handbuch, Benutzer-Handbuch usw., werden dem Anwender zur Verfügung gestellt?

Bild 88: Hersteller-Pflichtenheft Softwareauswahl (Auszug)

Softwarebewertung							
Eigenschaft	Gew.	Anbieter 1		Anbieter 2		Anbieter 3	
		X	=	X	=	X	=
Anwendungsfreundlichkeit							
- Anwendungsgrad	15	0,8	12,0	0,7	10,5	0,4	6,0
- Anpassungsgrad	5	0,6	3,0	0,8	4,0	0,8	4,0
- Einsatzfähigkeit	8	0,7	5,6	0,2	1,6	0,4	3,2
- Flexibilität	6	0,5	3,0	0,6	3,6	0,2	1,2
- Handhabung	6	0,6	3,6	0,5	3,0	0,2	1,2
Zwischensumme	40		27,2		22,7		15,6
EDV - Freundlichkeit							
- Hardware	10	0,7	7,0	0,6	6,0	0,4	4,0
- Betriebssystem	8	0,8	6,4	0,5	4,0	0,6	4,8
- Programmwartung	4	0,2	0,8	0,8	3,2	0,3	1,2
- EDV-Anpassung	3	0,4	1,2	0,6	1,8	0,5	1,5
Zwischensumme	25		15,4		15,0		11,5
Kosten							
- Kaufpreis	8	0,4	3,2	0,5	4,0	0,4	3,2
- Miete/Leasing	8	0,5	4,0	0,2	1,6	0,4	3,2
- Wartungskosten	2	0,6	1,2	1,0	2,0	0,8	1,6
- Nebenkosten	2	0,4	0,8	0,8	1,6	0,6	1,2
Zwischensumme	20		9,2		9,2		9,2
Serviceleistungen							
- Marktstellung Anbieter	1	1,0	1,0	0,6	0,6	0,8	0,8
- Softwarevertrag	2	0,8	1,6	0,8	1,6	0,4	0,8
- Wartungsvertrag	4	0,8	3,2	0,2	0,8	0,3	1,2
- Dokumentation	4	1,0	4,0	0,4	1,6	0,2	0,8
- Pauschalanpassung	3	1,0	3,0	0,8	2,4	0,6	1,8
- Gewährleistung	1	0,6	0,6	0,6	0,6	0,5	0,5
Zwischensumme	15		13,4		7,6		5,9
Gesamtsumme	100		65,2		54,5		42,2
Reihenfolge			1		2		3

Bild 89: Software-Gesamtbewertung

ist es jedoch, daß die Beurteilung und Auswahl der angebotenen Standard-Anwendungssoftware nicht allein durch EDV-Spezialisten, sondern auch - in ihrem anwendungsbezogenen Teil - mit Unterstützung der Fach- und Führungskräfte der betreffenden Fachabteilungen vorgenommen wird. Denn nur sie können letztlich beurteilen, ob ein angebotenes Programmpaket die geforderten Anwendungsspezifikationen einschließlich der Anschlüsse zu benachbarten Arbeitsgebieten abdeckt und welche Änderungen und Anpassungen durchgeführt werden müssen. In diesem Zusammenhang sei erwähnt, daß möglichst die betriebliche Organisation dem Softwarepaket und nicht umgekehrt das Softwarepaket dem vorhandenen Arbeitsablauf angepaßt werden sollte, um die programmtechnische Einheit des Softwareproduktes nicht zu zerstören und die Gesamtkosten nicht wesentlich zu erhöhen (DM 10.000 Kaufpreis für ein Programmpaket bei DM 60.000 Anpassungskosten sind keine wirtschaftlich günstige Relation!).

Zusammenfassung

- Bei der Auswahl der EDV-Anlage, der Datenerfassungsgeräte und Datenübertragungseinrichtungen sowie von Standard-Softwarepaketen kommt es auf eine sehr sorgfältige Vorgehensweise durch erfahrene Fachleute an.

- Die Auswahl, Beurteilung und Bewertung sollte mit Hilfe bewährter Methoden vorgenommen werden.

- In jedem Falle müssen zunächst eine Analyse (Datenmengengerüst, Anforderungen, Anschlußpunkte) vorgenommen und die Ziele und Spezifikationen festgelegt werden.

- Das Pflichtenheft für die Herstellerfirmen und Softwareanbieter enthält eine Reihe von Fragen, die beantwortet werden müssen und die dem Vergleich der angebotenen Hardware und Software dienen.

- Die Schlußverhandlungen sollte man nicht nur mit demjenigen Hersteller führen, dessen Anlage oder Softwarepaket den ersten Rang der Beurteilung einnimmt, sondern auch mit den Firmen der nächsten Rangplätze; durch Preisnachlässe und besonders günstige Bedingungen kann es möglicherweise noch zu einer Verschiebung der Rangfolge kommen.

- Alle Punkte von großer Bedeutung für den Benutzer sollten als Bestandteil in die Verträge aufgenommen werden.

3.34 EDV-Abläufe

3.341 Umstellung von Arbeitsgebieten auf die EDV

Einleitung

Die Zeiten sollten endgültig vorbei sein, wo jeder einzelne EDV-Organisator und Programmierer die EDV-Aufgaben auf individuelle Weise und aufgrund seines eigenen persönlichen Könnens löst. An ihre Stelle müssen Verfahrenstechniken (dargestellt im Organisations- und Programmierungshandbuch) treten, die dem einzelnen Organisator und Programmierer die Arbeit erleichtern, die Kommunikation mit anderen Fachkräften in EDV-Abteilung und Fachabteilungen verbessern und eine einheitliche Dokumentation gewährleisten, die zur Sicherheit, für Prüfzwecke und für einen schnellen, wirtschaftlichen Änderungsdienst benötigt wird.

Die Verfahrenstechniken und Hilfsmittel für eine systematische, sichere und wirtschaftliche Umstellung von Arbeitsgebieten auf die EDV beziehen sich auf die einzelnen Aktivitäten der

- EDV-Analyse
  (Voruntersuchung und Vorkalkulation)

- Projektsteuerung
  (Planung, Überwachung und Kontrolle von Umstellungsprojekten) und

- Projektabwicklung
  (Durchführung der Problemanalyse, Systementwicklung, Detailorganisation, Programmierung und Systemeinführung).

EDV-Analyse

Mit dem EDV-Antrag stellt irgendeine Stelle im Unternehmen (vor allem die betroffene Fachabteilung, die Betriebsorganisation oder die EDV-Abteilung selbst) den Antrag, ein bisher manuell abgewickeltes Arbeitsgebiet auf die EDV umzustellen bzw. ein bereits auf der EDV-Anlage laufendes Arbeitsgebiet neu zu gestalten. Ein EDV-Antrag sollte auch für den Fall gestellt werden, daß bereits eine langfristige Umstellungsplanung vorliegt, auf Grund der dann zu gegebener Zeit ein bestimmtes Arbeitsgebiet umgestellt wird.

Ein EDV-Antrag kann formlos gestellt werden (jedoch sollte man seinen Inhalt vorschreiben) oder als Formular gestaltet sein. EDV-Anträge gehen entweder an die EDV-Abteilung, die dann gehalten ist, die notwendige Voruntersuchung durchzuführen. Besser ist es jedoch, wenn der genannte EDV-Ausschuß Empfänger von EDV-Anträgen ist, der dann zunächst eine Grobprüfung vornimmt. Nicht genügend begründete EDV-Anträge, Anträge mit zweifelhafter Erfolgsaussicht oder eine zeitweilig überlastete EDV-Abteilung können Gründe für die Rückweisung oder Zurückhaltung von EDV-Anträgen sein. Soweit nicht die genannten Gründe dagegen sprechen, veranlaßt der EDV-Ausschuß die Durchführung einer Voruntersuchung.

Bild 90 zeigt den Ablauf einer EDV-Analyse in graphischer Darstellung, und in Bild 91 ist das Muster eines EDV-Antrages dargestellt.

Bei der Voruntersuchung (als Hauptbestandteil der EDV-Analyse) handelt es sich um eine Kurzuntersuchung, mit der folgende Tatbestände untersucht werden sollen:

- Welches sind die Hauptmerkmale, Probleme und Engpässe des gegenwärtigen Verfahrens?

- Welche ersten Vorstellungen bestehen über eine künftige EDV-Abwicklung?

- Wie hoch werden die Umstellungskosten geschätzt?

- Mit welchen laufenden Einsparungen bzw. Mehrkosten wird nach der Umstellung gerechnet?

- Welche sonstigen Vor- und Nachteile sind mit der Umstellung verbunden?

- Ab wann soll das betreffende Arbeitsgebiet auf der EDV-Anlage laufen?

- Können die EDV-Abteilung und die betreffenden Fachabteilungen geeignetes Personal für die Umstellung bereitstellen?

- Kann der laufende Personal- und Maschinenaufwand nach der Umstellung von den Fachabteilungen und dem Rechenzentrum bewältigt werden?

- Welche benachbarten Fachabteilungen sind von der Umstellung betroffen, und wurden die Belange dieser Abteilung berücksichtigt?

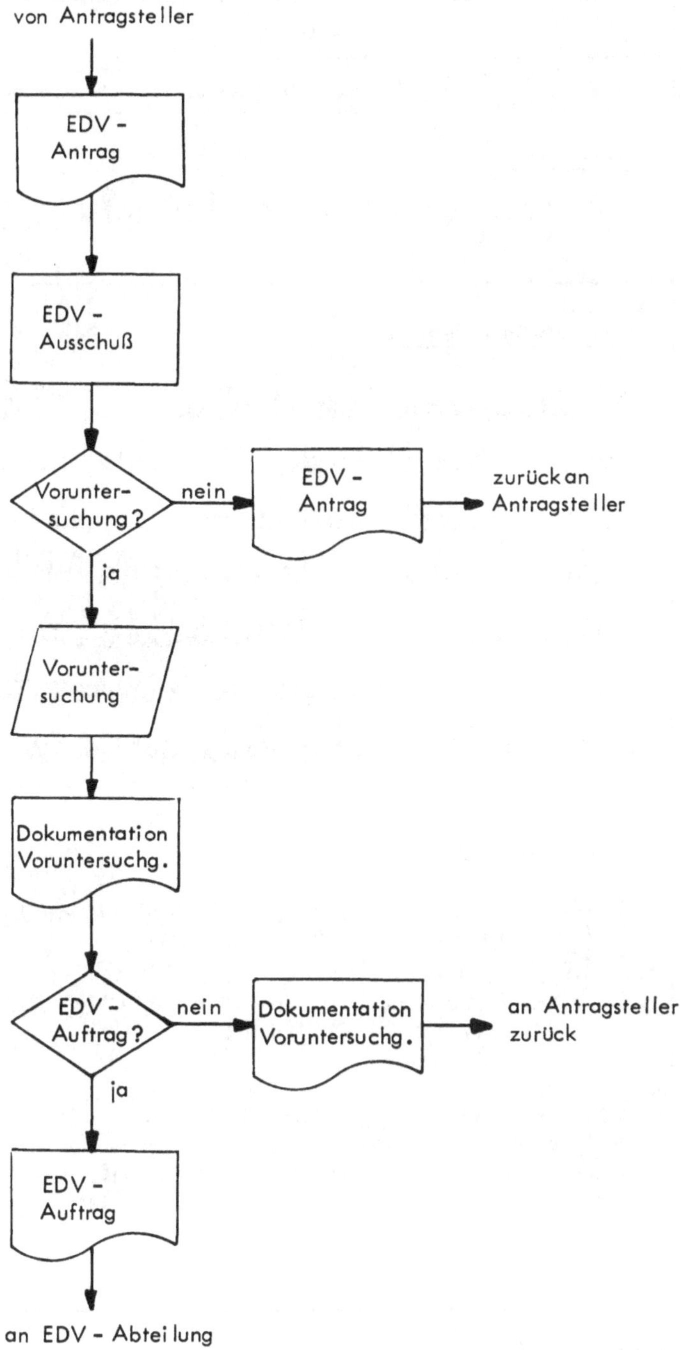

Bild 90: Ablauf der EDV - Analyse

EDV - ANTRAG

Bereich: Rechnungswesen | Abt.: Buchhaltung | Abt.-Leiter: Kramer

Gegenstand

Antrag auf Umstellung der Verkaufsabrechnung

Gegenwärtiges Verfahren

Die gegenwärtige Verkaufsabrechnung erfolgt überwiegend manuell durch 15 Sachbearbeiter u. 8 Hilfskräfte. Lediglich durch den Einsatz von 3 Fakturiermaschinen konnte eine teilweise Mechanisierung der Arbeiten erzielt werden. Die angespannte Personalsituation, der ständig zunehmende Arbeitsumfang sowie überwiegende Routinearbeiten machen eine Umstellung auf die EDV erforderlich.

Vorgeschlagene Lösung

1. Tägliche Gewinnung der Auftragsbestätigungen und Lieferscheine durch die EDV-Anlage.
2. Tägliche Fakturierung durch die EDV-Anlage.
3. Monatliche Gewinnung detaillierter Verkaufsinformationen durch die EDV-Anlage.

Wir glauben, daß sich durch die Umstellung nicht nur Personal einsparen, sondern daß vor allem eine größere Verkaufstransparenz sowie eine schnellere Auftragsabwicklung erzielen ließen.

Bild 91 (1): EDV - Antrag

Eingang am: 28.1.79 | Unterschrift: Müller

Stellungnahme

Da die gegenwärtige Auftragsabwicklung mit verhältnismäßig großem Personalaufwand verbunden ist und es sich zum anderen überwiegend um Routinearbeiten handelt, sind sinnvolle und wirtschaftliche Ansatzpunkte für eine EDV-Umstellung vorhanden.

Obwohl EDV-Umstellungen im Bereich des Vertriebs innerhalb der langfristigen EDV-Planung erst für 1980 vorgesehen waren, wird eine vorzeitige Umstellung aus den genannten Gründen für zweckmäßig gehalten.

Entscheidung

Auftrag für EDV-Analyse an EDV-Abteilung erteilt.

Datum: 25.2.79
Unterschrift: Winter

Bild 91 (2): EDV - Antrag

- Wurden alle anderen Rationalisierungsmöglichkeiten (herkömmliche Verfahren, der Einsatz von Standard-Anwendungssoftware usw.) geprüft und ausgeschöpft?

Eine Voruntersuchung kann einige Tage, aber auch mehrere Wochen dauern. Im allgemeinen hängt der Zeitaufwand vom Umfang und Schwierigkeitsgrad des betreffenden Arbeitsgebietes sowie von der Anzahl und Qualifikation der Untersuchungspersonen ab. Hierbei ist darauf zu achten, daß Ziel und Zweck der Untersuchung nicht aus den Augen verloren werden und nicht bereits mit detaillierten Untersuchungen und Umstellungsvorbereitungen begonnen wird. Hauptziel einer Voruntersuchung sollte es immer sein herauszufinden, ob sich der EDV-Einsatz für das betreffende Arbeitsgebiet lohnt und welche Personen und Mittel für die Umstellung bereitgestellt werden müssen.

Da bei der Voruntersuchung Tatbestände ermittelt werden, die sowohl die organisatorisch-betriebswirtschaftliche Seite des Arbeitsgebietes als auch mögliche EDV-Lösungen berühren, ist es unbedingt erforderlich, die Untersuchung durch ein Team von Mitarbeitern der EDV-Abteilung und der betreffenden Fachabteilungen, möglichst auch der Betriebsorganisation, durchführen zu lassen. Besonders günstig ist es auch, wenn ein Mitarbeiter der betroffenen Fachabteilungen oder besser der Betriebsorganisation in dieser Phase Projektleiter der Untersuchungsteams ist. Um die Voruntersuchung nicht mit zu hohen Kosten zu belasten, empfiehlt es sich, die Anzahl des Untersuchungspersonen und den Zeitaufwand für die Voruntersuchung zu begrenzen. Zwischen zwei und fünf Untersuchungspersonen und zwei und zehn Mannwochen liegen die Erfahrungsmittelwerte für die Durchführung von Voruntersuchungen.

Das Ergebnis der Voruntersuchung wird üblicherweise auf einem Formular dokumentiert, das - im positiven Falle - zugleich als Umstellungsauftrag (EDV-Auftrag) an die EDV-Abteilung dient. Das Formular, wie im Bild 92 dargestellt, enthält zunächst ein Grobkonzept der vorgeschlagenen Lösung, und zwar entweder verbal oder aber in graphischer Darstellung. Es folgen die durch die Umstellung erwarteten Einsparungen, unterteilt in Einsparungen in den Fachabteilungen und in der EDV-Abteilung (soweit von einem maschinellen Ablauf auf einen anderen umgestellt wird).

Die zweite Seite des Formulars nimmt dann den geschätzten Umstellungsaufwand mit Terminen, Personaleinsatz, Zeitaufwand und Kosten auf, und zwar getrennt für die Fachabteilungen, für die EDV-Organisation und Programmierung sowie für das Rechenzentrum. Neben den Solldaten und den Istdaten sind Zeilen für Abweichungen vorgesehen, um später nach der Umstellung die geplanten Werte mit den tatsächlichen Istwerten vergleichen zu können. Die Rückseite des zweiten Formularblattes ist dann für die Aufnahme des geschätzten laufenden Aufwands nach der Umstellung vorgesehen. Zu allen ermittelten Werten ist zu bemerken, daß es sich um geschätzte Größenordnungen, nicht dagegen um verbindliche Detailansatzwerte handelt. Im allgemeinen gilt es als akzeptabel, wenn die Zeit- und Kostenüberschreitungen innerhalb einer Toleranz von plus 20-30 % bleiben. Bei höheren Überschreitungen müssen entweder Maßnahmen zu ihrer Reduzierung eingeleitet bzw. die Gründe für die Überschreitung analysiert und Kostenerhöhungen beantragt werden.

Die vordere Seite des letzten Blattes faßt das Ergebnis der Untersuchung zusammen. Zunächst werden die geschätzten Kosten den erwarteten Einsparungen gegenüber gestellt, und zwar in verschiedenen Zeiträumen nach der Umstellung, so z.B. mit Verteilung der Umstellungskosten auf 3 und 5 Jahre. Des weiteren werden sonstige Vor- und Nachteile dokumentiert sowie zu weiteren Fragen Stellung genommen, die mit der Umstellung zusammenhängen.

Auf der letzten Seite des Formulars folgen die Empfehlungen der betroffenen Fachabteilungen und der EDV-Abteilung sowie die Entscheidung über die Freigabe des Umstellungsprojektes. In unserem Beispiel wurde angenommen, daß der EDV-Ausschuß über die Auftragsvergabe entscheidet. Wird das Projekt zur Umstellung freigegeben, so sind auf dem Formular die Auftragserteilung mit Datum, Fertigstellungstermin, Priorität (Vor-

EDV - AUFTRAG

System: Rechnungs-wesen Teilsystem: Buchhaltung Untersystem: Verkaufsab-rechnung

Vorgeschlagene Lösung

1. Die täglich ca. 500-600 eingehenden Kundenaufträge (telefonisch u. brieflich) werden erfaßt, geprüft und ergänzt und auf Erfassungsbelege übertragen.

2. Die Kundenaufträge werden in der Zentralen Datenerfassung von den Erfassungsbelegen auf Magnetbänder übertragen.

3. Aufgrund einer maschinellen Verfügbarkeitsrechnung (alle Lagerbestände u.-bewegungen sind ebenfalls gespeichert) werden von der EDV-Anlage täglich Auftragsbestätigungen und Lieferscheine gedruckt.

4. Nach dem Versand der Ware kommt eine Lieferscheinkopie an das Rechenzentrum zurück, wird erfaßt und in die EDV-Anlage eingegeben.

5. Aufgrund der Lieferung erfolgt die tägliche EDV-Fakturierung mit gleichzeitiger Bereitstellung der Datensätze für die Debitorenbuchhaltung.

6. Monatlich und vierteljährlich werden Kunden- und Vertreterstatistik sowie Abnehmergruppen- und Provisionsstatistik maschinell gewonnen.

Bild 92 (1): EDV - Auftrag

Erwartete Einsparungen				
in den Fachabteilungen				
Art	Anz.	Beschreibung	Kostensatz	DM/Monat
Personal	2	Sachbearbeiter	3.000,-	6.000,-
	8	Hilfskräfte	2.000,-	16.000,-
Maschinen	3	Fakturiermaschinen	1.500,-	4.500,-
Material		Formulare u. Karteien		1.500,-
Sonstige		Raumkosten		1.500,-
Gesamt				29.500,-
Einmalige Einsparungen				./.

im Rechenzentrum				
Art	Anz.	Beschreibung	Kostensatz	DM/Monat
Datenerfassung		keine Einsparungen, da Erstumstellung		
EDV-Anlage				
Randmaschinen				
Material				
Sonstige				
Gesamt				./.
Einmalige Einsparungen				./.

Bild 92 (2): EDV - Auftrag

Geschätzter Umstellungsaufwand

in den Fachabteilungen

Projektstufe	Termine Anfang	Termine Ende	Anzahl Mitarb.	Anzahl Mannmon.	Kostensatz Mannmon.	Kosten
EDV - Analyse	26.2.	27.3.79	2	2,0	3.000,-	6.000,-
Problemanalyse	6/79	8/79	2	2,5	3.000,-	7.500,-
Systementwicklung	8/79	10/79	2	1,5	3.000,-	4.500,-
Detailorganisation	11/79	12/79	2	0,5	3.000,-	1.500,-
Programmierung	1/80	4/80	–	–	–	–
Systemeinführung	5/80	6/80	6	3,0	2.500,-	7.500,-
Soll gesamt	6/80		6	9,5		27.000,-
Ist gesamt						
Abweichung						

in Organisation / Programmierung

Projektstufe	Termine Anfang	Termine Ende	Anzahl Mitarb.	Anzahl Mannmon.	Kostensatz Mannmon.	Kosten
EDV - Analyse	26.2.	27.3.79	2	2,0	5.000,-	10.000,-
Problemanalyse	6/79	8/79	2	5,0	5.000,-	25.000,-
Systementwicklung	8/79	10/79	2	5,0	5.000,-	25.000,-
Detailorganisation	11/79	12/79	3	6,0	5.000,-	30.000,-
Programmierung	1/80	4/80	4	15,0	4.000,-	60.000,-
Systemeinführung	5/80	6/80	7	7,0	4.500,-	31.500,-
Soll gesamt	6/80		7	40,0		181.500,-
Ist gesamt						
Abweichung						

im Rechenzentrum

Arbeiten	Termine Anfang	Termine Ende	Datenerfassung Std.	Datenerfassung Satz DM	EDV-Anlage Std.	EDV-Anlage Satz DM	Kosten
				20,-		300,-	
Tests	3/80	5/80	175	3.500,-	190	57.000,-	60.500,-
Übernahmearbeiten	1/80	3/80	85	1.700,-	40	12.000,-	13.700,-
Soll gesamt	3/80		260	5.200,-	230	69.000,-	74.200,-
Ist gesamt							
Abweichung							

Bild 92 (3): EDV - Auftrag

Geschätzter laufender Aufwand

in den Fachabteilungen

Art	Mitarbeiter Anzahl	Mitarbeiter Std. / Monat	Stundensatz	Kosten je Monat
Datenerfassung	2	40	15,-	600,-
Stammdatenpflege	1	8	15,-	120,-
Auswertungen	3	27	15,-	405,-
Sonstige EDV-Arbeiten				
Summe	6	75		1.125,-
Materialkosten Sonstige	Datenerfassungsbelege			500,-
Gesamtsumme				1.625,-

im Rechenzentrum

Art	Stunden	Periode	Stunden je Monat	Stundensatz	Kosten je Monat
Datenerfassung	1	t	20	20,-	400,-
EDV - Anlage	1,5	t	30	300,-	9.000,-
	4,0	m	4	300,-	1.200,-
	3,0	v	1	300,-	300,-
Randmaschinen					
Material	Auftragsbestätigungen				500,-
	Lieferscheine				800,-
	Rechnungen				700,-
Gesamtsumme					12.900,-

Bild 92 (4): EDV - Auftrag

Ergebnis der EDV - Analyse

Kosten / Einsparungen

Abteilung	zus. Ko. TDM einm.	mon.	Einsp. TDM einm.	mon.	Einsp. ./. zus. Ko. TDM in 3 J.	in 5 J.	in 8 J.
Fachabteilungen	27,0	1,625	–	29,5	976,55	1.645,50	
EDV - Abteilung							
Org. / Progr.	181,5	–	–	–	-181,50	-181,50	
Rechenzentrum	74,2	12,900	–	–	-538,60	-848,20	
Sonstige	–		–	–	–	–	
Gesamt	282,7	14,525	–	29,5	256,45	615,80	

Vor- und Nachteile

in den Fachabteilungen:

Der Arbeitsablauf wird personalunabhängiger, die Abwicklung wird beschleunigt und es liegen schnellere und aktuelle Verkaufsinformationen vor.

in der EDV - Abteilung:

keine, da Erstumstellung

Stellungnahmen

Umstellungstermin: 1.7.80

Mitwirkung der Fachabteilungen: sichergestellt

Aufwand nach Umstellung in Fachabteilungen: durch entspr. Ausbild. i.O.

Aufwand nach Umstellung im Rechenzentrum: keine Schwierigkeiten

Berücksichtigung benachbarter Fachabteilungen: Buchhaltung u. Lager

Andere Rationalisierungsmöglichkeiten: nein

Sonstige Stellungnahmen: keine

Datum: 27.3.79 Projektleiter: Graumann

Bild 92 (5): EDV - Auftrag

Empfehlungen

Fachabteilungen

Abteilung	Empfehlung	Datum	Unterschrift
Buchhaltung	Positive Empfehlung wegen wachsenden Datenvolumens bei großen Personalschwierigkeiten	2.4.79	Kramer

EDV - Abteilung

Stelle	Empfehlung	Datum	Unterschrift
Org./Progr.	Umstellung möglich	3.4.79	Sommer
Rechenzentrum	Kapazitäten ausreichend	4.4.79	Reimer

Entscheidung

Abteilung	Bemerkungen	Datum	Unterschrift
Buchhaltung	Der EDV-Ausschuß, vertreten durch diese drei Abteilungen, entscheidet, daß das Projekt Auftragsbearbeitung in der beantragten Form realisiert werden soll.	30.4.79	Kramer
Betriebsorganis.		30.4.79	Handtke
EDV-Abteilung		30.4.79	Fritzsche

Auftragserteilung an EDV - Abteilung

EDV - Auftrag erteilt am: 30.4.79	Berichtszeitraum: monatlich
Fertigstellungstermin: 30.6.80	Datum: 30.4.79
Priorität: 2	Unterschrift: Handtke

Bild 92 (6): EDV - Auftrag

rangstellung des Projektes) und Berichtszeitraum (Berichterstattung der EDV-Abteilung an den Auftraggeber) einzutragen. Mit dieser Eintragung wird zugleich der Auftrag an den Leiter der EDV-Abteilung erteilt, das geplante Projekt entsprechend den Angaben und Richtwerten des EDV-Auftrages umzustellen.

Projektsteuerung

Unmittelbar nach Erteilung des EDV-Auftrages an die EDV-Abteilung erfolgt die Projektplanung als erste Stufe der Projektsteuerung. Insgesamt dient die Projektsteuerung dazu, die Projektabwicklung in allen Stufen und Tätigkeiten zu planen, zu überwachen und zu kontrollieren. Hilfsmittel der Projektsteuerung sind der Projektauftrag an den betreffenden Projektleiter sowie die Arbeitsaufträge und Arbeitsberichte der Projektmitarbeiter. Der Kontrollkreis der Projektsteuerung schließt sich dadurch, daß jeder Projektmitarbeiter (also auch die delegierten Mitarbeiter der Fachabteilungen) je Kalenderwoche einen Arbeitsbericht anfertigt, der dem Projektleiter zur Kontrolle und Fortschreibung der Projektabwicklung auf dem Projektauftrag dient. Der EDV-Leiter selbst informiert sich anhand der einzelnen Projektaufträge über den Stand der Projektabwicklung und berichtet dem Auftraggeber hierüber im festgelegten Berichtszeitraum. Nach Abschluß des Projektes werden die gesamten Istwerte auf den EDV-Auftrag übertragen und die Abweichungen ermittelt.

Die Bilder 93 bis 96 zeigen den Arbeitsablauf der Projektsteuerung sowie die hierzu benötigten Hilfsmittel, im einzelnen Projektauftrag, Arbeitsauftrag und Arbeitsbericht.

Projektabwicklung

Der Begriff der Projektabwicklung steht für die Umstellung eines Arbeitsgebietes auf die EDV. Bei der Projektabwicklung kommt es darauf an, daß

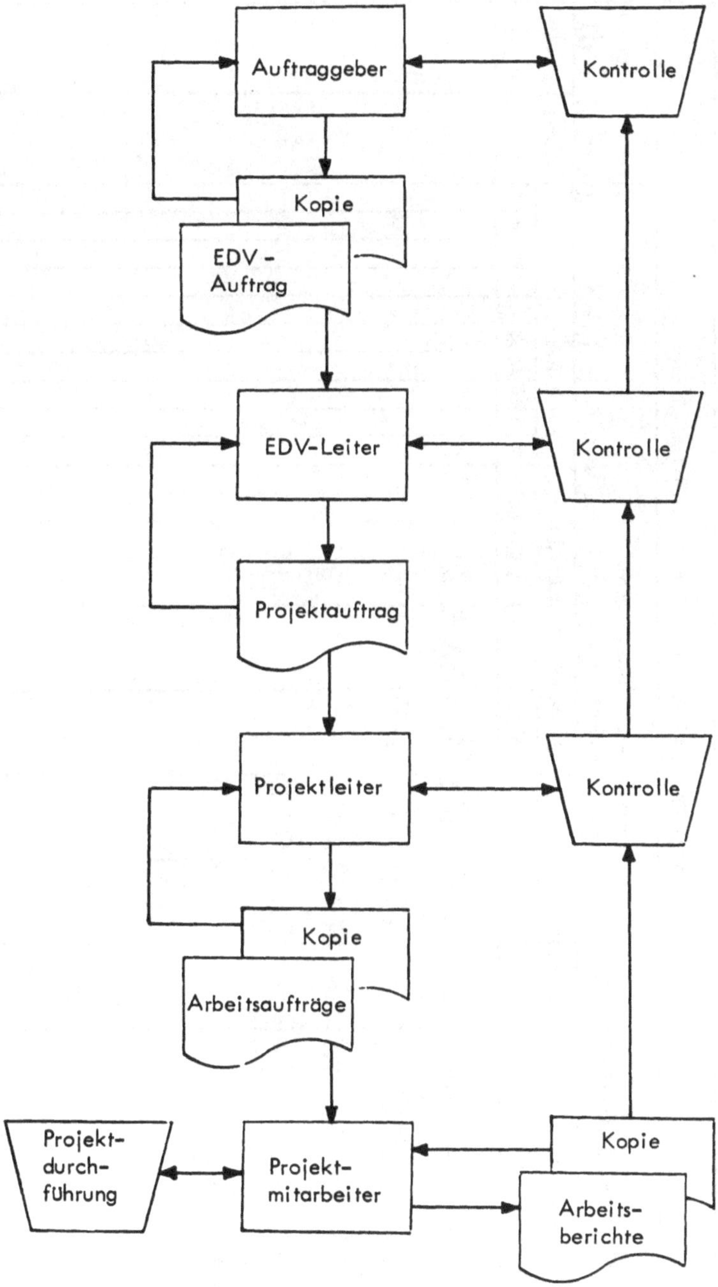

Bild 93: Ablauf der Projektsteuerung

PROJEKTAUFTRAG / PROJEKTBERICHT

Projekt: Verkaufsabrechnung

Projektleiter: Grammann
Projektmitarbeiter: Schmidt, Zoran, York, Hartwig, Redlich, Bang

Berichtszeitraum: wöchentlich

Projektstufe / Tätigkeit	Anzahl Mitarb.	Solltermin Anf.	Solltermin Ende	Isttermin Anf.	Isttermin Ende	ZE: MW Su. Soll	Zeitaufwand Ist 6/79	7	8	9	10	11	12	1/80	2	3	4	5	Summe Ist	Abweichung
Problemanalyse	2	2.6.79	8.8.79	9.6.79	19.8.79	20	6	9	5										20	–
Systementwicklung	2	11.8.79	17.10.79	20.8.79		20			3											
Detailorganisation	3	20.10.79	12.12.79			24														
Programmierung	4	5.1.80	17.4.80			60														
Systemeinführung	7	18.5.80	12.6.80			28														
Summe	7	2.6.79	30.6.80			152	6	9	8											

Bild 94 (1): Projektauftrag / Projektbericht

Projektstufe / Tätigkeit	Sollkosten in TDM					Istkosten in TDM												Summe Ist	Abweichung
	Personalkosten			Zusatzkosten	Gesamtkosten	6/79	7	8	9	10	11	12	1/80	2	3	4	5		
	Anzahl ZE	Kostensatz	Betrag																
Problemanalyse	20	1	20	–	20	6	9	5										20	–
Systementwicklung	20	1	20	–	20			3											
Detailorganisation	24	1	24	–	24														
Programmierung	60	0,8	48	18	66														
Systemeinführung	28	0,9	25,2	6	31,2														
Summe	152		137,2	24	161,2	6	9	8											

Bild 94 (2): Projektauftrag / Projektbericht

ARBEITSAUFTRAG

System: Rechnungswesen | Teilsystem: Buchhaltung | Untersystem: Verkaufsabrechnung

Projektmitarbeiter: Schmidt | Projektleiter: Krüger

Lfd. Nr.	Tätigkeit	ZE: MT Anz. Soll	Solltermine Anfang	Solltermine Ende	Bemerkungen
01	Vorbereiten der Problemanalyse	2	26.79		
02	Vorbereiten der Analysebogen	5			mit Ablauforganisation
03	Durchführen der Problemanalyse	25			
04	Darstellen der Struktur und Ablauforganisation	8			
05	Auswerten der Problemanalyse	5		8.8.79	
Summen		45			

Anlagen / Hinweise: Unterlagen des EDV-Antrages (Ergebnisse der EDV-Analyse)

Bild 95: Arbeitsauftrag

ARBEITSBERICHT							
System: Rechnungswesen		Teilsystem: Buchhaltung		Untersystem: Verkaufsabrechnung			
Projektmitarbeiter: Zoran			von: 9.6.		bis: 13.6.79		
Lfd. Nr.	Tätigkeit	Tag	Ist-Stunden	Ist-Tage	Erwart. Rest	Zusatzkosten	Bemerkungen
01	Verbeiten der Problemanalyse	9.6.	8				
	"	10.6	6	1,8	—		
02	Verbeiten der Analysebogen	11.6.	8				
	"	12.6.	8				
	"	13.6	8	3	3		
Summen				38	4,8	3	
Anlagen / Hinweise: keine							

Bild 96: Arbeitsbericht

- die Umstellung in Zusammenarbeit zwischen den betreffenden Fachabteilungen und der EDV-Abteilung, möglichst auch der Betriebsorganisation, abgewickelt wird

- systematisch und in Projektstufen vorgegangen wird und

- jede Projektstufe dokumentiert und kontrolliert wird, bevor man die nächste Projektstufe in Angriff nimmt.

Die Projektabwicklung wird üblicherweise in die Projektstufen

- Problemanalyse - Systementwicklung	Konzeptionsphase
- Detailorganisation - Programmierung	Realisierungsphase
- Systemeinführung	Einführungsphase

unterteilt.

In der (so besser genannten) <u>Konzeptionsphase</u> werden alle sachlichen Tatbestände eines umzustellenden Arbeitsgebietes, alle geplanten oder erwarteten Änderungen und alle Anforderungen an das neue System ermittelt und schriftlich festgelegt (Problemanalyse) sowie das neue System in seinen fachlichen, organisatorischen und EDV-Grundzügen entworfen (Systementwicklung). Die Konzeptionsphase ist als der wichtigste Schritt bei der Umstellung anzusehen, weil hier die Grundlagen des geplanten EDV-Systems entworfen werden, während die sich anschließende Realisierungsphase dazu dient, das entwickelte Konzept detailorganisatorisch und programmtechnisch zu übersetzen.

Schon hieraus geht hervor, daß die Konzeption nicht ohne die aktive Mitwirkung der Führungskräfte und Mitarbeiter in den Fachabteilungen, voran die EDV-Kontaktleute, entwickelt werden darf. Am Ende der Konzeptionsphase steht als Dokumentation der Organisationsvorschlag, bestehend aus

- dem Datenmengengerüst

- dem Datenflußplan und

- der Überprüfung des EDV-Auftrages.

Der genannte Organisationsvorschlag muß von den Mitarbeitern des Umstellungsteams vor den betreffenden Fachabteilungen präsentiert und von diesen verabschiedet werden. An dieser Stelle ist nochmals zu prüfen, ob die Kosten für die Umstellung durch den Einsatz von Standard-Anwendungssoftware reduziert werden können, wozu insbesondere die Mitwirkung der Fachabteilung erforderlich ist. Die folgende Realisierungsphase (Detailorganisation und Programmierung) beginnt erst, wenn die Konzeption unter Mitwirkung der Fachabteilungen diskutiert und verabschiedet worden ist.

Die Bilder 97 und 98 zeigen Beispiele eines Datenmengengerüstes und eines Datenflußplanes.

Die <u>Realisierungsphase</u> (in der EDV-Abteilung nach Detailorganisation und Programmierung unterteilt) ist in der Hauptsache Aufgabe der EDV-Organisatoren, Systemanalytiker und Programmierer. Die Führungskräfte und Mitarbeiter der Fachabteilungen sowie die Mitarbeiter der Betriebsorganisation stehen in dieser Stufe vorwiegend beratend (insbesondere bei der Detailorganisation) und kontrollierend (insbesondere bei den Programmtests) zur Verfügung.

Im ersten Teil der Realisierungsphase (Detailorganisation) werden

DATENMENGENGERÜST: Auftragserfassung und Fakturierung								
Aufgabe	Eingabe		Ausgabe		Speicherung		Bearbeitung	Pläne/ Anforderungen
	Bezeichnung	Anz.	Bezeichnung	Anz.	Bezeichnung	Anz.		
Auftrags-erfassung	Aufträge (je 4–6 Pos.)	120 t	Auftrags-bestand	80 t	Kunden	5000	Auftragsprüfung, Verfügbarkeits-prüfung und Reservierung	Ø Zuwächse = 10 % p.a., Bildschirmaus-künfte auf Verfügbarkeit
	Sonstige	30 t	Lieferscheine	150 t	Aufträge	1500		
	Änderungen	10 t			Artikel	3000		
					Debitoren	5000		
Faktu-rierung	Lieferungen (verkürzt)	150 t	Fakturen	120 t	Kunden	5000	Fakturierung, Bereitstellung für Vertriebs-Statistiken, Provisions-einbuchung, Umsatzfort-schreibung, Bereitstellung Lagerabgänge	Ø Zuwächse = 10 % p.a. sofortige Debi-torenbuchhal-tung
	Änderungen	20 t	Journal	150 t	Aufträge	1500		
					Artikel	3000		
					Vertreter	500		
					Debitoren	5000		

Bild 97: Datenmengengerüst

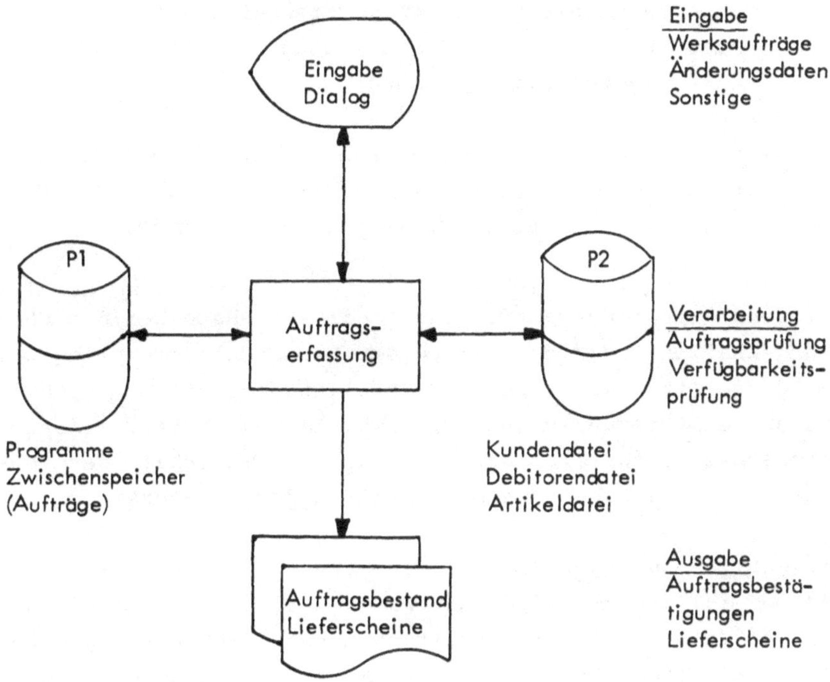

Bild 98: Datenflußplan

- die Eingabedaten mit allen Einzelheiten festgelegt, die Datenerfassungsbelege entworfen und die Bildschirmmasken entwickelt

- die zu speichernden Daten einschließlich der Dateiorganisation festgelegt

- die Prüf- und Rechenvorschriften bestimmt und

- die Formulare und Listen, ebenfalls mit allen Einzelheiten, entworfen.

Für die Mitarbeiter in den Fachabteilungen kommt es bei der Detailorganisation auf folgende Punkte an:

- Sie müssen die Bearbeitungsvorgänge sowohl der normalen wie der notwendigen Ausnahmeregeln konkret mit allen Einzelheiten beschreiben.

- Sie müssen die Daten, getrennt nach Eingabe, Speicherung und Ausgabe, nach ihrer Art, Gruppierung und Feldlänge mit allen Einzelheiten bestimmen.

Während die Sachverantwortung in dieser Phase bei den Führungskräften und Mitarbeitern der Fachabteilungen liegt, sind die Mitarbeiter der EDV-Abteilung für die Lösungen und deren Realisierung verantwortlich. Im Gegensatz zur Konzeptionsphase liegt die Hauptverantwortung innerhalb der Realisierungsphase bei den Mitarbeitern der EDV-Abteilung.

Wesentlich geringer als die Mitwirkung bei der Detailorganisation ist die Aktivität der Fachabteilungen innerhalb der Programmierung. Außer detailtechnischen Sachrückfragen beschränken sich die Aufgaben der Fachabteilungen hier auf die Erstellung der Testdaten und die Auswertung der Testergebnisse.

Da die Abstimmung "Programmierungsmodell-Realität" praktisch nur von den Mitarbeitern der Fachabteilungen durchgeführt und eine Selbstkontrolle der Programmierer ausgeschlossen werden kann, ist die Mitwirkung der Fachabteilungen bei der Testdatenerstellung und der Auswertung der Testergebnisse sowie der Abnahme der umgestellten Programme von großer Bedeutung für die Sicherheit des betreffenden Arbeitsgebietes. Die Bilder 99 bis 100 zeigen Beispiele für die Dokumentation der Detailorganisation.

Ähnlich wichtig wie in der Konzeptionsphase ist die Zusammenarbeit zwischen EDV- und Fachabteilungen in der <u>Einführungsphase</u>. Denn nachdem das System mit allen organisatorischen und programmtechnischen Lösungen fertiggestellt ist, muß es entsprechend dem Umstellungstermin in den Fachabteilungen und im Rechenzentrum eingeführt werden. Naturgemäß muß ein Teil der nachfolgend genannten Aufgaben bereits vor Abschluß der

Auftragseingabe

AUFTRAGSERFASSUNG

KUNDEN-NR.	47119		
NAME	LUEFTER & CO.		
STRASSE	ABGASWEG 7		
PLZ, ORT	6050 OFFENBACH		
NAME	LUEFTER & CO.		
STRASSE	MUFFIGGASSE 12		
PLZ, ORT	6050 OFFENBACH		
BESTELL-NR.	13023	BESTELL-DATUM	30.08.79
		LIEFER-DATUM	SOFORT

ARTIKEL-NR.	L-MENGE	V-MENGE	S-KOND.	TEXT-KZ.
02019	135	340		FT4

Auftragsprüfung

Kunden-Nr.: Plausibilität und Prüfziffer Modulus 11
Artikel-Nr.: Plausibilität
Artikel-Menge: Verfügbarkeit
Lieferdatum: Lieferbarkeit

Bild 99: Bildschirmmaske

Realisierungsphase eingeleitet oder durchgeführt werden. Zu den vorgezogenen Arbeiten gehören insbesondere die Planung der Systemeinführung, die Übernahme von Datenbeständen und die Schulung der Führungskräfte und Mitarbeiter in den Fachabteilungen. Die Verantwortung für die Durchführung der Systemeinführung liegt beim Projektleiter des Umstellungsteams,

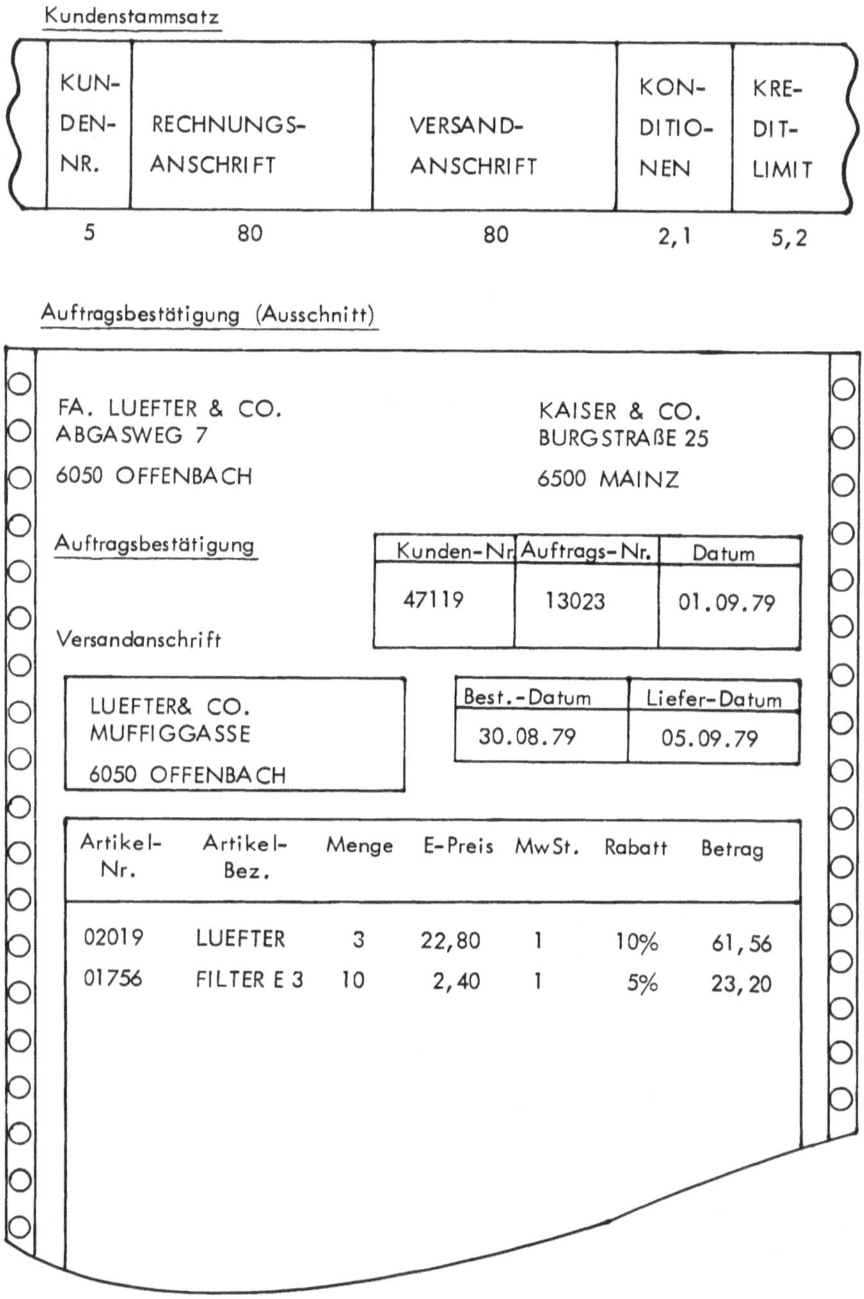

Bild 100: Satzaufbau

während die Systemeinführung selbst durch alle beteiligten Mitarbeiter aus Fachabteilungen, EDV-Abteilung und Betriebsorganisation durchgeführt wird.

Zu den Aufgaben der Planung, Durchführung und Kontrolle innerhalb der Einführungsphase gehören

- die Planung der Systemeinführung
- die Übernahme der Datenbestände
- die Systemtests
- die Einweisung der Mitarbeiter in den Fachabteilungen
- die Abschlußdokumentation
- die Übergabe des neuen Systems an Fachabteilungen und Rechenzentrum
- die Starthilfe und
- die Abschlußkontrolle.

Die Bilder 101 bis 102 zeigen Beispiele von Arbeitsunterlagen für die Fachabteilungen.

Zusammenfassung

- Die Umstellung von Arbeitsgebieten auf die EDV sollte systematisch und nach einheitlichen Richtlinien und Verfahrenstechniken durch qualifizierte EDV-Organisatoren (Systemplaner, Systemanalytiker) und Programmierer (Anwendungsprogrammierer, Organisationsprogrammierer) erfolgen.
- Die drei Teilgebiete der Umstellungsaktivitäten sind die EDV-Analyse, die Projektsteuerung und die Projektabwicklung.

ARBEITSANWEISUNG DATENERFASSUNG

Abteilung: Auftragsbearbeitung	gültig ab: 1.7.77
Aufgabe: Datenerfassung Aufträge	Entwurf: Meyer
Beleg-Nr.: Nr. 302/77 DE-Beleg	Sachbearbeiter: Heinzmann

Nr.	Datenfeld	Bearbeitung	Bemerkungen
1	Kunden-Nr.	Wenn nicht aufgeführt entspr. Kundenliste eintragen	XXXXX X
2	Auftragsdatum	Wenn nicht eingetragen, Tagesdatum einsetzen	TT MM JJ
3	Auftrags-Nr.	übernehmen	6-stellig linksbündig
4	Artikel Artikel-Nr.	Wenn nicht eingetragen, dem Artikel-Verzeichnis entnehmen	XXXX
	Artikel-Menge	entspr. Kundenauftrag	XXXX rechtsbündig
	Artikel-Preis	entspr. Kundenauftrag	XXXX ohne Komma rechtsbündig mit Pfennignullen
		<u>Wiederholung:</u> max. 5 Artikelpositionen	

Bild 101: Arbeitsanweisung

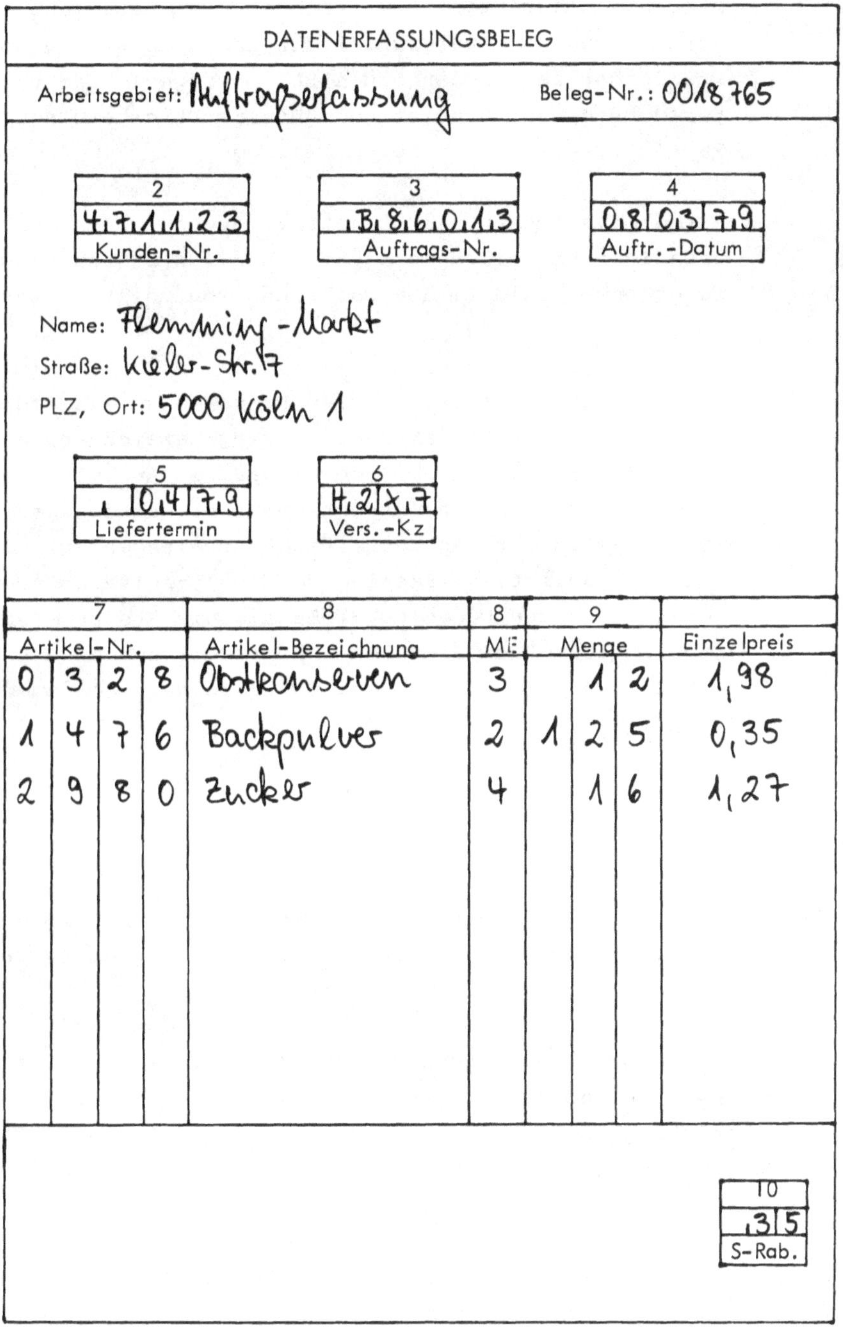

DATENERFASSUNGSBELEG

Arbeitsgebiet: Auftragserfassung Beleg-Nr.: 0018765

2	3	4
4 7 1 1 2 3	B 8 6 0 1 3	0 8 0 3 7 9
Kunden-Nr.	Auftrags-Nr.	Auftr.-Datum

Name: Flemming-Markt
Straße: Kieler-Str. 17
PLZ, Ort: 5000 Köln 1

5	6
0 4 7 9	H 2 X 7
Liefertermin	Vers.-Kz

7	8	8	9	
Artikel-Nr.	Artikel-Bezeichnung	ME	Menge	Einzelpreis
0 3 2 8	Obstkonserven	3	1 2	1,98
1 4 7 6	Backpulver	2	1 2 5	0,35
2 9 8 0	Zucker	4	1 6	1,27

10
3 5
S-Rab.

Bild 102: Datenerfassungsbeleg

- Die EDV-Analyse erstreckt sich auf die Auslösung einer Voruntersuchung (aufgrund einer längerfristigen Umstellungsplanung oder eines EDV-Antrages), die Voruntersuchung (Vorkalkulation) und die Vergabe eines EDV-Auftrages an die EDV-Abteilung.

- Mit dem Verfahren der Projektsteuerung sollen die einzelnen Umstellungsprojekte in allen Stufen ordnungsgemäß geplant, überwacht und kontrolliert werden.

- Die Umstellung selbst, in der Praxis auch als Projektabwicklung oder Projektrealisierung bezeichnet, umfaßt die Projektstufen Problemanalyse (Analyse des Istzustandes), Systementwicklung (Entwurf des neuen EDV-Konzepts für das betreffende Arbeitsgebiet), die Detailorganisation (Festlegung der organisatorischen Details für den neuen EDV-Ablauf), die Programmierung (Ausarbeitung der einzelnen Programme) und die Systementwicklung (Einführung und Übergabe der Programme).

3.342 Änderungsdienst

Mit dem Ausdruck "Änderungsdienst" bezeichnet man die Aktivitäten und Techniken zur schnellen, sicheren und wirtschaftlichen Änderung bereits laufender Programme.

Ziel und Sinn des Änderungsdienstes ist es, alle eingesetzten Programme eines Arbeitsgebietes auf dem aktuellen Stand zu halten. Programmänderungen können sowohl aus programmtechnischen Gründen (Beseitigung von Fehlern, Verbesserung der Programmstruktur) als auch sachbezogen (gesetzliche oder tarifliche Änderungen, betriebliche Änderungen, Verbesserung des Informationswesens) erforderlich sein. Um den Änderungsaufwand so gering wie möglich zu halten, sollten Programmänderungen möglichst nicht einzeln, sondern gesammelt durchgeführt werden. Bei allen Einschränkungen werden sich jedoch Programmänderungen nie ganz vermeiden lassen. Mit einer Programmänderung ist immer eine Änderung der Programmdokumentation verbunden. Ob dagegen die Steuerkarten und Arbeitsanweisungen geändert werden müssen, hängt vom Einzelfall ab. Abgesehen vom formalen Änderungsablauf, entsprechen die Tätigkeiten bei der Programmänderung denjenigen einer Neuprogrammierung, nur daß bei Programmänderungen bereits auf vorhandene Dokumentationsunterlagen zurückgegriffen werden kann.

Programmänderungen werden von der auslösenden Abteilung (Fachabteilung, EDV-Abteilung) in der Regel formlos beantragt und nach der Genehmigung durch den EDV-Leiter dem zuständigen Projektleiter übergeben. Dieser füllt einen Änderungsauftrag aus (siehe hierzu Bild 103), in dem die wichtigsten Angaben zum Änderungsantrag, zum Änderungsauftrag, zum Inhalt der Änderung, zur Fertigstellung der Änderung, zur Freigabe der Änderung und zum Einsatz dokumentiert werden, und übergibt jedem Programmierer, der an der Änderung beteiligt ist, eine Kopie des Änderungsauftrages. Die Durchführung der Änderung selbst unterscheidet sich nur insofern von den Tätigkeiten bei der Ausarbeitung eines Porgramms, als daß das das Schwergewicht hier bei der Codierung, beim Testen und bei der Dokumentationsänderung liegt.

Zusammenfassung

- Der Änderungsdienst umfaßt alle Tätigkeiten zur schnellen, sicheren und wirtschaftlichen Änderung bestehender Programme.

- Änderungsantrag, die Durchführung einer Programmänderung und die Freigabe der Programmänderung einschließlich der Änderung der Dokumentationsunterlagen sollten unbedingt geregelt und normiert werden.

ÄNDERUNGSAUFTRAG Nr. 0311

Änderungsantrag	
Abteilung: Verkauf Name: Malthus Datum: 6.9.79	Gew. Termin: 1.11.79 Begründung: von der GF geforderter Einbau einer Kreditlimit-Prü=fung

Änderungsauftrag	
Projektleiter: Grammann Programmierer: Flemming Datum: 14.9.79	Termin: 15.10.79 Bemerkungen: Test mit Praxis=daten

Änderungsbeschreibung

Einbau Schlüssel für Kreditlimit, Änderung der Kun=dendatei, Prüfung Kreditlimit im Prüfprogramm mit Auftragsabweisung.

Programm		Änderung	Bemerkungen
Name	Vers.		
VAB02T	05	Prüfung auf Kreditlimit entspr. Kreditschlüssel, Abweisung und Kennzeichnung im Auftragsprotokoll	

Abnahme PL: Grammann Freigabe am: 20.10.79 Einsatz ab: 1.11.79 Abnahme FA: Weber	Übernahme AV: Räth Übernahme SP: Klein Dok.-Änderung: Hartwig Bemerkungen:

Bild 103: Änderungsauftrag

3.343 Arbeitsabläufe im Rechenzentrum

Die Abwicklung der Arbeiten im Rechenzentrum (EDV-Betrieb) einschließlich der Programmtests sollte planvoll und kontrolliert ablaufen, wobei die Methoden für die Planung, Vorbereitung, Überwachung und Kontrolle des EDV-Prozesses denen der industriellen Produktion ähneln.

Zunächst kommt es auf eine klare, nach funktionalen Gesichtspunkten gegliederte Strukturorganisation im Rechenzentrum an. Zweckmäßigerweise gliedert man ein Rechenzentrum in die Gruppen

- Arbeitsvorbereitung (AV)

  (Arbeitsplanung, Ablaufvorbereitung, Archivierung, Materialdisposition)

- Zentrale Datenerfassung (DE)

  (Übertragung der Daten von den Urbelegen oder gesonderten Datenerfassungsbelegen auf Datenträger, soweit die Datenerfassung und Dateneingabe nicht direkt von den Fachabteilungen aus erfolgt)

- Maschinenraum (MR)

  (maschinelle Abwicklung der Datenverarbeitung auf der EDV-Anlage) und

- Kontrolle / Abstimmung (KA)

  (sachliche und zeitliche Ein-/Ausgabekontrolle).

Diese Gliederung und Unterteilung sollte, von ihren Funktionen her, auch bei kleineren Rechenzentren praktiziert werden, auch wenn dort naturgemäß zwei oder mehr verschiedene Funktionen zusammengefaßt einzelnen Personen übertragen werden. In keinem Fall sollte man heute die Unterteilung der Funktionen im Rechenzentrum nach Sachgebieten vornehmen.

Ein Operator, der beispielsweise nur für die Abwicklung der Lohn- und Gehaltsabrechnung und der Finanzbuchhaltung tätig und verantwortlich ist, gefährdet die Sicherheit und Wirtschaftlichkeit des EDV-Prozesses.

Genauso wie für die Umstellung der Arbeitsgebiete auf die EDV und den Änderungsdienst gilt für die Abwicklung umgestellter Arbeitsgebiete im Rechenzentrum, daß die Arbeitsabläufe nach rationellen Gesichtspunkten und unter Verwendung von einheitlichen Verfahrenstechniken und organisatorischen Hilfsmitteln abgewickelt werden. Aus den vielfältigen (manuellen oder maschinellen) Hilfsmitteln seien nachstehend zwei Beispiele für die

- Abwicklungstermine eines Arbeitsgebietes (RZ-Terminplan, dargestellt in Bild 104) und

- Transportkontrolle von Belegen und Datenträgern (Laufzettel, dargestellt in Bild 105)

genannt.

Zusammenfassung

- Ein Rechenzentrum (EDV-Betrieb) sollte nach rein funktionellen Gesichtspunkten in die Gruppen Planung / Vorbereitung (Arbeitsvorbereitung), Durchführung (Maschinenraum und Datenerfassung) und Kontrolle (Kontrolle / Abstimmung) gegliedert sein; sachgebietsbezogene Gliederungsmerkmale sind aus Sicherheits- und Wirtschaftlichkeitsgründen abzulehnen.

- Die Arbeitsabläufe im Rechenzentrum sollten planvoll und kontrolliert mit Hilfe einheitlicher Verfahrenstechniken und Hilfsmitteln ablaufen; in größeren Rechenzentren sollten die Abläufe mit Hilfe gesonderter Programme gesteuert und überwacht werden.

RZ - TERMINPLAN														
Fachabteilung	Tätigkeit/Belegfluß	RZ	Daten für Abrechnungsmonat											
			01	02	03	04	05	06	07	08	09	10	11	12
	Lohnbuchhaltung													
Fertigung	Ausstellen letzte Lohnzettel		17.	18.	18.	16.								
"	Weiterleitung an PA		17.	18.	18.	16.								
Personal-Abt.	Prüfen letzte Lohnzettel		20.	19.	19.	17.								
"	Stammdatenänderungen		20.	19.	19.	17.								
"	Weitergabe an Arbeits-kontrolle		21.	20.	20.	18.								
	Prüfen letzte Lohndaten	AK	21.	20.	20.	18.								
	Weitergabe an DE	"	21.	20.	20.	18.								
	Lochen/Prüfen letzte Belege	DE	22/23	21/24	21/24	19/20								
	Weitergabe an AV	"	24.	25.	25.	21.								
	Job-Verarbeitungen	AV	24.	25.	25.	21.								
	Job-Abwicklungen	MR	25.	26.	26.	22.								
	Ausgangskontrolle	AK	25.	26.	26.	22.								
	Weitergabe an PA	"	25.	26.	26.	22.								
Personal-Abt.	Eingang Lohnabrechnung		25.	26.	26.	22.								

Bild 104: RZ - Terminplan

LAUFZETTEL

Arbeitsgebiet: Debitorenbuchhaltung Belege: Stornierungen Datenträger: Lochkarten KA 06 Formulare/Listen:	Bemerkungen:

Datum	Uhrzeit	von Abt. / Name / Telefon an Abt. / Name / Telefon	Anzahl	Nummernkreis von	Nummernkreis bis	Restlieferung	Bemerkungen
12.8.79	10.00	Buchhaltung, Krause	35	01	35	–	
"	10.30	Arbeitskontrolle, Müller					
"	12.00	Arbeitskontrolle	35	01	35	–	
"	12.15	Datenerfassung					
13.8.	10.00	Datenerfassung	70	–	–	–	
"	10.30	Arbeitsvorbereitung, Petersen					

Bild 105: Laufzettel

3.35 EDV-Kosten und -Nutzen

3.351 Einleitung und Übersicht

Nicht immer ist die Anschaffung einer EDV-Anlage von wirtschaftlichen Gesichtspunkten geleitet. Der allgemeine technische Fortschritt, der EDV-Einsatz bei Konkurrenzunternehmen oder andere, mehr psychologisch erklärbare Gründe hatten vor allem in der Vergangenheit oftmals den Vorrang vor wirtschaftlichen Erwägungen. Die gesamte wirtschaftliche Entwicklung der letzten Jahre, die absolut und relativ angestiegenen EDV-Kosten, aber auch die Entschlossenheit der Geschäftsführungen, die EDV besser in den Griff zu bekommen, haben hier einen Wandel bewirkt. Immer mehr wird heute der Computer als Statussymbol durch einen wirtschaftlichen EDV-Einsatz abgelöst.

Obwohl eine Kostenschätzung im Bereich der EDV schwierig ist, EDV-Leistungen nur mit gewisser Willkür auf die Fachabteilungen umgelegt werden können und EDV-Nutzenanalysen stark subjektiv beeinflußt sind, sollte man unbedingt EDV-Kosten und -Nutzen erfassen und bewerten, um zu einer größeren Transparenz im EDV-Bereich zu kommen, weil

- die EDV-Kosten bei den meisten Unternehmen stark gestiegen sind und weiter steigen werden

- das Unternehmen langfristig an die gewählten Verfahren und getätigten Investitionen gebunden ist und

- erhebliche Kosten vorgeleistet werden müssen, bevor ihnen ein entsprechender Nutzen gegenüber steht.

Ziel und Zweck einer Kosten- / Nutzenanalyse im EDV-Bereich ist es,

- die Kosten, aufgegliedert in einzelne Kostenarten, genau zu erfassen, um ihre Entwicklung verfolgen, Zahlen für die Finanz- und Kostenplanung gewinnen sowie zwischenbetriebliche Kostenvergleiche durchführen zu können

- die Leistungen, aufgegliedert in einzelne Leistungsarten, genau zu erfassen, um ihre Entwicklung verfolgen und die Mitarbeiter in den Fachabteilungen durch Leistungsverrechnung an der Verantwortung und Mitentscheidung teilhaben lassen zu können, und

- den Nutzen zu ermitteln, bevor eine EDV-Anlage installiert oder erweitert bzw. ein Projekt zur Umstellung freigegeben wird.

3.352 Kostenerfassung und -beurteilung

Jede Kostenbetrachtung setzt zunächst eine genaue Erfassung der Kosten voraus. Dies gilt sowohl für vergangenheitsbezogene Istwerte als auch für künftige Kostenplanungen und -vorausschauen. Der Erfassung der Kosten muß sich eine Beurteilung anschließen, bei der einmal die Kosten verschiedener Perioden im eigenen Unternehmen und zum zweiten die EDV-Kosten des Unternehmens mit denen vergleichbarer anderer Unternehmen in Relation gesetzt und beurteilt werden.

Im einzelnen sind im Bereich der Kostenerfassung und -beurteilung folgende Maßnahmen zu treffen:

- Erfassung der EDV-Gesamtkosten.

- Ausarbeitung einer langfristigen EDV-Kostenplanung.

- Aufstellung eines jährlichen EDV-Budgets.

- Projektkalkulation mit Soll- / Istkostenvergleich.

- Kosten-Kennziffern.

Sofern EDV-Kosten (was immer häufiger der Fall ist) nicht nur in der EDV-Abteilung, sondern auch in den Fachabteilungen anfallen (Personalkosten für EDV-Kontaktleute, Kosten für Datenerfassung und Direkteingabe, Kosten der Datenfernübertragung, Maschinenkosten bei dezentralem Computereinsatz), muß das Budget der EDV-Abteilung durch ein EDV-Gesamtkosten-Budget ersetzt werden, das neben den Kosten der EDV-Organisation und Programmierung (in Bild 106 als "EDV-Anwendungsentwicklung" bezeichnet) und des Rechenzentrums auch die EDV-Kosten der einzelnen Fachbereiche enthält. Obwohl wir in den nachfolgenden Darstellungen (vergleiche hierzu die Bilder 107 bis 109) nur die EDV-Kosten der EDV-Abteilung ausgewiesen haben, sei auf diese Änderung der Aufteilung ausdrücklich hingewiesen.

Für die langfristige EDV-Kostenplanung wählt man am besten einen überschaubaren Zeitraum von 5 bis 6 Jahren. Für diesen Zeitraum werden die EDV-Kosten, üblicherweise unterteilt in Personalkosten, Hardware- und Softwarekosten (Maschinenkosten), Materialkosten und Sonstige Kosten (vergleiche hierzu Bild 107), vorausgeschätzt. Die Kostenvorausschau wird dann einmal jährlich überarbeitet und, als rollende Planung, jeweils für die nächsten 5 oder 6 Jahre festgelegt. Wie bei jeder Planung ist es auch hier wichtig, daß dem Ursprungsplan nachträglich die wirklich angefallenen Kosten gegenübergestellt und die Abweichungen analysiert werden.

Aus der langfristigen Kostenplanung und unter Berücksichtigung einer möglicherweise geänderten Situation wird jährlich das EDV-Budget abgeleitet. Ob die EDV-Kostenarten noch weiter untergliedert werden und der Soll- / Istvergleich monatlich statt wie in Bild 108 dargestellt vierteljährlich erfolgt, muß firmenindividuell entschieden werden. In jedem Falle kommt es darauf an, daß vor Beginn eines Geschäftsjahres eine detaillierte Kostenplanung aufgestellt wird, die dann für den EDV-Leiter verbindlich ist.

Bereits bei der EDV-Analyse (vergleiche hierzu Kapitel 3.341 "Umstellung von Arbeitsgebieten auf die EDV") haben

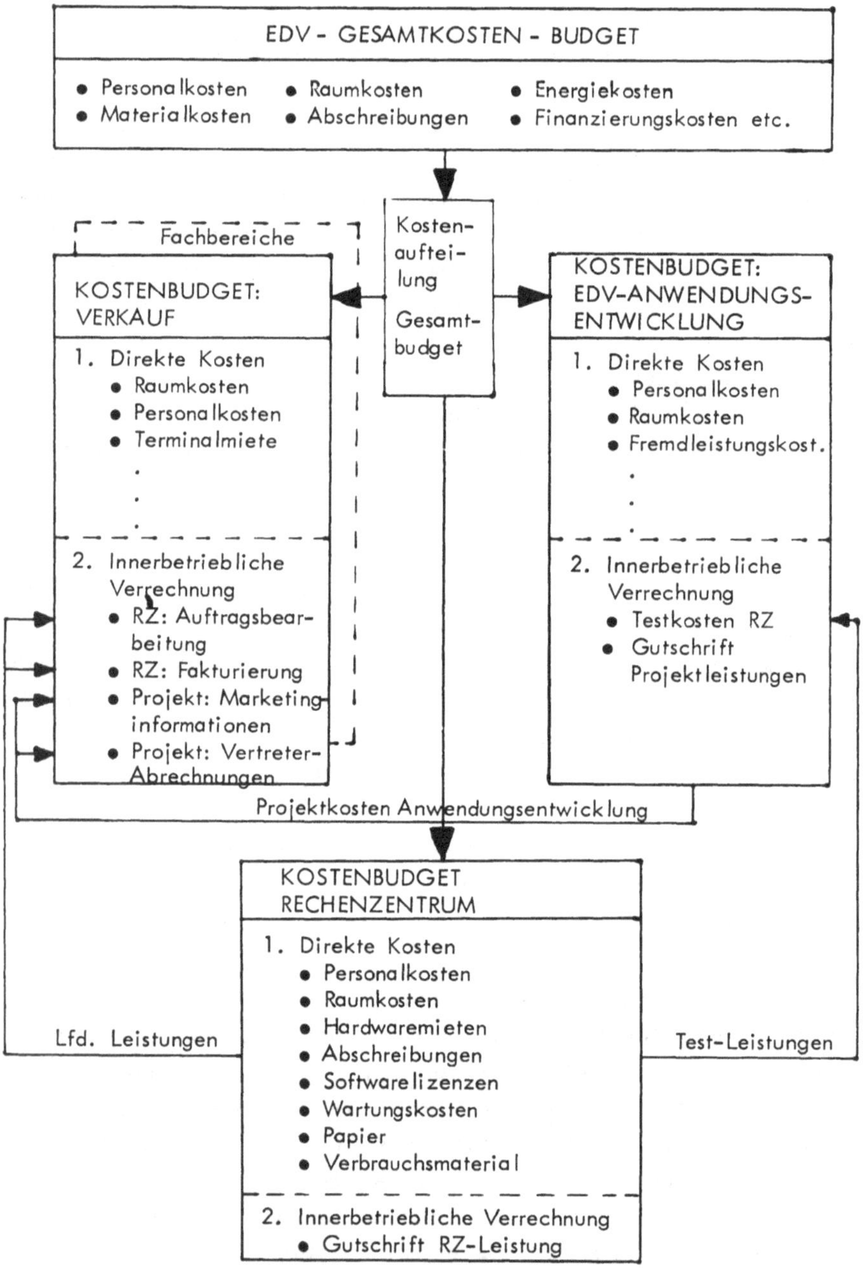

Bild 106: EDV-Gesamtkosten-Budget eines Unternehmens (Quelle: Diebold Management Report, Juli/August 1977, Seite 3)

EDV - KOSTEN IN TDM 1979 - 1983										
Kostenart	1979 Plan	1979 Ist	1980 Plan	1980 Ist	1981 Plan	1981 Ist	1982 Plan	1982 Ist	1983 Plan	1983 Ist
1. Personalkosten										
Gehälter	480	470	520		610		640		780	
Sozialkosten	240	210	280		350		410		480	
Summe	720	680	800		960		1.050		1.260	
2. Maschinenkosten										
Mieten	420	420	450		520		540		80	
Abschreibungen	–	–	–		–		–		320	
Wartung	–	–	–		–				50	
Software	130	150	150		210		210		260	
Summe	550	570	600		730		750		710	
3. Materialkosten										
Zubehör	20	25	10		20		15		25	
Verbrauchsmaterial	65	85	80		110		125		150	
Summe	85	110	90		130		140		175	
4. Sonstige Kosten										
Raumkosten	35	35	38		40		40		42	
Abschreibungen	15	15	15		20		15		18	
Energiekosten	20	18	22		25		30		35	
Diverse Kosten	40	55	45		50		55		70	
Summe	110	123	120		135		140		165	
Gesamtkosten	1.465	1.483	1.610		1.955		2.080		2.310	

Bild 107: Langfristige EDV - Kostenvorausschau

EDV - BUDGET IN TDM 1979

Kostenart	Vorschau	Budget	Abw. Vorjahr	Ist I. Quart.	Ist II. Quart.	Ist III. Quart.	Ist IV. Quart.	Ist Gesamt	Bemerkungen
1. Personalkosten									
Gehälter	480	460	+25	98					
Sozialkosten	240	230	+13	45					
Summe	720	690	+38	143					
2. Maschinenkosten									
Mieten	420	450	+10	113					
Abschreibungen	–	–	–	–					
Wartung	–	–	–	–					
Software	130	120	-35	30					
Summe	550	570	-25	143					
3. Materialkosten									
Zubehör	20	20	+5	–					
Verbrauchsmaterial	65	65	+10	23					
Summe	85	85	+15	23					
4. Sonstige Kosten									
Raumkosten	35	35	+5	9					
Abschreibungen	15	10	+2	2					
Energiekosten	20	20	+6	4					
Diverse Kosten	40	35	+15	10					
Summe	110	100	+28	25					
Gesamtkosten	1.465	1.445	+56	334					

Bild 108: EDV - Budget

EDV - Kostenrelation [1]				
Branche	Diebold-Werte [2]		mm-Werte [3]	
	1972	1974	1974	1976
Bergbau	0,59	0,85	---	---
Energieversorgung	0,77	0,31	0,47	0,53
Eisen-, Stahl-, Metallerzeugung	0,61	0,66	---	---
Grundstoffe	---	---	1,08	0,85
Stahl-, Maschinenbau	0,94	1,02	---	---
Investitionsgüter	---	---	1,34	1,42
Straßen-, Luftfahrtzeugbau	1,26	0,76	---	---
Elektroindustrie	1,93	1,58	---	---
Mineralöl	0,25	0,18	---	---
Chemie, Pharma, Gummi, Kunststoff	0,65	0,78	---	---
Textil	0,87	0,98	---	---
Nahrungs-, Genußmittel	0,63	0,78	1,00	0,81
Verbrauchsgüter	---	---	1,25	1,44
Durchschnitt Sachleistungsbranchen	0,85	0,79	1,03	1,01
Großhandel	---	---	1,19	1,09
Einzelhandel	---	---	1,07	1,35
Handel	0,54	0,49	---	---
Banken [1]	---	---	---	---
Versicherungen	0,72	1,24	0,62	0,93
Durchschnitt Dienstleistungsbranchen	0,63	0,87	0,96	1,12

<u>Erläuterungen</u>

1) EDV-Gesamtkosten in % vom Umsatz, bei Banken in % von der Bilanzsumme = Ø 0,09 %
2) lt. Diebold Deutschland GmbH, Studie von 1974
3) lt. Veröffentlichung in manager magazin 3/78

Bild 109 (1): Kosten-Kennziffern

EDV - Kostenkennziffern [1)]

1. EDV - Sachkosten : EDV - Personalkosten
   - Sachleistungsbranchen 50 : 50 (± 15)
   - Dienstleistungsbranchen 58 : 42 (± 12)
2. Harwarekosten : EDV - Personalkosten
   - Sachleistungsbranchen 0,6 (+ 0,5 bis - 0,25)
   - Dienstleistungsbranchen 0,9 (± 0,3)
3. Anteil DE - Kosten an EDV - Gesamtkosten
   - Sachleistungsbranchen 15 % (± 5)
   - Dienstleistungsbranchen 20 % (± 8)
4. Anteil Hardwarekosten an EDV - Sachkosten
   65 % (± 15)
5. Anteil EDV - Personalkosten in % an EDV - Gesamtkosten

	Sachleistungsbranchen	Dienstleistungsbranchen
EDV - Leitung	5 (± 2)	4 (± 2)
Systementwicklung	23 (± 8)	14 (± 5)
Operateure	11 (± 3)	12 (± 4)
Datenerfassung	9 (+ 10, - 4)	11 (± 10, - 4)
Sonstige	2 (± 1)	1 (-)

1) lt. Diebold Deutschland GmbH, Studie 1974

Bild 109 (2): Kosten-Kennziffern

wir auf die Bedeutung einer Projektkalkulation, dargestellt in Bild 92, Seiten 3 und 4, hingewiesen. Die Einmalkosten der Umstellung und die laufenden Kosten des umgestellten EDV-Projekts werden hier kalkuliert und sowohl später den angefallenen Istkosten als auch dem geschätzten EDV-Nutzen gegenübergestellt.

Es empfiehlt sich, die EDV-Kosten nicht nur intern (nach Soll / Istkosten, zeitlicher Kostenentwicklung) zu vergleichen, sondern auch externe Kostenkennziffern als Vergleichswerte heranzuziehen (vergleiche hierzu Bild 109). Naturgemäß sagt ein solcher Branchenvergleich nichts über die EDV-Leistungen und den EDV-Nutzen aus. Auch muß berücksichtigt werden, daß es sich um statistische Durchschnittswerte handelt, die für das einzelne Unternehmen möglicherweise keine oder nur begrenzte Aussagekraft besitzen. Im allgemeinen können die dargestellten Kosten-Kennziffern aber als Orientierungsdaten dienen. Sofern das Unternehmen von diesen Branchen-Kennziffern abweicht, sollte dies zumindest Anlaß sein zu überprüfen, ob dies sachlich gerechtfertigt ist oder ob wirklich zu hohe oder zu niedrige EDV-Kosten, gemessen am Branchenvergleich, vorliegen. Nach Auskunft der Firma Diebold Deutschland GmbH, Frankfurt, die seit langem solche Untersuchungen durchführt, liegen die neuesten Auswertungen Ende 1978 vor.

3.353 Maßnahmen zur Kostenreduzierung

Während im ersten Jahrzehnt der EDV die EDV-Anlagen (vor allem wegen ihrer schnellen technischen Veralterung) nahezu ausschließlich gemietet wurden, hat der Benutzer heute die Wahl zwischen den vier Vertragsformen Kauf, Miete, Mietkauf und Leasing. Obwohl natürlich die Entscheidung zugunsten der einen oder anderen Vertragsart betriebsindividuell getroffen werden muß, so können sich die Organisatoren des Untersuchungsteams an der Beschreibung der einzelnen Vertragsarten in Bild 110 orientieren. Die Entscheidung zu-

	Beschreibung	Vorteile	Nachteile
Kauf	- Kaufpreis incl. Verzinsung u. Wartungskosten entspricht ca. 5 - 6 Jahresmieten - zusätzlicher Abschluß eines Wartungsvertrages erforderlich - Zahlungsbedingungen: 1/3 bei Abschluß, 1/3 vor Lieferung, 1/3 nach Installation	- bei längerer Nutzung als 5 - 6 Jahre wirtschaftlicher als Miete - noch wirtschaftlicher bei Nutzung "rund um die Uhr"	- Beanspruchung d. Liquidität - wirtschaftliche Bindung an eine Nutzungsdauer von mehr als 5 - 6 Jahren - Entwicklungs- u. Wartungsrisiko liegen beim Benutzer
Miete	- Abschluß eines Mehrjahresmietvertrages mit Rücktrittsrecht empfehlenswert - Beachtung, ob gebündelte oder entbündelte Mietpreise	- keine Vorfinanzierung - technisches und wirtschaftliches Risiko liegen b. Hersteller - Vorzeitige Vertragslösung bei Anwendungsänderung - Wartung im Vertrag eingeschlossen	- gegenüber Kauf bei längerer Nutzungsdauer unwirtschaftlich - Mieterhöhung bei Mehrschichtnutzung (nicht bei allen Herstellern)
Mietkauf	- zunächst Miete, dann Kauf unter teilweiser Berechnung (z.B. 50% im ersten, 40% im zweiten u. 30% im dritten Jahr) der gezahlten Miete - nach 2 oder 3 Jahren kennt der Benutzer die EDV-Anlage und seine Probleme besser	- die Vorteile liegen etwa in der Mitte von Kauf und Miete	- die Nachteile liegen etwa in der Mitte von Kauf und Miete
Leasing	- Eigentümer der EDV-Anlage wird die Leasinggesellschaft - der Benutzer mietet die Anlage von der Leasinggesellschaft	- insgesamt wie bei Miete - zusätzlich liegen die Leasinggebühren um, je nach Schichtnutzung, durchschnittlich 20-50% unter den Herstellermieten	- Vereinbarung einer festen, meist 7 - 8 Jahre betragenden Leasingdauer - Benutzer hat 2 Geschäftspartner (Leasinggesellschaft und Hersteller für Wartung)

Bild 110: Kauf, Miete, Mietkauf und Leasing

gunsten der einen oder anderen Vertragsart wird durch technische, anwendungsbezogene, kostenwirtschaftliche und finanzwirtschaftliche Merkmale beeinflußt. Da Mietkauf und Leasing mehr Entscheidungsvarianten eines Mietvertrages sind, muß zunächst die Hauptentscheidung zwischen Kauf und Miete fallen. Wie aus Bild 110 ersichtlich, sprechen allgemein die technischen Merkmale klar zugunsten der Miete, die anwendungsbezogenen Merkmale teils zugunsten eines Miet- teils Kaufvertrages, die kostenwirtschaftlichen Merkmale zugunsten des Kaufvertrages und die finanzwirtschaftlichen Merkmale ebenfalls zugunsten des Kaufvertrages. Zugunsten eines Kaufvertrages wird erwartet, daß die zu kaufende Anlage noch mindestens 5 bis 6 Jahre technisch genutzt werden kann, die EDV-Aufgaben des Unternehmens in den nächsten 5 bis 6 Jahren überschaubar sind und man eine wirtschaftliche Nutzungsdauer von mehr als 5 Jahren erwartet. Vom Mietkauf spricht man, wenn die Anlage zunächst gemietet und später unter Anrechnung eines Teils der gezahlten Miete, im allgemeinen 50 % im ersten, 40 % im zweiten und 30 % im dritten Jahr, gekauft wird. Die Vor- und Nachteile des Mietkaufs liegen etwa in der Mitte zwischen Kauf und Miete. Ein Mietkauf bietet sich vor allem dann an, wenn grundsätzlich ein Kaufinteresse besteht, die Anlage aber zunächst zur Risikovermeidung und um Erfahrungen zu sammeln gemietet wird. Eine weitere Alternative zur Miete ist der Leasingvertrag. Hier erfolgt das Mieten nicht beim EDV-Hersteller selbst, sondern bei einer Leasing-Gesellschaft. Beim Leasingvertrag können im allgemeinen zwischen 10 und 30 % der vergleichbaren Mietkosten eingespart werden, wobei jedoch in der Regel eine etwas längere (6 bis 8 Jahre) Vertragslaufzeit in Kauf genommen werden muß.

Unter dem englischen Ausdruck "Mixed Hardware" versteht man die Kombination von Anlagen und Geräten verschiedener Hersteller. Während die Zentraleinheit vom eigentlichen Computerhersteller kommt, stammen die peripheren Geräte (Magnetbandgeräte, Magnetplatteneinheiten, Schnelldrucker oder Bildschirmgeräte) von Speziallieferanten. Diese Lieferanten liefern sogenannte steckerkompatible Geräte zum Anschluß an fremde Zentraleinheiten. Vorteile einer Mixed Hardware sind vor allem Mieteinsparungen von im allgemeinen 10 bis 30 % bei gleichen oder sogar etwas höheren Leistungen. Voraussetzung für den Anschluß von Mixed Hardware ist ihre Kompatibilität (Verträglichkeit) zwischen den Fremdgeräten und der Zentraleinheit sowie zwischen den fremden Hardware-Komponenten und dem Betriebssystem. Besondere Aufmerksamkeit beim Einsatz von Mixed Hardware ist der Wartung und Ersatzteillieferung für die Fremdgeräte zu schenken. Die nächste Wartungsstation sollte in der Nähe des Benutzers liegen und Wartung und Ersatzteillieferung auch für die Zukunft sichergestellt sein.

Eine weitere Kosteneinsparung läßt sich durch die Anschaffung eines Gebrauchtcomputers erzielen, wie sie von Spezialfirmen für "Secondhand-Computer" angeboten werden. Die Preisnachlässe für diese meist gekauften oder geleasten Computer liegen zwischen 20 und 80 % vergleichbarer EDV-Anlagen, bezogen auf die Hersteller-Listenpreise. Besondere Aufmerksamkeit muß man aber auch hier der Wartung und Ersatzteillieferung schenken, die unbedingt durch Vertrag für die gesamte geplante Nutzungsperiode abgesichert sein müssen, ganz gleich ob die Wartung vom betreffenden Anlagenhersteller (was vorzuziehen ist) oder von der Lieferfirma des Gebrauchtcomputers durchgeführt wird.

Eine weitere Kostenreduzierung kann gegebenenfalls durch die Verwendung von Standard-Anwendungssoftware erzielt werden. Standard-Anwendungssoftware sind vorgefertigte Benutzerprogramme, die in der Regel erheblich billiger sind als individuelle Lösungen. Wegen der Vorteile und Probleme von Standard-Anwendungssoftware sei auf das Kapitel 3.333 "Hardware- und Softwareausstattung" verwiesen.

Eine mittelbare Kostenreduzierung kann sich auch durch die Nutzung der EDV-Anlage im Mehrschichtbetrieb ergeben. Laut EDV-Umfrage (Quelle: "Meistens wird nicht nachgerechnet", eine Umfrage von Wittenberg, Dr. Ullrich H., manager magazin 3/78, Seite 45 ff) werden von 720 Betriebsstunden pro Monat

224 Stunden des Computers für produktive Datenverarbeitung, 35,3 Stunden für Testarbeiten, 27,7 für Wartung, Unterbrechung und Wiederholungsläufe und 84 Stunden für Bereitschaftsreserve genutzt, während 349 Stunden monatlich ungenutzt bleiben.

3.354 Leistungsermittlung und -verrechnung

Kosten und Kostenkennziffern haben naturgemäß einen nur begrenzten Aussagewert. Besser werden die EDV-Kosten an den Leistungen der EDV-Abteilung oder am EDV-Nutzen gemessen, wobei allerdings einschränkend hinzugefügt werden muß, daß die Leistungen eines firmeninternen Rechenzentrums oder gar der Nutzen einer EDV-Anlage nur sehr schwer zu ermitteln und meßbar sind.

Während die Ermittlung der quantitativen Leistungen von EDV-Organisation und Programmierung außerordentlich schwierig (Zeitschätzungs- und -kontrollverfahren für Programmierungsarbeiten) bis unmöglich (Arbeiten der EDV-Organisatoren) ist, können die Leistungen der Datenerfassung (durch Messung der Anschläge pro Zeiteinheit und Vergleich der durchschnittlichen Leistungen je Datatypistin) und der EDV-Anlage (durch gröbere manuelle Logbuch-Aufschreibung oder detaillierte Erfassung mit Hilfe eines Job-Accounting-Programms) sehr gut erfaßt werden.

Eine kontinuierliche Erfassung und Ermittlung der EDV-Leistungen sollte unbedingt durch eine Leistungsverrechnung auf die Aufgaben und verursachenden Kostenstellen ergänzt werden. Auch hierzu dient entweder eine manuelle Aufschreibung und Verrechnung oder besser ein entsprechendes Programmpaket. Wie in Bild 111 dargestellt, kann die Leistungsverrechnung entweder auf der Basis der Maschinennutzung (hardwareorientierte Verrechnungspreise)oder der Ergebnisleistung (ergebnis- oder benutzerbezogene Verrechnungspreise) erfolgen. Üblicherweise hat die EDV-Abteilung den Status einer Serviceabteilung, die die Benutzer mit den Kosten der in Anspruch

I. Beispiele für hardwareorientierte Verrechnungspreise

1. Beispiel: Verrechnung nach Einzelpreisen (Basis: IBM / 370-158)

• Anteil an Basiskonfiguration pro Minute Verarbeitungszeit	
- Stapelbetrieb	DM 11,30
- Dialogbetrieb	DM 12,80
• CPU-Aktivität pro Minute CPU-Zeit	DM 8,05
• Magnetband-Aktivität pro 1000 Schreib-/Lesevorgänge	DM 0,25
• Platten-Aktivität pro 1000 Schreib-/Lesevorgänge	DM 0,40
• Karten lesen pro 1000 Karten	DM 4,80
• Zeilen drucken pro 1000 Zeilen	DM 2,30
• DFÜ-Aktivität pro 1000 gesendete und empfangene Nachrichteneinheiten	DM 2,90

2. Beispiel: Verrechnung nach Formel (Basis: IBM / 370-168)

$$VE = 0{,}3 \times C + 1{,}4 \times E + 0{,}6 \times D$$

VE = Verrechnungseinheiten
C = CPU-Stunde
E = Schreib-/Lesevorgänge
D = Druckzeilen in Mio.

Preis je Verrechnungseinheit: DM 3.200,--

Bild 111 (1): EDV - Leistungsverrechnung (Quelle: Diebold Management Report, Juli/August 1977, Seite 8)

genommenen Dienstleistungen belastet. Sofern im Einzelfalle die EDV-Abteilung als Profit Center geführt wird, werden neben einer Kostendeckung üblicherweise auch Gewinne erwartet.

II. <u>Beispiele für ergebnis- und benutzerbezogene Verrechnungspreise</u>

Kosten Lohn- und Gehaltsabrechnung	
• je Abrechnung	DM 4,50
• je Banküberweisung	DM 0,31
• je 100 Zeilen der Statistik A	DM 1,50
• je 100 Zeilen der Statistik B	DM 1,90
Kosten je Buchungsposten	
• Mandantenbuchhaltung	DM 0,386
• Sparkassenorganisation	
- Schalterverkehr mit Schalterterminals (Dialog)	DM 0,165
- Buchung im Stapelbetrieb	DM 0,115
Kosten je Minute Suchzeit in einer Steuerrechtsdatenbank (Grundpreis: DM 60,--/Monat; Verrechnung mit Kosten für Suchzeiten)	DM 1,50
Kosten in einem (kleineren) Versicherungsunternehmen	
• je Prämienrechnung	DM 0,70
• Vertragsverwaltung je Vertrag und Monat	DM 0,85

Bild 111 (2): EDV - Leistungsverrechnung
(Quelle: Diebold Management Report, Juli/August 1977, Seite 8)

3.355 EDV-Nutzen

Über die Kostenerfassung und -beurteilung sowie über die Leistungsermittlung und -verrechnung hinaus sollte man versuchen, den EDV-Nutzen zu erfassen und zu bewerten. Dies sollte sowohl je Projekt geschehen (vergleiche hierzu Bild 92, Seite 5) als auch als Gesamt-Kosten- / Nutzenrelation. Der EDV-Nutzen muß einmal zahlenmäßig erfaßt werden, soweit meßbare Einsparungen z.B. beim Personal, bei der Lagerhaltung oder bei einer Zinsreduzierung vorliegen, und zum anderen als zusätzlicher Nutzen, der nicht in Geldeinheiten bewertbar ist und dessen Beurteilung der Geschäftsführung und den Führungskräften der Fachabteilungen überlassen bleiben muß (vgl. Bild 112).

Solche zusätzlichen Vorteile können beispielsweise sein:

- Die Straffung und gleichzeitige Vereinfachung des Verwaltungsablaufs; hierdurch werden Verlustzeiten vermieden und es wird eine bessere Übersicht der Organisation im Unternehmen erzielt.

- Eine Verkürzung der innerbetrieblichen Durchlaufzeiten und die beschleunigte Abwicklung der Geschäftsvorfälle.

- Eine bessere Einhaltung der Termine.

- Eine größere Übersichtlichkeit, Genauigkeit und Schnelligkeit bei der Datenverarbeitung und Informationsauswertung.

- Eine verminderte Datenausgabe bei erhöhter Aussagefähigkeit.

- Durch eine beschleunigte Bereitstellung von Unterlagen können wirklichkeitsnahe Entscheidungen getroffen werden.

- Die allgemeine Verbesserung und Beschleunigung des Berichts- und Informationswesens.

- Eine bessere Dispositionsmöglichkeit und Lagerhaltung.

- Eine Kostensenkung in der industriellen Produktion durch eine bessere Arbeitsvorbereitung.

EDV - KOSTEN- / NUTZENANALYSE							
Kostenarten	Laufende Kosten						Zusätzlicher Nutzen
	1. Jahr	2. Jahr	3. Jahr	4. Jahr	5. Jahr	Gesamt	
Gegenwärtiges Verfahren							- Bereitstellung aktueller Führungs= informationen - Verbesserung der Lieferbereit= schaft - Senkung der Lagerkosten - Verbesserter Kundenservice - Bessere Ergebnisabgrenzung - Höhere Unternehmens= transparenz
Personalkosten	70.000	80.000	91.000	100.000	110.000		
Maschinenkosten	6.000	6.000	8.000	9.000	11.000		
Materialkosten	2.000	2.000	2.500	3.000	4.000		
Sonstige Kosten	12.000	13.000	13.500	15.000	16.000		
Summe	90.000	101.000	115.000	127.000	141.000	574.000	
Geplantes Verfahren							
Personalkosten	20.000	22.000	25.000	30.000	35.000		
Maschinenkosten	20.000	20.000	20.000	22.000	22.000		
Materialkosten	5.000	6.000	7.000	8.000	9.000		
Sonstige Kosten	10.000	12.000	13.000	15.000	16.000		
Zwischensumme	55.000	60.000	65.000	75.000	82.000	337.000	
Umlage Vorlaufkosten = DM 200.000	40.000	40.000	40.000	40.000	40.000		
Summe	95.000	100.000	105.000	115.000	122.000	537.000	
Mehrkosten/Einsparungen	+5.000	./. 1.000	./. 10.000	./. 12.000	./. 19.000	./. 37.000	

Bild 112: EDV - Kosten- / Nutzenanalyse

- Einsparung von Vertriebskosten durch maschinelle Marktanalysen.

- Eine Verminderung der Personalabhängigkeit und der Überstunden in der Verwaltung.

- Verfügung über eine Datenverarbeitungsreserve, die im Mehrschichtbetrieb genutzt werden kann.

- Durch die Verlagerung der einfachen Abrechnungsvorgänge von den Fachabteilungen auf die EDV-Anlage können sich die verbleibenden Sachbearbeiter mehr den Aufgaben der Auswertung und Disposition widmen.

- Anwendungsmöglichkeit neuer Verfahren auf dem Gebiet der Unternehmensforschung.

- Verwirklichung des Grundsatzes vom Management by Exception.

Zusammenfassung:

- Ziel einer Kosten- / Nutzenanalyse im EDV-Bereich ist es, die Kosten für eine Beurteilung der Kostenentwicklung, für eine Kosten- und Finanzplanung sowie für einen zwischenbetrieblichen Kostenvergleich zu erfassen und auszuwerten. Es werden sowohl die Plan- als auch die Istkosten erfaßt.

- Mit der Leistungsermittlung und -verrechnung werden die EDV-Leistungen pro Aufgabe (Kostenträger) und Abteilung (Kostenstellen) ermittelt und umgelegt. Diese Maßnahme ermöglicht nicht nur einen zeitbezogenen Leistungsvergleich, sondern überträgt den Leistungsverursachern Mitverantwortung und Mitentscheidung.

- Mit Hilfe einer Kosten- / Nutzenanalyse wird den EDV-Kosten, pro Projekt und insgesamt, der Nutzen gegenübergestellt, der nicht nur in meßbarem Nutzen (Einsparungen), sondern auch in zusätzlichen Vorteilen besteht.

3.36 Datenschutz- und Datensicherungsmaßnahmen

3.361 Einleitung und Übersicht

Die Datenbestände, aber auch die Programme und EDV-Einrichtungen selbst, sind fortwährend zahlreichen Gefahren und Risiken ausgesetzt, wie beispielsweise Verlust, Zerstörung, Beschädigung, Verfälschung und Mißbrauch. Solche Gefahren und Risiken waren oder sind bei jeder Art von Datenverarbeitung vorhanden. Während sie aber bei der bisher überwiegend betriebenen Form des konventionellen Teilhaberbetriebs (Stapelbetrieb) überschaubar und kalkulierbar waren, muß bei künftigen Teilnehmersystemen (Dialogverkehr) mit weitaus höheren Risiken gerechnet werden.

Während der Datenschutz die Summe aller Vorkehrungen zur Verhinderung des rechtswidrigen Gebrauchs der Datenverarbeitung beinhaltet, bezeichnet der Begriff der Datensicherung die Sicherung der Datenverarbeitung selbst. Die Datensicherung umfaßt alle organisatorischen, technischen und programmtechnischen Maßnahmen, um die Datenbestände (Datenträger, Dateien und Datenbanken), Systeme (Arbeitsabläufe und Programme) und Anlagen / Einrichtungen (Gebäude, Räume, EDV-Anlagen, Datenerfassungsgeräte, Übertragungseinrichtungen sowie Stromversorgungs- und Klimaanlagen) der Datenverarbeitung gegen Katastrophen, Fehler und Mißbrauch zu sichern.

Bild 113 zeigt eine Übersicht über die Fragen von Datenschutz und Datensicherung.

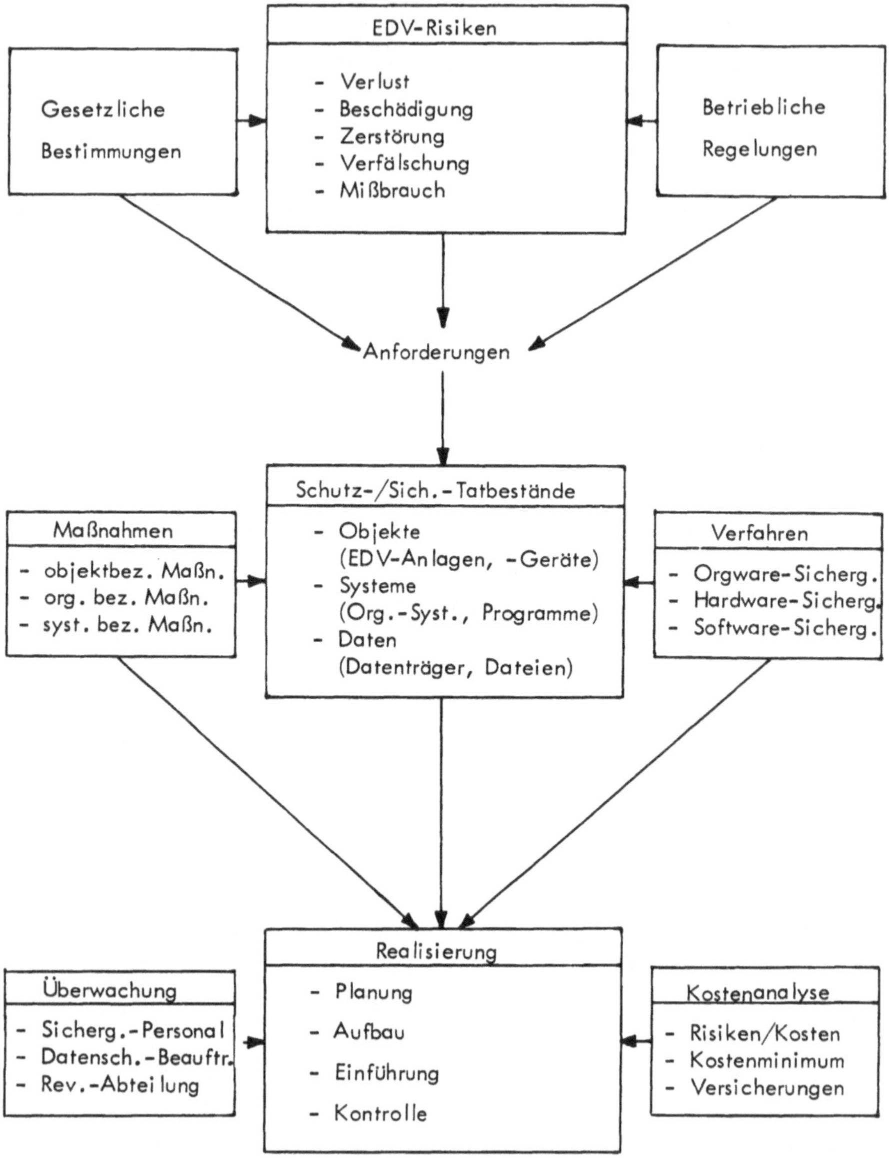

Bild 113: Übersicht Datenschutz und Datensicherung

3.362 Maßnahmen des Datenschutzes

Die Maßnahmen des Datenschutzes, abgeleitet aus dem Bundes-Datenschutzgesetz (BDSG), das mit Ausnahme der Datensicherungsbestimmungen nach § 6 BDSG am 1. Januar 1978 in Kraft getreten ist, wirken sich im einzelnen auf die Fachabteilungen folgendermaßen aus:

- Aufgabe des Datenschutzes ist es, durch den Schutz personenbezogener Daten vor Mißbrauch bei ihrer Speicherung, Übermittlung, Veränderung und Löschung (Datenverarbeitung) der Beeinträchtigung schutzwürdiger Belange der Betroffenen entgegenzuwirken (§ 1 Absatz 1).

- Schutzwürdige personenbezogene Daten sind Einzelangaben über persönliche und sachliche Verhältnisse einer bestimmten oder bestimmbaren natürlichen Person (§ 2 Absatz 1).

- Es sind nur personenbezogene Daten in Dateien geschützt; eine Datei im Sinne des Gesetzes ist eine gleichartig aufgebaute Sammlung von Daten, die nach bestimmten Merkmalen erfaßt und geordnet, nach anderen bestimmten Merkmalen umgeordnet und ausgewertet werden kann, ungeachtet der dabei angewendeten Verfahren; nicht hierzu gehören Akten und Aktensammlungen, es sei denn, daß sie durch automatisierte Verfahren umgeordnet und ausgewertet werden können (§ 2 Absatz 3).

- Datenverarbeitung ist nur zulässig, wenn das BDSG oder eine andere Rechtsvorschrift dies erlauben oder der Betreffende eingewilligt hat (§ 3).

- Nach Maßgabe des Gesetzes hat jeder ein Recht auf Auskunft über die zu seiner Person gespeicherten Daten, auf Berichtigung der zu seiner Person gespeicherten Daten, wenn sie unrichtig sind, auf Sperrung der zu seiner Person gespeicherten Daten, wenn sich weder deren Richtigkeit noch deren Unrichtigkeit feststellen läßt und auf Löschung der zu seiner Person gespeicherten Daten, wenn ihre Speicherung unzulässig war oder nach Wegfall der ursprünglich erfüllten Voraussetzungen für die Speicherung (§ 4).

- Den bei der Datenverarbeitung beschäftigten Personen ist untersagt, geschützte personenbezogene Daten unbefugt zu einem anderen als dem der jeweiligen rechtmäßigen Aufgabenerfüllung gehörenden Zweck zu verarbeiten, bekannt zu geben, zugänglich zu machen oder sonst zu nutzen; diese Personen sind bei der Aufnahme ihrer Tätigkeit auf das Datengeheimnis zu verpflichten; ihre Pflichten bestehen auch nach Beendigung ihrer Tätigkeit fort (§ 5).

- Die speichernde Stelle hat alle technischen und organisatorischen Maßnahmen zu treffen, um die Anforderungen des BDSG zu gewährleisten (§ 6, in Kraft ab 1.1.1979).

- Auf Verlangen des Betroffenen hat die speichernde Stelle über die zu seiner Person gespeicherten Daten, bei automatischer Verarbeitung auch über die regelmäßigen Empfänger, Auskunft zu erteilen; für die Auskunft kann ein adäquates Entgelt berechnet werden (§ 26).

- Wenn die gespeicherten Daten unrichtig sind, kann der Betroffene eine Berichtigung verlangen; wenn der Betroffene die Richtigkeit gespeicherter Daten bestreitet und weder Richtigkeit noch Unrichtigkeit feststellbar ist, so kann der Betroffene die Sperrung verlangen; wenn die Kenntnis gespeicherter Daten für die speichernde Stelle nicht mehr erforderlich ist und kein Grund zur Annahme besteht, daß schutzwürdige Belange des Betroffenen beeinträchtigt werden, so können die Daten gelöscht werden; es besteht eine

Pflicht zur Löschung, wenn die Speicherung unzulässig war oder wenn der Betroffene es verlangt oder wenn die Richtigkeit bestimmter sensitiver Daten durch die speichernde Stelle nicht beweisbar ist (§ 27).

- Werden erstmals zur Person des Betroffenen Daten gespeichert, ist er darüber zu benachrichtigen, es sei denn, daß er auf andere Weise Kenntnis von der Speicherung erlangt hat (§ 26 Absatz 1).

3.363 Maßnahmen der Datensicherung

Während der betriebliche Datenschutzbeauftragte vorwiegend für die Überwachung des Datenschutzes und der Datensicherung verantwortlich ist, liegt die Verantwortung für die Einrichtung und Kontrolle von Datenschutz- und Datensicherungsmaßnahmen bei den Führungs- und Fachkräften von EDV und Fachabteilungen. Im Bereich der Fachabteilungen sind zusammengefaßt folgende Maßnahmen der Datensicherung erforderlich:

- Mitwirkung und Kontrolle der Fachabteilungen in allen Phasen des Umstellungsprozesses und Änderungsdienstes.

- Verantwortung für die Datenerfassung (Aufnahme, Prüfung, Ergänzung, Prüfziffern, Belegnummer).

- Verantwortung für die Direkteingabe (Sicherung der Terminals, Benutzeridentifikation, Zugriffskontrolle, Sicherheitsprotokollierung).

- Verantwortung für Datenänderungen (Korrektur von Fehlerprotokollen, Neueingabe, Direktänderungen, Änderungsprotokolle).

- Verantwortung für den Datentransport zum Rechenzentrum (verschließbare Behälter, Vollständigkeitskontrolle, Laufzettel, Quittierung).

- Verantwortung für die Lagerung von Urbelegen, Datenerfassungsbelegen, Datenträgern, Protokollen und Listen.

Die hauptsächlichen Datensicherungsmaßnahmen im Rechenzentrum sind:

- Die Maschinenräume sowie das Archiv und die Versorgungseinrichtungen sollten gegenüber Unbefugten abgeschirmt werden (Closed-Shop-Betrieb).

- Um gegen Verlust und Zerstörung abgesichert zu sein, müssen von allen Dateien und Datenbanken, Programmen und Dokumentationsunterlagen Duplikate vorhanden sein, wovon jeweils ein Exemplar zur Absicherung gegenüber Katastrophen ausgelagert sein sollte.

- Zahlreiche bauliche Sicherungen wie z.B. Sicherheitsglas, Feuermeldeeinrichtungen, Kennzeichnung von Fluchtwegen, automatische Klimaregler und elektrische Sicherheitseinrichtungen gehören ebenfalls zu den Datensicherungsmaßnahmen im Rechenzentrum.

- Entsprechend Anlage zu § 6 Absatz 1 Satz 1 müssen alle Firmen, die personenbezogene Daten automatisch verarbeiten, ab 1. Januar 1979 alle Maßnahmen treffen, die die Zugangskontrolle, Abgangskontrolle, Speicherkontrolle, Benutzerkontrolle, Zugriffskontrolle, Übermittlungskontrolle, Eingabekontrolle, Auftragskontrolle, Transportkontrolle und Organisationskontrolle sicherstellen.

Zusammenfassung

- Während der Datenschutz die Summe aller Vorkehrungen zur Verhinderung des rechtswidrigen Gebrauchs der Datenverarbeitung umfaßt, also Schutz vor der Datenverarbeitung bieten soll, bezeichnet der Begriff der Datensicherung die Sicherung der Datenverarbeitung selbst.

- Die Maßnahmen des Datenschutzes, bezogen auf schutzwürdige personenbezogene Daten, sind im Bundes-Datenschutzgesetz (BDSG) und anderen Rechtsvorschriften geregelt.

- Die Maßnahmen der Datensicherung gehen ebenfalls aus dem Gesetz hervor (Anlage zu § 6 Absatz 1 Satz 1); sie decken sich voll mit den Belangen und Interessen der Unternehmen selbst.

4. EDV-Anwendungen und Management-Informationssysteme (MIS)

4.1 Anwendungsorientierte Datenverarbeitung

4.11 EDV-Anwendungen im Wandel

Betrachtet man die Entwicklung der EDV nicht technologisch-physikalisch, sondern im Hinblick auf ihre Einsatz- und Anwendungsmöglichkeiten, so lassen sich drei Hauptmerkmale nennen, im einzelnen

- der Trend zu höheren EDV-Stufen

- die Hinwendung zu gesamtheitlichen Konzeptionen und

- der Einsatz anwendungsfreundlicher EDV-Techniken.

Der Trend zu höheren EDV-Stufen besagt, daß der Computer heute nicht nur für die Erledigung einfacher Abrechnungsvorgänge und Routineaufgaben, sondern auch für dispositive Aufgaben sowie im Bereich der Planung und Informationsversorgung eingesetzt wird. Selbst sogenannte Gestaltungssysteme, als höchste Stufe der EDV-Anwendungen, können mit Hilfe des Computers automatisch oder teilautomatisch abgewickelt werden. Marktprognosen, Planungsmodelle oder simulierte Entscheidungen im Material- oder Produktionsbereich sind Beispiele des Computereinsatzes auf diesem Gebiet. Bild 114 zeigt noch einmal eine Übersicht über die genannten vier EDV-Stufen mit Beispielen aus einem Industrieunternehmen.

EDV - Stufen					
Arbeitsbereiche / EDV-Stufen	Materialwirtschaft	Verkauf	Produktion	Rechnungswesen	Personalwesen
Einfache Abrechnungsvorgänge	Lagerbestandsfortschreibung	Auftragsbearbeitung und Fakturierung	Produktionsabrechnung	BAB	Lohn- und Gehaltsabrechnung
Dispositionsaufgaben	Bedarfs- und Verfügbarkeitsrechnung	Auftragsdisposition	Fertigungsdisposition	Ergebnisrechnung	Personaldisposition
Planungs- und Informationssysteme	Automatische Bestellrechnung und Bedarfsvorhersage	Vertriebsplanung und rechnerische Ermittlung der Absatzerwartung	Fertigungssteuerung mit Terminierung	Überwachung und Steuerung aller Kosten- und Leistungsdaten	Planung von Personalbeschaffung und -einsatz
Gestaltungssysteme	Simulierte Lagerhaltungsmodelle, Entscheidungsmodelle	Marktprognosen und Absatzmodelle	Maschinelle Produktgestaltung und optimale Kapazitätsplanung	Planungsmodelle	Personalbedarfsplanung

Bild 114: EDV - Stufen (mit Beispielen)

Beim zweiten Merkmal, der Hinwendung zu gesamtheitlichen Konzeptionen, kommt es darauf an, integrierten EDV-Lösungen den Vorrang vor einzelnen Insellösungen zu geben. Diese Forderung bedeutet, daß beispielsweise bei der EDV-Umstellung einer Debitorenbuchhaltung die Anschlüsse zu den vorgelagerten Arbeitsgebieten (Auftragsabwicklung, Fakturierung) und den nachgelagerten Aufgaben (Finanzbuchhaltung, Kostenrechnung) unbedingt beachtet werden. Nur in Form solcher interdependenter Daten- und Informationsflüsse kann man zu wirtschaftlichen EDV-Systemen gelangen.

Schließlich sei, als dritter Punkt, auf die enge Verknüpfung von Konzeption und technischer Lösung hingewiesen. Ein Gleichmaß ist dann erst erreicht, wenn ein sinnvolles betriebswirtschaftlich-organisatorisches Konzept durch moderne, wirtschaftliche Techniken realisiert wird. Eine gute Konzeption mit schlechter Lösung (beispielsweise fehlende Auskunftsmöglichkeiten vom Computer) ist genauso unwirtschaftlich, wie ein überholtes Konzept (beispielsweise eine Verarbeitung, die fast nur aus Ausnahmeregeln besteht) mit einer technisch erstklassigen Computerlösung oder brillant gelöste Programme, die auf Istzuständen beruhen, die das Ergebnis jahrzehntealter Traditionen und nicht logisch-wirtschaftlich begründeter Konzeptionen sind.

Zusammenfassung

- Firmen, die seit mehreren Jahren einen Computer einsetzen, sollten ihre Abrechnungsvorgänge inzwischen im Griff haben, den Computer auch für dispositive Aufgaben verwenden und zumindest teilweise in den Bereich der maschinellen Planung und Informationsversorgung vorgestoßen sein.

- Das Zeitalter, wo einzelne Insellösungen anstelle integrierter EDV-Systeme vom Computer übernommen werden, sollte endgültig vorbei sein.

- Moderne EDV-Lösungen sollten zweckmäßigen organisatorisch-betriebswirtschaftlichen Konzeptionen entsprechen.

4.12 Welche Arbeitsgebiete eignen sich für EDV-Umstellungen?

Grundsätzlich sind alle diejenigen Arbeitsgebiete für eine wirtschaftliche EDV-Abwicklung geeignet, die die Merkmale der Gleichförmigkeit und Mengenhaftigkeit tragen.

Das Merkmal der Gleichförmigkeit bedeutet, daß die Verarbeitung der Daten nach gewissen Standardregeln und nicht nach unzähligen Ausnahmen ablaufen sollte. Gleichförmigkeit besagt darüber hinaus, daß die gefertigten Programme einige Zeit (z.B. 3 bis 5 Jahre) laufen müssen, damit sich die Organisations- und Programmierungskosten amortisieren. Es sollte der EDV-Grundsatz beachtet werden, daß für jede Ausnahmeregel (auch wenn sie nur alle zwei Jahre einmal vorkommt) ein Programm oder Programmteil geschaffen werden muß. Deshalb sollte am Anfang aller EDV-Umstellungen die Forderung stehen, die vorkommenden Ausnahmefälle auf ein Minimum zu beschränken und sie logischen Regeln zu unterwerfen. Die alte Erfahrung, daß 80 % aller Geschäftsvorfälle mit nur 20 % aller Verarbeitungsregeln und umgekehrt 20 % der Geschäftsvorfälle mit 80 % aller (Ausnahme-) Verarbeitungsregeln abgewickelt werden, sollte sich im Zeitalter der EDV eher in eine umgekehrte Relation ändern. Eine große Anzahl von Ausnahmeregeln, die meist historisch und nicht betriebsnotwendig bedingt sind, führt nicht nur zu hohem Organisations- und Programmierungsaufwand, sondern belastet auch die EDV-Anlage in erheblichem Maße, abgesehen davon, daß spätere Änderungen solcher Programmkomplexe nur mit hohem Aufwand und großem Risiko durchzuführen sind.

Mit dem Ausdruck Mengenhaftigkeit ist die Anzahl der Geschäftsvorfälle gemeint, die je Periode von der EDV-Anlage zu verarbeiten sind. Es versteht sich von selbst, daß es um so wirtschaftlicher ist, je mehr Geschäftsvorfälle je Durchlauf von der EDV-Anlage verarbeitet werden. Ist die Rüstzeit höher als die eigentliche Verarbeitungszeit auf der Anlage, so muß der EDV-Ablauf in der Regel als unwirtschaftlich angesehen werden. Sofern ein einzelner Lauf unwirtschaftlich ist, sollte geprüft werden, ob nicht mehrere Verarbeitungsperioden zusammen wirtschaftlich abgewickelt werden können.

Eine weitere Frage ist die nach der Reihenfolge, in der die Anwendungen zweckmäßigerweise auf die EDV umgestellt werden. Naturgemäß wird man zunächst mit der Umstellung einfacher Abrechnungsvorgänge wie die Lohn- und Gehaltsabrechnung oder die Buchhaltung auf die EDV beginnen, bevor man dispositive Aufgaben oder gar Planungs- und Informationssysteme mit Hilfe des Computers abwickelt. Innerhalb einer EDV-Stufe beginnt man sinnvollerweise mit denjenigen Arbeitsgebieten, die am Anfang des Daten- und Informationsflusses im Unternehmen stehen, um danach die sich anschließenden Arbeitsgebiete auf die EDV-Anlage zu übernehmen. Beispielsweise stellt man in einem Industrieunternehmen zunächst die Auftragsbearbeitung und Fakturierung um, bevor man auch die Debitorenbuchhaltung und die Lagerabrechnung auf den Computer übernimmt. Erst wenn alle Arbeitsgebiete einer EDV-Stufe (beispielsweise Abrechnungsvorgänge) umgestellt sind und die Abwicklung sicher beherrscht wird, sollte man mit der nächsten EDV-Stufe (also den dispositiven Aufgaben) beginnen.

Bild 115 zeigt noch einmal eine Übersicht über die Begriffe der Gleichförmigkeit und Mengenhaftigkeit bei EDV-Anwendungen.

Zusammenfassung

- Gleichförmigkeit bei EDV-Anwendungen bedeutet, daß die Daten überwiegend nach Standardvorschriften und nicht nach unzähligen Ausnahmeregeln verarbeitet werden.

Gleichförmigkeit	
absolut = Standard-, nicht Ausnahmeregeln	relativ = Kontinuität, wenig Änderungen

Mengenhaftigkeit	
absolut = große Datenmengen	relativ = Zusammenlegung von Verarbeitungsperioden

Bild 115: EDV - Anwendungen

- Die fixen Kosten der EDV-Anwendungen (EDV-Organisation, Programmierung und Computer-Rüstzeiten) sind in der Regel nur dann wirtschaftlich gerechtfertigt, wenn in den einzelnen Computer-Abläufen eine entsprechend große Datenmenge verarbeitet wird.

- Um die EDV-Risiken zu verringern, das EDV-Personal einzuarbeiten und Erfahrungen zu sammeln, sollte man zunächst mit einfachen Abrechnungsvorgängen beginnen, bevor der Computer zur Lösung von Dispositionsaufgaben und im Bereich von Planungs- und Informationssystemen eingesetzt wird.

4.13 Die Rolle der EDV-Benutzer

Einleitung

Wir haben bereits bei der Darstellung der EDV-Aktivitäten außerhalb der EDV-Abteilung (vergleiche hierzu Kapitel 3.24 EDV-Aufgaben der Fachabteilungen) darauf hingewiesen, wie wichtig heute die Mitwirkung der EDV-Kontaktleute und der übrigen Mitarbeiter der Fachabteilungen bei EDV-Prozessen ist. Genausowenig wie man die Fragen der Wirtschaftlichkeit und Sicherheit der EDV dem EDV-Personal allein überlassen kann, dürfen die EDV-Anwendungen ohne die aktive Mitwirkung und Kontrolle der Kräfte in den Fachabteilungen gestaltet und eingeführt werden. Hierbei kommt es darauf an, daß

- die EDV-Anwender innerhalb eines EDV-Ausschusses an der EDV-Gesamtplanung mitwirken

- in den Fachabteilungen ausgebildete EDV-Kontaktleute vorhanden sind

- die übrigen Mitarbeiter in den Fachabteilungen in den EDV-Grundlagen und in den Fragen der Zusammenarbeit mit den EDV-Leuten geschult sind

- die Mitarbeiter der Fachabteilungen bei der EDV-Analyse, der Projektsteuerung und der Projektabwicklung aktiv mitarbeiten

- der Änderungsdienst bei bestehenden Programmen sinnvoll, wirtschaftlich und sicher abgewickelt wird

- die umgestellten EDV-Systeme in den Fachabteilungen sicher gehandhabt werden und

- die Mitarbeiter der Fachabteilungen mit den Maßnahmen des Datenschutzes und der Datensicherung vertraut sind.

Fachliche und personelle Voraussetzungen

Die Rolle der EDV-Benutzer muß zunächst durch eine neue "EDV-Philosophie" zum Ausdruck kommen. Sie besagt, daß die Mitwirkung bei EDV-Prozessen als eine Führungsaufgabe verstanden werden muß, die man weder auf Untergebene noch auf EDV-Spezialisten übertragen kann. Größenordnung und Investitionsrisiko der EDV, vor allem aber die langfristige Bindung an Verfahrenstechniken und EDV-Lösungen zwingt die Führungskräfte dazu, eine aktive Rolle bei EDV-Prozessen zu spielen.

Als nächstes kommt es darauf an, die Führungskräfte der Fachabteilungen vom "Nur-Abteilungsdenken" zum unternehmerischen Mitdenken zu bringen (was sicher nicht nur durch die EDV bedingt ist). Denn Computer werden nicht abteilungsweise eingesetzt und Computerlösungen sind heute integrierte Programmkomplexe, die nicht an Abteilungsgrenzen haltmachen, sondern sich an Gesamtabläufen im Unternehmen orientieren. Aus diesem Grunde ist es wichtig, wenn die Führungskräfte im übergeordneten EDV-Ausschuß mitarbeiten und bei der langfristigen EDV-Gesamtplanung mitwirken.

Schließlich müssen die notwendigen personellen Voraussetzungen geschaffen werden. Sie bestehen im Einsatz gut ausgebildeter EDV-Kontaktleute, die bei EDV-Umstellungen, Änderungen und bei der Handhabung umgestellter EDV-Systeme mitwirken und zeitweise Teammitglieder der EDV-Mannschaft sind, sowie in der EDV-Schulung der Führungs- und Fachkräfte in den Fachabteilungen.

Strukturorganisatorische EDV-Grundlagen in den Fachabteilungen

Erfahrungen haben gelehrt, daß es im allgemeinen unsinnig und unwirtschaftlich ist, mit der Einführung der EDV vorhandene Organisations- und Personalstrukturen in den Fachabteilungen zu erhalten. Die mehr zur Beschwichtigung abgegebene

Erklärung "in Ihrer EDV-Abteilung wird sich durch die EDV nichts ändern" führt zu Anachronismen zwischen alt und neu, die sich negativ auf die neuen EDV-Abläufe auswirken und den Rationalisierungserfolg vielfach infrage stellen. Statt dessen sollte man nach neuen Struktur- und Personalsystemen suchen, um die neuen EDV-Techniken möglichst wirkungsvoll einzusetzen. Dies gilt umso mehr, weil mit einer EDV-Umstellung in der Regel auch die übrigen, von der Umstellung nicht unmittelbar betroffenen, Aufgaben in den Fachabteilungen rationalisiert werden.

Im einzelnen kommt es im strukturorganisatorischen Bereich der Fachabteilungen auf folgende Maßnahmen an:

- Es ist festzulegen, in welcher Rolle und bei welchen EDV-Aufgaben die Führungs- und Fachkräfte der Fachabteilungen mit den Mitarbeitern der Organisations- und der EDV-Abteilung zusammenarbeiten (durch Stellenbeschreibungen, Arbeitsanweisungen usw.).

- Der Übergang zum Dialogverkehr erfordert eine stärkere Dezentralisierung mit größerer Selbständigkeit und Verantwortung der einzelnen Aufgabenträger. Diese müssen mehr Entscheidungsfreiheit haben, weil beim Computerdialog Rückfragen beim Vorgesetzten nur in Ausnahmefällen sinnvoll und wirtschaftlich sind; diese Dezentralisierung ist durch eine klare Aufgaben- und Befugnisdarstellung (durch Stellenbeschreibungen) sowie durch geeignete organisatorische und programmtechnische Maßnahmen (Benutzeridentifikation, Prüfung der Zugriffsberechtigung und Rückkontrolle) sicherzustellen und abzusichern.

Ablauforganisatorische EDV-Aktivitäten in den Fachabteilungen

Die ablauforganisatorischen EDV-Aktivitäten in den Fachabteilungen erstrecken sich auf

- die Mitwirkung bei der EDV-Analyse, Projektsteuerung und Projektabwicklung

- die Auflösung und Mitarbeit beim Änderungsdienst

- die Handhabung der umgestellten EDV-Systeme und

- die besonderen Maßnahmen des Datenschutzes und der Datensicherung.

Da die technischen Einzelheiten bereits im vorhergehenden Hauptabschnitt über die Steuerung und Kontrolle der EDV-Aktivitäten ausführlich beschrieben wurden, seien hier nur diejenigen Aufgaben genannt, die ausschließlich der Rolle der Anwender bei EDV-Prozessen zuzuordnen sind. Ganz allgemein kommt es darauf an, daß zwischen Fachabteilungen, Organisations- und EDV-Abteilung eine klare Abgrenzung bei den EDV-Aufgaben und -Verantwortungen festgelegt wird.

Die ablaufmäßige Zusammenarbeit in Fachabteilungen, Betriebsorganisation und EDV-Abteilung bezieht sich zunächst auf die <u>Entwicklung und Einführung neuer EDV-Projekte</u>, also auf die Umstellung von Arbeitsgebieten auf die EDV, im einzelnen

- auf die EDV-Analyse, d.h. die Durchführung einer Voruntersuchung (Vorkalkulation), bei der Mitarbeiter der betreffenden Fachabteilungen mitwirken müssen und die Führungskräfte den EDV-Auftrag an die EDV-Abteilung erteilen

- auf die Projektsteuerung, d.h. die Planung, Überwachung und Kontrolle der Projektabwicklung, in die auch die an der Umstellung beteiligten Mitarbeiter der Fachabteilungen einbezogen werden und

- auf die Projektabwicklung selbst, an der die EDV-Kontaktleute und die übrigen Mitarbeiter der Fachabteilungen mitwirken und die Führungskräfte die Ziele formulieren und sachliche Kontrollen durchführen.

Beim Änderungsdienst kommt es auf folgende Punkte an:

- Alle Programmänderungen sollten nach außerbetrieblichen, betriebsnotwendigen und wünschenswerten Änderungen unterschieden werden.

- Es ist festzulegen, wer in den Fachabteilungen Änderungen beantragen und genehmigen darf.

- Es ist festzulegen, durch wen die durchgeführten Änderungen kontrolliert werden.

- Für den Änderungsdienst sollte ein Formular verwendet werden, das alle Schritte vom Anfang der Änderung bis hin zu ihrer Freigabe aufzeichnet.

Für die Handhabung umgestellter EDV-Systeme benötigen die Mitarbeiter in den Fachabteilungen neben einer ausführlichen Einweisung Terminpläne, Ablaufübersichten und, je Arbeitsschritt, eine Arbeitsanweisung mit Belegmuster, und zwar für die

- Datenerfassung auf Datenerfassungsbeleg und Datenträger

- Direkteingabe und Dialogverkehr

- Behandlung von Eingabe- und Fehlerprotokollen und

- Auswertung von Computerlisten.

Sofern die Maßnahmen des Datenschutzes und der Datensicherung nicht Bestandteil der obengenannten Ablaufdarstellung sind (Arbeitsanweisungen), müssen die Führungs- und Fachkräfte in den Fachabteilungen auch hier entsprechende Arbeits- und Organisationsanweisungen erhalten, im einzelnen für die

- Handhabung personenbezogener schutzwürdiger Daten

- Handhabung organisationsbezogener schutzwürdiger Daten und

- Sicherung von Daten, die nicht dem Datenschutz unterliegen.

Zusammenfassung

- Bei allen anwendungsbezogenen EDV-Aktivitäten sollten die EDV-Benutzer in geeigneter Weise mitwirken.

- Für die obengenannte Mitwirkung sind die personellen Voraussetzungen (Ernennung von EDV-Kontaktleuten, Schulung der Mitarbeiter in den Grundlagen der EDV) zu schaffen.

- Die Mitwirkung der Mitarbeiter in den Fachabteilungen sollte in Stellenbeschreibungen und Arbeitsanweisungen dokumentiert werden.

- Bei Anwendung des Dialogverkehrs muß den Sachbearbeitern mehr Selbständigkeit und Entscheidungsspielraum eingeräumt werden.

- Die Mitwirkung und Kontrolle der Fachabteilungen erstreckt sich vornehmlich auf die EDV-Analyse, die Projektsteuerung, die Projektabwicklung, den Änderungsdienst, die Handhabung umgestellter EDV-Systeme und den Datenschutz und die Datensicherung.

4.2 Management-Informationssysteme (MIS)

4.21 Daten, Informationen und Informationssysteme

Management-Informationssysteme (MIS) sollen die Führungskräfte aller Ebenen mit den für sie relevanten Informationen versorgen. Während Daten bestimmte Tatbestände (Auftragsdaten,

Buchhaltungsdaten, Produktionsdaten usw.) wiedergeben, sind Informationen Nachrichten, die für den Empfänger einen Neuigkeitswert besitzen und ihn zur besseren Erfüllung seiner Aufgaben befähigen sollen. Von den Informationen unterscheidet sich ein Informationssystem dadurch, daß differenzierte Informationen, die in einem organisatorisch-logischen Zusammenhang stehen, nach festen Regeln bereitgestellt werden.

Management-Informationssysteme sind notwendig, weil

- die heute verfügbaren Statistiken nicht mehr genügen

- zur Steuerung und Kontrolle eines Unternehmens in schwierigen Märkten mehr, bessere und aktuellere Informationen benötigt werden und

- die moderne, leistungsfähige Computertechnik zur besseren Ausnutzung zwingt und dieser Weg folgerichtig zur Übernahme höherer EDV-Stufen wie der Planung und Informationsversorgung führt.

Je nach ihrem Verwendungszweck unterscheidet man

- Berichts- und Kontrollsysteme

  strukturierte Systeme, mit Soll-, Ist- und Soll/Istwerten, vornehmlich für die Sachbearbeiter- und untere Führungsebene, zur Kontrolle von Unternehmensprozessen mit teilweiser Diagnose

- Planungssysteme

  Systeme, die über die Berichterstattung hinaus die Planerstellung unterstützen, meist mit spontanen Direktauskünften verbunden, vornehmlich für die mittlere Führungsebene und

- Entscheidungssysteme

  Systeme, bei denen die Ergebnisse unter Einsatz von Entscheidungsmethoden und Simulationsmodellen gewonnen wurden, mit Dialogverkehr, vornehmlich für die obere Führungsebene.

Die Bilder 116 und 117 zeigen eine Übersicht über Daten, Informationen und die verschiedenen Stufen von Informationssystemen bzw. die Bereitstellung der Informationen für die unterschiedlichen Informationsebenen, dargestellt als Informationspyramide.

Zusammenfassung

- Während Daten betriebliche Tatbestände wiederspiegeln, sind Informationen Nachrichten mit Neuigkeitswert, die dem Informationsempfänger zur besseren Aufgabenerfüllung dienen.

- Vom Informationssystem oder Management-Informationssystem spricht man, wenn die Informationen innerhalb einer bestimmten Ordnung miteinander verknüpft sind und jeder Informationsempfänger die von ihm benötigten Informationen erhält.

- Informationssysteme sind nicht mit statistischen Zahlenfriedhöfen zu verwechseln, wie sie heute immer noch in vielen Unternehmen mit Hilfe des Computers produziert werden. Statt dessen werden Informationen benötigt, die aktuell und verlässlich sind und von den Mitarbeitern und Führungskräften unmittelbar zur Kontrolle, Planung oder Entscheidung verwendet werden können.

- Die guten Möglichkeiten der EDV-Anlagen, große Daten- und Informationsmengen zu speichern und nach bestimmten Merkmalen schnell auszuwerten, sollten unbedingt für die Informationsgewinnung genutzt werden.

Daten aus					
Produktion	Vertrieb	Material-wirtschaft	Personal-bereich	Rechnungs-wesen	Entwicklung

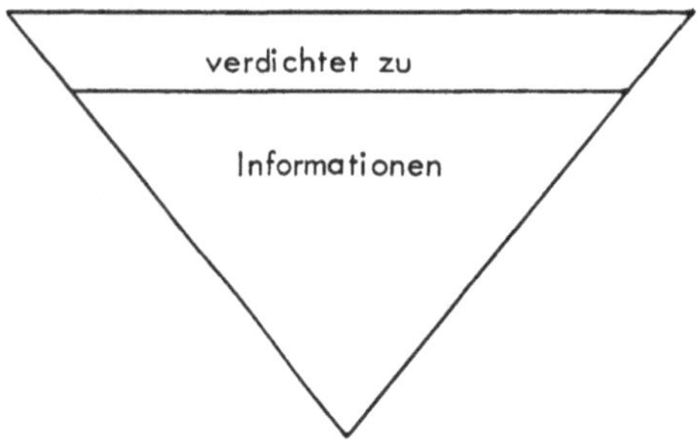

verarbeitet zu
<u>Berichts- und Kontrollsystemen</u> Beispiel: Verkaufsstatistik über Umsätze mit Plandaten, Ist-Werten und Soll/Ist-Abweichungen
<u>Planungssystemen</u> Beispiele: Umsatzplanung, Kostenplanung, Prognosen
<u>Entscheidungssystemen</u> Beispiele: Investitionsmodelle, Lagerhaltungsmodelle, Verteilungsmodelle, simulierte Bilanzen

Bild 116: Daten, Informationen und MIS

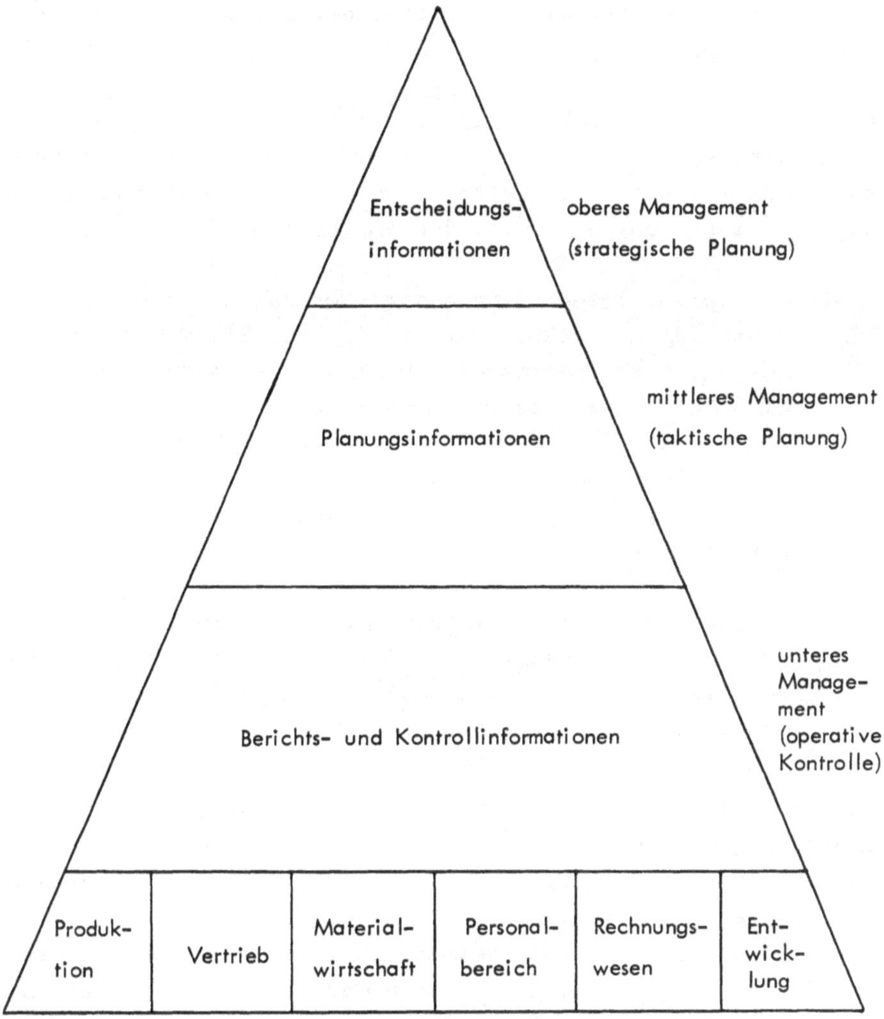

Bild 117: Modell einer Informationspyramide

4.22 Die Problematik und gegenwärtige Situation von Management-Informationssystemen

Mitte der 60er Jahre entstand zum erstenmal die Idee, den Computer nicht für rein datenverarbeitende Aufgaben, sondern auch für die Informationsversorgung insbesondere des Managements einzusetzen. Damals kam das Schlagwort von den Management-Informationssystemen (MIS) oder gar integrierten Management-Informationssystemen (IMIS) auf.

Der MIS-Euphorie, mit der hauptsächlich die EDV-Leute an der Entwicklung solcher Systeme herangingen, folgte bald Ernüchterung. Rückblickend lassen sich heute die damaligen Mißerfolge leicht analysieren. Sie bestanden darin, daß

- die Computer-Technologie der 60er Jahre nicht ausreichend leistungsfähig war (es fehlten Einrichtungen für die Datenübertragung, billige Massenspeicher und die Möglichkeit des Dialogverkehrs)

- die Ziele zu hoch gesteckt waren (anstatt sich mit Teil-Informationssystemen zu begnügen, wurden Gesamtsysteme angestrebt) und

- die Schwierigkeiten einer klaren Zielformulierung durch das Management sowie der Zeit- und Kostenaufwand für die Entwicklung und Realisierung solcher Systeme erheblich unterschätzt wurden.

Inzwischen ist die damalige Euphorie einer realistischen Einschätzung gewichen. Jüngste Untersuchungen (vergleiche hierzu Heinzelbecker, Klaus, MIS: Schlagwort oder Realität?, Aufsatz in Online/adl-Nachrichten, 6/78) zeigen, daß sich von 118 befragten Industrie-Großunternehmen bis 1975 rund 90 % mit der Entwicklung eines MIS beschäftigten und fast zwei Drittel über realisierte Systeme verfügten. Obwohl zweifellos die Realisierung eines MIS bei Einsatz größerer Computer eher möglich ist, darf dies nicht zu dem Schluß verleiten, daß solche Systeme nur auf Großcomputer beschränkt sind. Die ausgezeichneten Hardware- und Softwaremöglichkeiten der mittleren Datentechnik (MDT) lassen ebenfalls, wenn auch bei begrenztem Daten- und Informationsvolumen, den Einsatz von Management-Informationssystemen zu.

Bild 118 zeigt Teilergebnisse der obengenannten Befragungsaktion. Die erste Darstellung nennt die Einsatzbereiche von

Einsatzbereiche partieller Management-Informationssysteme

	Aufgabenbereiche	Anzahl
1)	Marketing/Verkauf/Vertrieb	59
2)	Fertigung	44
3)	Kosten- u. Leistungsrechnung	41
4)	Materialwirtschaft	35
5)	Finanzbuchhaltung	33
6)	Personal	34
7)	Auftragsabwicklung	16
8)	Finanzen	16
9)	Unternehmensplanung	11
10)	Investition	5
11)	Forschung u. Entwicklung	4
12)	Einkauf	10

Rangebene der Informationsempfänger

Stellenbezeichnung	Managementebene	Abs.	% von 107
1. Vorstand, Geschäftsführung 2. Spartengruppenleit., Hauptgruppenleit. 3. Spartenleiter, Bereichsleit., Ressortleit.	Top-Management	84	80,4
3. Spartenleiter, Bereichsleit., Ressortleit. 4. Hauptabt.-Leit., Prokuristen, Werksleit. 5. Abteilungsleiter, Dienststellenleiter 6. Bezirksleiter, Betriebsleiter	Middle-Managem.	86	82,2
5. Abteilungsleiter, Dienststellenleiter 6. Bezirksleiter, Betriebsleiter 7. Gruppenleit., Sachgebietsleit., Vertreter	Lower-Managem.	57	52,3
(Die Angaben enthalten Mehrfachnennungen)			

Bild 118 (1): Befragungsergebnisse
(Quelle: Heinzelbecker, Klaus, MIS: Schlagwort oder Realität?, Aufsatz in Online/adl-Nachrichten 6/78)

Teil-Management-Informationssystemen in den befragten Unternehmen. Hier rangieren Marketing/Verkauf/Vertrieb, Fertigung und Kosten- / Leistungsrechnung vor der Materialwirtschaft, der Finanzbuchhaltung und dem Personalwesen. Im zweiten Schaubild wird die Rangebene der Informationsempfänger genannt, von denen 80,4 % dem oberen Management, 82,2 % dem mittleren und nur 52,3 % dem unteren Management angehören.

Inhalt der MIS-Informationen

	Abs.	% v. 98
1) Es werden vor allem Ist-Daten mit Hilfe der EDV für Berichterstattungen aufbereitet	18	18,4
2) Einsatz der EDV vor allem zu Kontrollzwecken durch Gegenüberstellung von Ist- u. Solldaten	30	30,6
3) Einsatz der EDV vor allem für Planerstellungen und Kontrollen (Ist-, Soll- und Plandaten)	50	51,0
Gesamt	98	100,0

Einsatzgebiete von Datenbanken und Datenbank-Management-Systemen (DBMS)

Anwendungsbereiche	(1) Realisierte oder geplante Informationssysteme	(2) Unternehmen m. Datenbanken		(3) Einsatzbereiche von DBMS	
	Abs.	Abs.	% v. (1)	Abs.	% v. (2)
1) Marketing/Verkauf/Vertrieb	59	28	47,5	16	57,1
2) Fertigung	44	17	38,6	12	70,6
3) Kosten- und Leistungsrechnung	41	8	19,5	5	62,5
4) Materialwirtschaft/Logistik	35	11	31,4	5	45,5
5) Finanzbuchhaltung	33	10	30,3	6	60,0
6) Personal	34	16	47,1	12	75,0
7) Auftragsabwicklung	16	16	100,0	6	37,5
8) Finanzen	16	3	18,8	3	100,0
9) Unternehmensplanung	11	0	----	0	----
10) Investition	5	0	----	0	----
11) Forschung und Entwicklung	4	3	75,0	2	66,7
12) Einkauf	10	5	50,0	2	40,0

Bild 118 (2): Befragungsergebnisse
(Quelle: Heinzelbecker, Klaus, MIS: Schlagwort oder Realität?, Aufsatz in Online/adl-Nachrichten 6/78)

Eine weitere Darstellung beschäftigt sich mit dem Inhalt der MIS-Informationen. Während 18,4 % der reinen Ist-Berichterstattung zuzuordnen sind, werden 30,6 % für Soll- / Istvergleiche und 51,0 % vor allem für Planerstellungen gewonnen. Aus dem letzten Schaubild ist schließlich der Einsatz von Datenbanken und Datenbank-Management-Systemen (DBMS) für Management-Informationssysteme ersichtlich.

Zusammenfassung

- Mißerfolge bei der Einrichtung von Management-Informationssystemen in den 60er Jahren bestanden vor allem darin, daß die Computer-Technologie der damaligen Zeit nicht ausreichend befähigt war, die Ziele zur Errichtung von MIS zu hoch gesteckt waren und das Management die Zielsetzungen weder klar formulierte noch an der Einrichtung aktiv beteiligt war.

- Untersuchungsergebnisse zeigen, daß sich heute eine Reihe von Unternehmen mit der Gestaltung und Realisierung von Management-Informationssystemen beschäftigt und hierbei gute Erfolge erzielt hat.

4.23 Anforderungen und Voraussetzungen

Ein Management-Informationssystem kann die Empfänger nur dann wirkungsvoll mit Informationen versorgen, wenn es folgenden Anforderungen gerecht wird:

- Die bereitgestellten Informationen müssen alle betrieblichen Tatbestände der Vergangenheit und Gegenwart mit genügender Unterteilung und logisch richtig wiedergeben.

- Es muß zu jeder Zeit informationsbereit sein, d.h. aktuelle Informationen liefern, nach dem Aufbau der Informationspyramide auf Aufgabenträger und Verantwortungsbereiche zugeschnitten.

- Für Einzelentscheidungen nach dem Grundsatz des Managements by Exception sind aus den gespeicherten Informationen alle Relevanten zu liefern.

- Darüber hinaus muß das Informationssystem einfach zu handhaben und an geänderte Bedingungen anpassungsfähig sein.

Welche Voraussetzungen müssen nun im Unternehmen für die Einrichtung eines Management-Informationssystems vorhanden sein oder geschaffen werden?

An technologischen Voraussetzungen verlangt die Einrichtung eines MIS den Einsatz eines leistungsfähigen Computers mit entsprechend großen Direktzugriffsspeichern, Datenübertragungseinrichtungen und Dialogsystemen sowie der Datenbanktechnik. Naturgemäß hängt die Leistungsfähigkeit und Speicherkapazität des benötigten Computers von Umfang und Stufe (Kontroll-, Planungs- oder Entscheidungssystem) des geplanten MIS ab, jedoch muß generell darauf hingewiesen werden, daß schon Planungssysteme eine leistungsfähige und größere Computer-Ausrüstung benötigen, weil bereits hier eine umfangreiche Daten- und Methodenbasis im Direktzugriff benötigt wird.

Betriebswirtschaftlich-organisatorisch wird folgendes vorausgesetzt:

- Der Informationsbedarf und die Ziele der Informationsversorgung müssen genau formuliert werden.

- Die Daten- und Methodenbasis sowie die Informationsverknüpfungen zwischen den einzelnen Empfängerebenen sind exakt zu definieren.

- Das Management selbst muß die Zielsetzungen für ein solches System formulieren und darüber hinaus, auf der Basis neuer Managementtechniken, an der Gestaltung des Informationsprozesses aktiv mitwirken.

- Anstelle unklarer Verantwortungsbereiche und intuitiver Entscheidungen müssen eine transparente Organisationsstruktur und ein moderner Führungsstil treten.

- Wie schon ausgeführt, müssen die benötigten Informationen nach dem Modell der Informationspyramide auf die einzelnen Aufgabenträger und Verantwortungsbereiche zugeschnitten werden. Dieser Vorgang erfordert, daß Aufgaben- und Verantwortungsbereiche je Aufgabenträger klar festgelegt und in ihren Wirkungszusammenhängen transparent gemacht werden. Organisationspläne, Aufgaben- und Stellenbeschreibungen gehören deshalb zur Voraussetzung eines Informationssystems. Sie müssen ergänzt werden durch die beschriebene Informationspyramide und einen Informationskatalog, der Auskunft darüber gibt, welche Informationen ein Stelleninhaber zur Aufgabenerfüllung benötigt.

- Im Bereich der Ablauforganisation setzt die Schaffung eines MIS voraus, daß die dem MIS zugrunde liegenden Datenverarbeitungssysteme zweckmäßig aufgebaut sind und sicher ablaufen und das Personal im Rechenzentrum und in den Fachabteilungen die vorhandenen Systeme sicher beherrscht.

Zusammenfassung

- Ein Management-Informationssystem genügt dann den Anforderungen, wenn es die betrieblichen Tatbestände richtig wiedergibt, aktuelle Auskünfte liefert, auf die einzelnen Empfänger zugeschnittene Informationen bereitstellt, selektierte Einzelinformationen ausgibt sowie einfach zu handhaben und an geänderte Bedingungen leicht anzupassen ist.

- Die Voraussetzungen für die Entwicklung und Einführung eines Management-Informationssystems liegen sowohl im technischen Bereich (leistungsfähige Hardware und Software) als auch auf betriebswirtschaftlich-organisatorischem Gebiet (genaue Formulierung des Informationsbedarfs, exakte Definition der Datenbasis und Methoden, Mitwirkung des Managements, Verfügbarkeit qualifizierten Personals).

4.24 Vorgehensweise bei der Einrichtung von Management-Informationssystemen

Planung und Vorbereitung

Größe und Bedeutung, das einzugehende Risiko, aber auch der relativ hohe Zeit- und Kostenaufwand sowie der Weg in ein Neuland bedingen, daß ein MIS mit größter Sorgfalt geplant, entwickelt und eingeführt wird. Für die Planung, Überwachung und Kontrolle eines solchen Projekts haben sich am besten die bekannten Methoden des Projektmanagements bewährt, wie sie - manuell oder mit Hilfe eines Programmpaketes - auch bei der Abwicklung anderer EDV-Projekte verwendet werden. Nur bei großen und sehr schwierigen MIS empfiehlt es sich zusätzlich, ein Verfahren der Netzplantechnik einzusetzen.

Für die Durchführung der Arbeiten zum Aufbau von Management-Informationssystemen haben sich Projektgruppen mit einem Projektleiter an der Spitze als die geeignetste Organisationsform erwiesen. Zweckmäßigerweise setzt sich eine solche Projektgruppe aus Mitarbeitern der EDV-Abteilung, der Organisationsabteilung und des betreffenden Fachbereichs zusammen. Hierbei ist zu beachten, daß der Projektleiter für die Zeit der Durchführung eines Projekts das fachliche Weisungsrecht für alle Mitarbeiter der Projektgruppe erhält.

Zu den Planungs- und Vorbereitungsarbeiten gehört ferner, daß das Management genaue Zielsetzungen für das Management-Informationssystem formuliert. Diese Zielsetzungen lassen sich wie folgt umschreiben:

- Quantitative Ziele: Für welche Unternehmensbereiche soll ein Teil-MIS eingerichtet werden?

- Qualitative Ziele: Welche MIS-Stufen (Kontrollsysteme, Planungssysteme oder Entscheidungssysteme) sollen bei den einzelnen Teil-MIS erreicht werden?

- Zeitliche Ziele: In welcher Reihenfolge und zu welchen Terminen sollen die einzelnen Teil-MIS installiert werden?

- Kostenmäßige Ziele: Welche Kostenlimits dürfen je Teilsystem nicht überschritten werden?

- Sicherheiten: Welche besonderen Sicherheiten (zusätzliche Parallelläufe, technische Sicherungsmaßnahmen) sind je Teilsystem zu beachten?

Die Planungs- und Vorbereitungsarbeiten zur Einrichtung eines MIS enden mit einer (mehr modelltheoretischen) Betrachtung und Darstellung des Gesamt-MIS. Eine solche Darstellung zeigt in grober Vereinfachung den Gesamtzusammenhang zwischen den einzelnen Teil-Management-Informationssystemen. Hierbei ist es ohne Bedeutung, ob und wann die einzelnen Teilsysteme eingerichtet werden. Das Gesamtmodell (vergleiche hierzu Bild 119) dokumentiert den Daten- und Informationsfluß zwischen dem zentralen Rechnungswesen und den einzelnen Unternehmensbereichen. Hierbei wäre es sicher von Wert, wenn dieser Daten- und Informationsfluß ausführlicher als in unserem Beispiel dargestellt würde. Jedoch ist davor zu warnen, sich zu lange und zu intensiv mit einem theoretischen Gesamtmodell zu beschäftigen, da es keinen praktikablen Weg zur Ableitung der realen Einzelheiten für die Teil-MIS darstellt. In diesem Zusammenhang sei auf diesbezügliche Arbeiten und Darstellungen hingewiesen, wie sie vom betriebswirtschaftlichen Institut für Organisation und Automation (BIFOA) an der Universität zu Köln herausgegeben wurden.

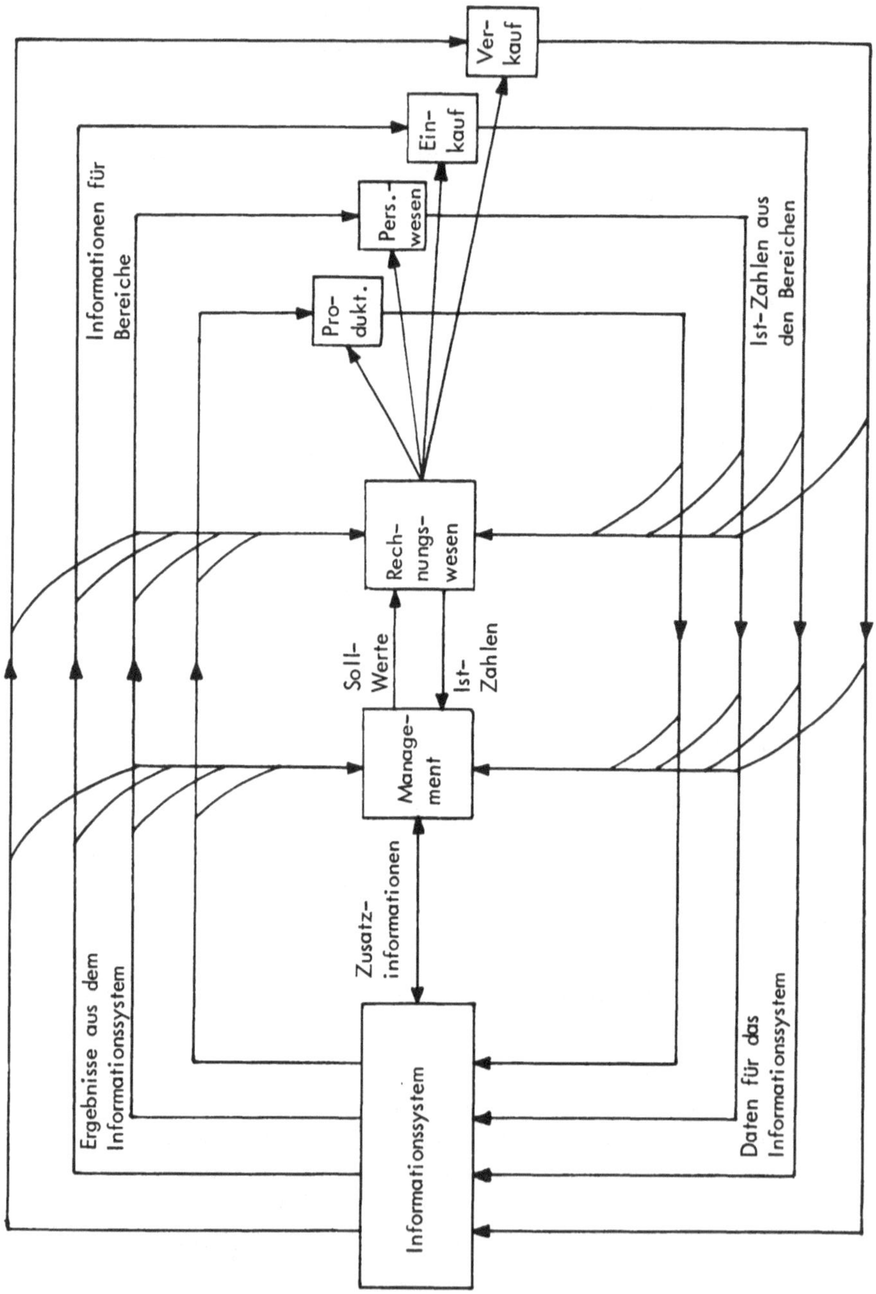

Bild 119: Modell eines Gesamt - MIS

1. Phase: Systemanalyse und Systementwicklung

Diese Phase umfaßt

- die Untersuchung des gegenwärtigen Stands der Informationsversorgung
- die Ermittlung des künftigen Informationsbedarfs für die einzelnen Informationsebenen
- den MIS-Grobentwurf
- die Abstimmung mit benachbarten MIS-Teilsystemen und
- die Planung von Personal, Hardware, Software und Kosten für die Einrichtung des Management-Informationssystems.

Der erste Schritt besteht in der Untersuchung der gegenwärtigen Informationsversorgung (Erfassung des Informationszustandes). Denn auch bei der Einrichtung eines MIS kann nicht auf die Aufnahme und Analyse des Istzustandes verzichtet werden. Sie dient einmal zur besseren Information der einzelnen Mitglieder der Projektgruppe und bringt zum anderen wertvolle Hinweise auf den möglichen Informationsbedarf. Die Analyse muß sicherstellen, daß alle wesentlichen Tatbestände der derzeitigen Informationsversorgung erfaßt und transparent gemacht werden. Die Untersuchung des Istzustandes sollte sich sowohl auf den derzeitigen Organisationsaufbau als auch auf die Arbeitsablauforganisation erstrecken und vor allem zweckorientiert sein, d.h. primär die Erfassung der gegenwärtigen Informationsversorgung zum Ziele haben. Dies bedeutet im einzelnen, daß sich die Untersuchung weniger auf die Art und Weise der gegenwärtigen Informationsversorgung als auf den Sachinhalt der produzierten Informationen beziehen muß.

Die Auswertung des gegenwärtigen Berichtswesens sollte nach folgenden Gesichtspunkten vorgenommen werden:

- Name der Statistik.
- Empfänger der Statistik.
- Statistik-Frequenz (periodisch oder aperiodisch).
- Seit wann wird diese Statistik erstellt?
- Wird diese Statistik maschinell, manuell oder maschinell mit weiterer manueller Bearbeitung gewonnen?
- Ist die Statistik von Inhalt und Form her genügend aussagefähig?
- Für welche Zwecke wird diese Statistik benötigt?
- Welche Stellen benötigen die gleichen statistischen Informationen?
- Welche Kritik übt der Empfänger an der bestehenden Statistik und welche Vorschläge macht er für die künftige Informationsversorgung?

Mit der Festlegung des künftigen Informationsbedarfs als nächsten Schritt beginnt die eigentliche Entwicklung des neuen Management-Informationssystems. Am besten geht man hierbei in zwei Teilschritten vor: Zunächst wird festgelegt, welche Informationen (mit Untergliederung, Beschreibung, zeitlicher Unterteilung, Verwendungszweck und Basisdatengewinnung) überhaupt bereitgestellt werden müssen (vergleiche hierzu Bild 120). Danach verteilt man diese Informationen (mit sachlicher Differenzierung, Bereitstellungsperiode und Bereitstellungsform) auf die einzelnen Empfängerebenen (in unserem Beispiel in Bild 121 unterteilt nach unterer, mittlerer und oberer Führungsebene).

Nachdem untersucht und festgelegt wurde,

- welche Daten für die Informationsgewinnung als Grundlage bereitgestellt werden müssen

Nr.	Informationsart	Typische Untergliederung	Kriterien	Darstellung insbes. zeitlich	Benötigt für ... (typische Maßnahmen und Entscheidungen)	Datenliefernde Programme
1.	Personalstand	Mitarbeitergruppen, organisatorische Einheiten	Entwicklung der Mitarbeiterzahl, Zahl der Einstellungen und Kündigungen	BP, VV, T	Personalplanung, Ausbildungsmaßnahmen	
2.	Personalkosten (einschließlich Kosten der Personalabteilungen)	Abteilung, Kostenarten	Kosten im Vergleich zur Mitarbeiterzahl, Zahl der Einstellungen, Beförderungen, Kündigungen, Soll-, Plankostenabweichungen	BP, AK, VV, VN, VP, T	Kostenkontrolle, Anreizsystem	Kostenstellenrechnung
3.	Fluktuation	Mitarbeitergruppen, organisatorische Einheiten	Durchschnittliche Verweilzeit der Mitarbeiter im Unternehmen, Fluktuationskosten, angegebene Gründe	BP, VN	Änderung der Mitarbeiterauswahl, Maßnahmen der sozialen Betriebsführung, Änderung des Entlohnungssystems	Entlohnungsabrechnung
S = Stichtag, BP = Berichtsperiode, AK = Akkumulierte Werte für Berichtszeitraum, VV = Vergleich mit Vorperiode bzw. entsprechendem Vergleichszeitpunkt, VN = Vergleich mit Normwert, VP = Vergleich mit Plan, T = Trend, Z = Zukunft, R = Rangstellung.						

Bild 120 (1): Informationskatalog
(Quelle: Mertens, P., Griese, J.: Industrielle Datenverarbeitung, Bd. II: Informations- und Planungssysteme, Gabler, Wiesbaden, 1972, S. 202 ff)

Nr.	Informationsart	Typische Untergliederung	Kriterien	Darstellung insbes. zeitlich	Benötigt . . . (typische Maßnahmen und Entscheidungen)	Datenliefernde Programme
4.	Anwesenheitszeiten	Mitarbeitergruppen, organisatorische Einheiten	Anteile bezogen auf eine Sollanwesenheitszeit	BP, VN, VV	Änderung der Mitarbeiterauswahl, Änderung des Entlohnungssystems	Entlohnungsabrechnung
5.	Fehlzeiten	Mitarbeitergruppen, organisatorische Einheiten, Art	Anteile, bezogen auf Anwesenheitszeit, Kosten	BP, VN	Änderung der Mitarbeiterauswahl, Kündigung; Änderung des Entlohnungssystems	Entlohnungsabrechnung
6.	Überstunden	Organisatorische Einheiten, Mitarbeiter	Zahl der Überstunden	BP, AK, VV, VN, VP	Änderung der Produktionsplanung, Einstellungen	Entlohnungsabrechnung
7.	Urlaubsrückstände	Organisatorische Einheiten, Mitarbeiter	Noch nicht in Anspruch genommener Urlaub	S	Kapazitätsplanung	Entlohnungsabrechnung

Bild 120 (2): Informationskatalog
(Quelle: Mertens, P., Griese, J.: Industrielle Datenverarbeitung, Bd. II: Informations- und Planungssysteme, Gabler, Wiesbaden, 1972, S. 202 ff)

Nr.	Informationsart	Typische Untergliederung	Kriterien	Darstellung insbes. zeitlich	Benötigt . . . (typische Maßnahmen und Entscheidungen)	Datenliefernde Programme
8.	Gleitzeit-überhang	Organisatorische Einheiten, Mitarbeiter	Gleitzeitguthaben, Gleitzeitschulden	S	Kapazitätsplanung	Entlohnungs-abrechnung
9.	Zusammensetzung des Mitarbeiterstammes	Organisatorische Einheiten, Kriterien, (s. nebenstehend)	Alter, Dienstalter, Geschlecht, Einzugsgebiet, Nationalität, Vorbildung (Gelernte, Ungelernte, Facharbeiter, Fachschulabs., Hochschulabsolv.)	S, VV	Änderung der Mitarbeiterauswahl, Beförderungen, Personalauswahl zur Besetzung freier Posten, betriebliche Sozialmaßnahmen, Ausbildungsmaßnahm	
10.	Personalbe-darfsprognose	Organisatorische Einheiten, Mitarbeitertypen	Zahl der benötigten Mitarbeiter eines bestimmten Typs in den Zukunftsperioden	Z, S	Personalplanung, Personalrekrutierung, Ausbildungsmaßnahmen	Personalplanung
11.	Potentielle Mitarbeiter	Merkmalsgruppen	Alter, Gehaltsforderung, Kündigungsfrist	S	Personalrekrutierung	

Bild 120 (3): Informationskatalog
(Quelle: Mertens, P., Griese, J.: Industrielle Datenverarbeitung, Bd. II: Informations- und Planungssysteme, Gabler, Wiesbaden, 1972, S. 202 ff)

Nr.	Informationsart	Typische Untergliederung	Kriterien	Darstellung insbes. zeitlich	Benötigt . . . (typische Maßnahmen und Entscheidungen)	Datenliefernde Programme
12.	Bewerber	Merkmalsgruppen	Anzahl der Bewerber, Bewerbungsgründe, Bewerbungsergebnisse, Ablehnungsgründe, Bewerbungskosten	BP, VV	Personalrekrutierung Maßnahmen der Personalwerbung, Werbeerfolgskontrolle	
13.	Profil des einzelnen Mitarbeiters	Merkmalsgruppen	Alter, Geschlecht, Ausbildung, Fähigkeits- und Charaktermerkmale, Aufstieg, innerbetriebliche Position, Bezahlung, Abweichung v. Arb.pl.prof.	S	Beförderungen, Suche nach Kandidaten für eine zu besetzende Position	
14.	Mitarbeiterbeurteilungsergebnisse	Mitarbeiter, organisatorische Einheiten	Punktzahlen der Beurteilungskategorien	BP, VV	Beförderungen, Beurteilung von Vorgesetzten	
15.	Ausbildungsmaßnahmen	Organisatorische Einheiten	Angebot an Ausbildungsmaßnahmen, Nachfrage nach Ausbildungsmaßnahmen, Beurteilung der Kurse und Dozenten	BP, VV	Ausbildungsplan	

Bild 120 (4): Informationskatalog
(Quelle: Mertens, P., Griese, J.: Industrielle Datenverarbeitung, Bd. II: Informations- und Planungssysteme, Gabler, Wiesbaden, 1972, S. 202 ff)

Nr.	Informationsart	Untere Führungsebene			Mittlere Führungsebene			Obere Führungsebene		
		Differenzierung	Per.	Form	Differenzierung	Per.	Form	Differenzierung	Per.	Form
1.	Personalbestand	je Abteilung	m	D	je Bereich je Abteilung	m	D	Unternehmen gesamt je Bereich	m	D
2.	Personalkosten	je Abteilung	m	D	je Bereich je Abteilung	m	D	Unternehmen gesamt je Bereich je Abteilung	m	D
3.	Fluktuation				je Bereich je Abteilung	v	D	Unternehmen gesamt	v	D
4.	Anwesenheitszeiten	je Abteilung	a	T						
5.	Fehlzeiten	je Abteilung je Mitarbeiter	m a	D T	je Bereich je Abteilung	m	D			

Periode: t = täglich, w = wöchentlich, m = monatlich, v = vierteljährlich, a = auf Abruf, j = jährlich

Form: D = Ausdruck, T = Terminalanzeige

Bild 121 (1): Informationspyramide (in Anlehnung an Bild 119)

Nr.	Informationsart	Untere Führungsebene			Mittlere Führungsebene			Obere Führungsebene		
		Differenzierung	Per.	Form	Differenzierung	Per.	Form	Differenzierung	Per.	Form
6.	Überstunden	je Abteilung je Mitarbeiter	m a	D T	je Bereich	m	D	Unternehmen gesamt je Bereich	m	D
7.	Urlaubsrückstände	je Abteilung je Mitarbeiter	m a	D T	je Bereich	m	D			
8.	Gleitzeitüberhang	je Abteilung je Mitarbeiter	m a	D T	je Bereich	m	D			
9.	Zusammensetzung des Mitarbeiterstammes	je Abteilung	v	D	je Bereich je Abteilung	v	D			
10.	Personalbedarfsprognose	je Abteilung	v	D	je Bereich je Abteilung	v	D	Unternehmen gesamt je Bereich	v	D

Bild 121 (2): Informationspyramide (in Anlehnung an Bild 119)

Nr.	Informationsart	Untere Führungsebene			Mittlere Führungsebene			Obere Führungsebene		
		Differenzierung	Per.	Form	Differenzierung	Per.	Form	Differenzierung	Per.	Form
11.	Potentielle Mitarbeiter	je Abteilung	v	D	je Bereich je Abteilung	v	D	Unternehmen gesamt je Bereich	v	D
12.	Bewerber				je Bewerbungsaktion	a a	T D			
13.	Profil des einzelnen Mitarbeiters				je Bewerbungsaktion	a a	T D			
14.	Mitarbeiterbeurteilungsergebnisse	je Abteilung	i	D	je Bereich je Abteilung	i	D			
15.	Ausbildungsmaßnahmen				je Bereich je Abteilung	a	D			

Bild 121 (3): Informationspyramide (in Anlehnung an Bild 119)

- welche Informationen (nach Soll, Ist, Abweichungen, Bezugsperiode, Bereitstellungsperiode, Berichte, Auskünfte, Abweichungsdiagnose) gewonnen werden müssen

- welche Methoden (Programme) für die Informationsgewinnung benötigt werden und

- wer welche Informationen nach der Informationspyramide erhält,

wird - als wichtigster Schritt der ersten Phase - das neue MIS, zunächst noch als Grobkonzept, entworfen (vergleiche Beispiel in Bild 122).

Die beiden abschließenden Arbeiten der 1. Phase sind einmal die Abstimmung mit benachbarten MIS-Teilsystemen und zum zweiten die Planung für die Einrichtung des MIS. Da Daten und Informationen zwischen den verschiedenen Unternehmensbereichen ausgetauscht werden (z.B. werden die Informationen über Auftragseingang und Auftragsbestand für nahezu allen übrigen Unternehmensbereiche benötigt), ist es unumgänglich zu prüfen und festzulegen, welche Daten und Informationen von anderen Teilsystemen übernommen werden und welche Daten und Informationen an andere Teilbereiche (und damit an andere MIS-Teilsysteme) weitergehen.

Die Planung eines MIS nach Personal, zusätzlicher Hardware, Software und Kosten kann einmal sehr grob innerhalb einer Vorstudie, zum anderen nach Abschluß der 1. Phase vorgenommen werden. Zugunsten der zweiten Möglichkeit spricht, daß man kaum, wie bei herkömmlichen EDV-Anwendungen, mit einer kurzen Voruntersuchung die benötigten Planungsdaten ermitteln kann. Aus diesem Grunde sollte die 1. Phase mehr im Sinne eines Entwicklungsauftrages verstanden und die eigentliche Kalkulation dann am Schluß dieser Phase (wie hier beschrieben) durchgeführt werden. Die Hilfsmittel für die Planung sind dieselben, wie sie sich bei herkömmlichen EDV-Systemen bewährt haben (vergleiche hierzu die nachfolgenden Darstellungen in den Bildern 123 und 124).

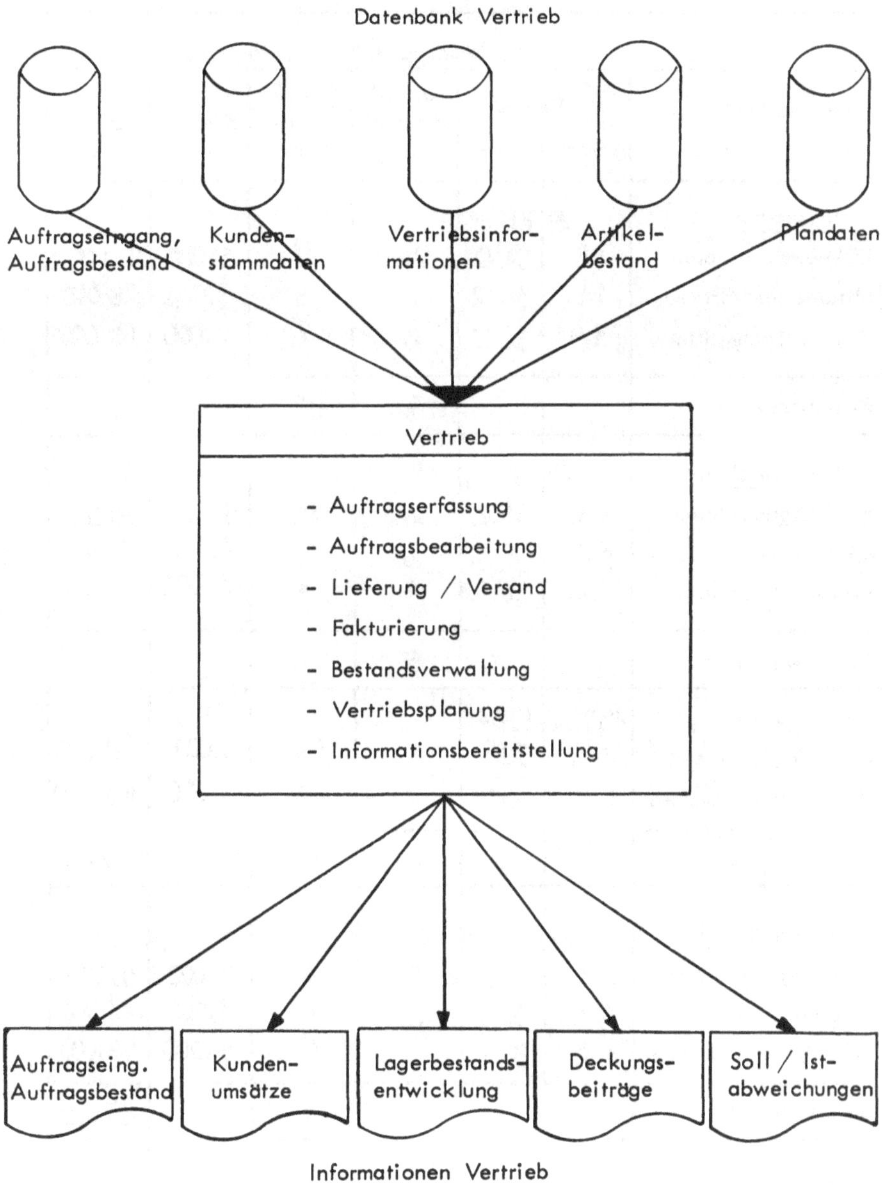

Bild 122: MIS – Systementwurf (Beispiel: MIS Vertrieb)

Personalplanung 1979 - 1982						
Projektphase/ Personaleinsatz	Termin Anfang	Ende	Anzahl Mitarbeiter	Summe Mannmonate	Kostensatz	Summe Kosten
Systemanalyse	19	79				
EDV-Organisatoren	1.9.	31.12.	4	16	5.000	80.000
Mitarbeiter Vertrieb	1.9.	31.12.	2	8	3.500	28.000
Externe Fachkräfte	1.9.	31.12.	2	8	8.000	64.000
Zwischensumme			8	32		172.000
Systementwicklung	19	79				
EDV-Organisatoren	1.1.	30.6.	2	12	5.000	60.000
Mitarbeiter Vertrieb	1.1.	30.6.	2	12	3.500	42.000
Externe Fachkräfte	1.1.	30.6.	1	6	8.000	72.000
Zwischensumme			5	30		174.000
Systemrealisierung	1979/	1981				
Org.-Programmierer	1.9.	30.7.	6	66	4.000	264.000
Externe Programmierer	1.10.	30.6.	2	18	6.000	108.000
Zwischensumme			8	84		372.000
Systemeinführung	19	82				
EDV-Organisatoren	1.1.	30.3.	2	6	5.000	30.000
Mitarbeiter Vertrieb	1.1.	30.3.	2	6	3.500	21.000
Externe Programmierer	1.1.	30.3.	2	6	8.000	48.000
Zwischensumme			6	18		99.000
Gesamt			16	164		817.000
Erläuterungen	Summe Mitarbeiter = Anzahl der insges. eingesetzten internen und externen Mitarbeiter (ohne Doppelzählung)					

Bild 123: MIS - Personalplanung

Hardware- und Softwareplanung 1979 - 81					
Hardware/ Software	Termin Anfang	Termin Ende	Einzelkosten	Summe Kosten	Bemerkungen
<u>Hardware</u>					
Installation zus. 128 KB		1.10.80		10.200	mtl. Miete
Installation zus. 6 Bildschirme		1.10.80	400,-	2.400	mtl. Miete
Installation zus. 6 Bildschirme		1.3.81	400,-	2.400	mtl. Miete
Installation zus. 4 MP-Einheiten		1.10.80	5.900,-	23.600	mtl. Miete
Summe Hardware				38.600	mtl. Miete
<u>Software</u>					
Implementierung DB-System		1.10.80		240.000	Kaufpreis
Anpassung DB-System	1.10.80	30.3.81		80.000	Anp.kosten
Implementierung DFÜ-Software		1.1.81		56.000	Kaufpreis
Implementierung Vertriebssystem		1.1.80		40.000	Kaufpreis
Anpassung Vertriebssystem	1.1.80	30.6.80		45.000	Anp.kosten
Summe Software				461.000	
<u>Erläuterungen</u>					

Bild 124: MIS - Hardware / Softwareplanung

2. Phase: Systemrealisierung und Systemeinführung

Diese Phase hat zwar nicht die konzeptionelle und organisatorische Bedeutung wie die Phase 1, muß aber dennoch sehr sorgfältig angegangen werden, weil sie von allen Phasen am personal-, zeit- und kostenaufwendigsten ist. Sie besteht darin,

- die Eingaben in die Datenbank, die Datenbankorganisation und die Auswertungen festzulegen (Daten- und Informationsbeschreibung)

- die Programme für die Methodenbank zu entwickeln und zu testen (Programmierung) und

- das MIS in Rechenzentrum und Fachabteilungen zu installieren.

Wie aus der genannten Untersuchung "MIS: Schlagwort oder Realität?" (a.O., Seite 492 bis 493) hervorgeht, haben 95 % aller befragten Unternehmen berichtet, daß sie Datenbanken als Bestandteil ihrer MIS-Konzepte ansehen. Die meisten der befragten Unternehmen gehen von der Strategie aus, "zunächst die Daten der operativen Ebene zu organisieren und diese dann als Grundlage für eine hierarchische Verdichtung entsprechend der Organisationspyramide (d.h. Informationspyramide, der Verfasser) heranzuziehen."

Während wir unter der Datenbank vornehmlich eine Sammlung verschiedener Datenbestände verstehen, die verschiedenen Anwendungen und Informationssystemen gleichzeitig zugänglich sind, bezeichnet man als Methodenbank eine Sammlung von Programmbausteinen, die die betriebswirtschaftlichen, organisatorischen und technisch-wirtschaftlichen Aufgaben per Programmpaket lösen.

Geht man davon aus, daß für die Entwicklung eines MIS sowohl entsprechende Daten als auch Methoden zur Informationsgewinnung notwendig sind, "so fällt (zitiert nach der obengenannten Untersuchung" MIS: Schlagwort oder Realität?") der gegenwärtig zu verzeichnende Rückstand im Methodenbereich besonders ins Gewicht. Nur bei 44 der befragten Unternehmen, rund 40 % der 107 Firmen mit MIS-Aktivitäten, wurde der Einsatz statistischer Prognosemethoden im Rahmen des MIS genannt. Der hierbei am stärksten vertretene Bereich war Marketing/Vertrieb/Verkauf. Die dort am häufigsten genannten Prognoseverfahren waren Trendextrapolation, exponentielle Glättung und Regressionsanalyse. Methoden der Unternehmensforschung (Operations Research), wie lineare Programmierung oder Simulation, sind noch viel seltener anzutreffen. Sie wurden in nur 30 Fällen genannt, wobei der Fertigungsbereich mit 12 Nennungen am häufigsten vertreten war. Die geringe Verbreitung quantitativer Verfahren in Management-Informationssystemen dürfte vor allem auf Widerstände der Anwender zurückzuführen sein. Die meisten Manager sind nur unzureichend über die Möglichkeiten dieser Verfahren informiert. Daraus resultiert ein geringes Vertrauen zu Modellergebnissen, eine Überschätzung des Zeitaufwands für die Absicherung von Entscheidungen durch Modelle und die Vorstellung von untragbaren Kosten für die Modellentwicklung und für die Beschaffung modellgerechter Daten."

Die beiden folgenden Bilder 125 und 126 zeigen einmal das Beispiel eines MIS-Lösungsmodells und zum anderen das Beispiel einer Personaldatenbank, in Form eines Datenbankdiagramms.

Rechtzeitig und parallel mit den Aufgaben der Einrichtung der Daten- und Methodenbank muß die Übernahme und Überleitung des MIS geplant und vorbereitet werden. Ziel aller dieser Maßnahmen ist es, das MIS möglichst reibungslos umzustellen und einzuführen. Hierbei ist anzustreben, dieses Ziel innerhalb einer kurzen Übergangszeit bei geringem Personaleinsatz und möglichst niedrigen Einführungskosten zu erreichen. Es müssen ferner alle Maßnahmen ergriffen werden, um den Arbeitsablauf während der Übernahme nicht zu stören und zu beeinträchtigen.

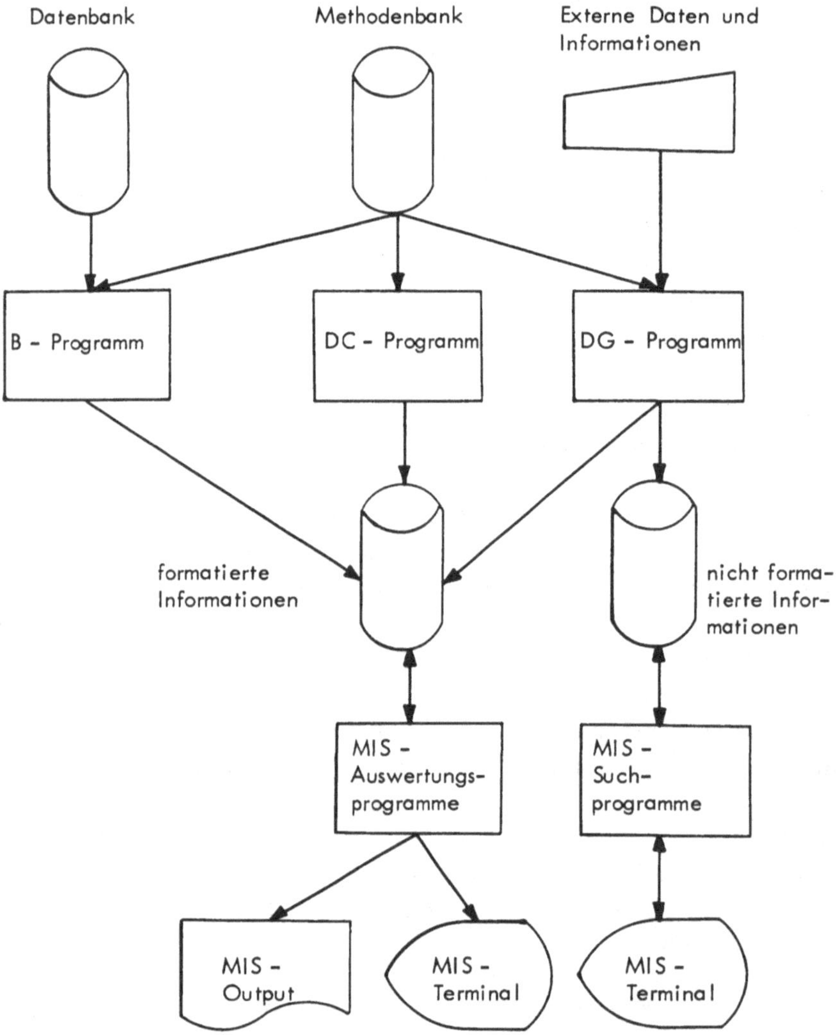

B - Programm = Bridge-Programm: Umrechnung von Daten zu Informationen

DC - Programm = Data Conversion-Programm: Umstrukturierung von Daten zu Informationen

DG - Programm = Data Generation-Programm: Aufbereitung externer Daten zu Informationen

Bild 125: Beispiel einer MIS - Lösung

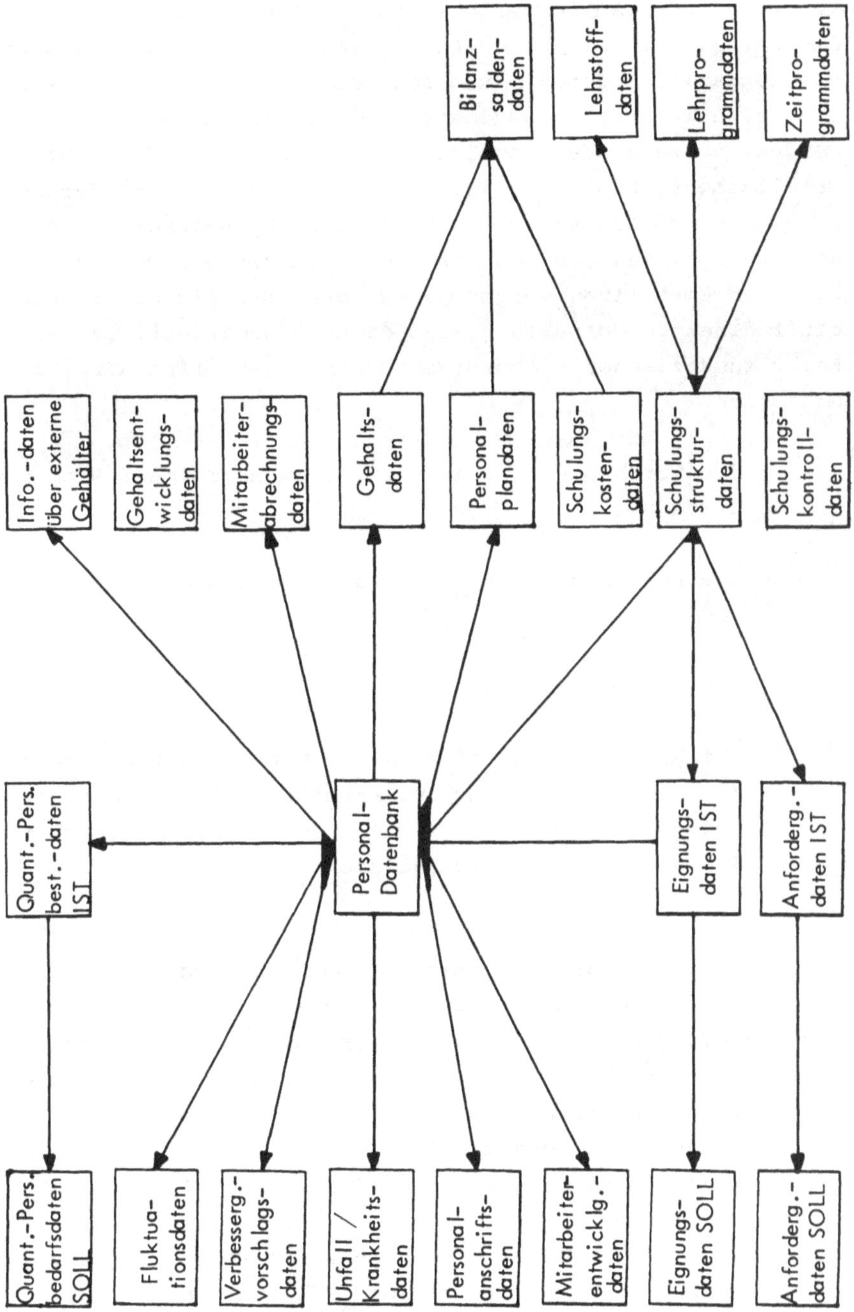

Bild 126: Beispiel einer Personaldatenbank
(in Anlehnung an Wahl, Manfred P., Grundlagen eines Management-Informationssystems, Luchterhand-Verlag, S. 99)

Von Bedeutung ist ferner die Frage, ob man bei der Übernahme die Methode der Direktumstellung vorzieht oder aber das Umstellungsrisiko durch einen zeitweisen Parallellauf des alten und neuen Informationssystems mindert. Es muß jedoch geprüft werden, ob wegen der Komplexität und Änderung überhaupt ein Parallelbetrieb möglich ist. Obwohl gerade bei Einführung eines Informationssystems ein hoher Sicherheitsgrad erforderlich ist, muß aus den genannten Gründen die Methode der direkten Umstellung vorgezogen werden. Das Sicherheitsrisiko einer direkten Umstellung wird dadurch gemindert, daß eine Reihe zusätzlicher Sicherungsmaßnahmen getroffen wird, im einzelnen

- die Durchführung weiterer und umfangreicher Programmtests

- die Durchführung von Praxis-Simulationsläufen

- der Einbau zusätzlicher Vorsichts- und Sicherheitsmaßnahmen und

- die Ausarbeitung von Notmaßnahmen (Katastrophenpläne), die eine Fortführung der Arbeiten unter Einsatz anderer Organisationsmittel im Falle der Nichtdurchführbarkeit des neuen Systems ermöglichen.

Um die Übernahme des MIS reibungslos abzuwickeln, ist es ferner notwendig, allen Mitarbeitern, die mit der Übernahme betraut sind, genaue Informationen und Anweisungen zu erteilen und sie entsprechend einzuweisen. Zu diesem Zwecke sollten schriftliche Arbeitsanweisungen mit Musterbeispielen ausgearbeitet werden. Außerdem muß gewährleistet sein, daß sich die Übernahme nach den Weisungen des mit der Einführung beauftragten Projektleiters vollzieht. Ziel aller dieser Maßnahmen ist es, vom Übernahmebeginn an so wenig wie möglich zu improvisieren und statt dessen frühzeitig nach festen organisatorischen Regeln zu arbeiten.

Sofort nach Abschluß der Systemeinführung muß die Ausarbeitung der Dokumentation erfolgen, die der Sicherstellung aller Unterlagen und Programme dient. Sie soll gewährleisten, daß Organisationspläne und Programmierungsunterlagen jederzeit verfügbar sind, wodurch auch der Änderungsdienst vereinfacht und beschleunigt wird. Zur Dokumentation gehört auch die Überprüfung der in der Voruntersuchung erstellten Planung. Diese Maßnahme dient dazu festzustellen, ob die damals aufgestellten Zielsetzungen und Vorgaben erreicht oder unterschritten wurden. Die Kenntnisse aus den Ist-Vergleichen zwischen Vorgabe und Realisierung sind für künftige Einrichtungen von Management-Informationssystemen von großer Bedeutung.

3. Phase: Betrieb und Änderungen

Die dritte Phase weist auf eine Änderung gegenüber der Umstellung herkömmlicher EDV-Anwendungen hin. Während die Arbeiten bei normalen EDV-Anwendungssystemen im allgemeinen mit der Installation der Programme enden, muß bei computergestützten Management-Informationssystemen eine ständige Bereitschaft für die Überwachung des Betriebs und der Effizienz sowie für die Anpassung des Systems gehalten werden. Dieser Bereitschaftsdienst ist vor allen Dingen für eine ständige Anpassung an einen geänderten oder modifizierten Informationsbedarf erforderlich, weil sich die Informationen in ihrer Variation und Kombination kaum im Planungsstadium für eine langfristige Verwendung bestimmen lassen, zumal zwischen Planungsstadium und Installation ohnehin meist 2 bis 3 Jahre liegen. Im allgemeinen dürfte es genügen, wenn in der EDV-Abteilung ein bis zwei EDV-Organisatoren (Systemanalytiker) und im betreffenden Fachbereich ein bis zwei EDV-Kontaktleute den Systemablauf überwachen und Änderungen veranlassen, die dann von der Gruppe "Programmwartung" durchgeführt werden.

Zusammenfassung

- Die Arbeiten im Zusammenhang mit der Einrichtung von Management-Informationssystemen lassen sich am besten in eine Vorstufe (Planung/Vorbereitung), zwei Durchführungsstufen (Systemanalyse/Systementwicklung und Systemrealisierung/Systemeinführung) und eine Nachstufe (Betrieb/Änderungen) unterteilen.

- Zur Vorstufe der Planung und Vorbereitung gehören die Ernennung einer Projektgruppe je Teil-MIS und die Festlegung von Projektmanagement-Techniken, die Formulierung der Zielsetzungen sowie der Entwurf und die Darstellung eines MIS-Gesamtmodells.

- Die Phase Systemanalyse und Systementwicklung umfaßt die Untersuchung der gegenwärtigen Informationsversorgung, die Ermittlung des künftigen Informationsbedarfs je Empfängerebene, den MIS-Grobentwurf, die Abstimmung mit benachbarten MIS-Teilsystemen und die Planung des Personals, der Hardware und Software sowie der Kosten.

- In der zweiten Durchführungsphase (Systemrealisierung und Systemeinführung) erfolgt die genaue, bis ins Detail gehende Daten- und Informationsbeschreibung (Datenbank, Informationsbank), die Programmierung (Methodenbank) und die Einführung des Systems in Fachabteilungen und Rechenzentrum.

- Schließlich müssen für die nachgelagerte Phase des Betriebs die entsprechenden Unterlagen für die Handhabung und Sicherung bereitgestellt und das Personal eingewiesen werden, damit das System möglichst reibungslos und sicher läuft. Auch die Einrichtung eines Bereitschaftsdienstes für die Überwachung, Wartung und Anpassung des Systems gehört in diese Schlußphase.

Anhang

Begriffserklärungen

A

Abschlußtest oder Praxistest;	Endtest, bei dem mit Hilfe einer größeren Anzahl von Testbeispielen die richtige Arbeitsweise eines ganzen Programmkomplexes überprüft wird
Adresse	fortlaufende Numerierung der Speicherplätze bei internem Arbeitsspeicher und den externen Speichern (mit Ausnahme des Magnetbandes)
Änderungsauftrag	Formular für die Beantragung, Durchführung und Freigabe von Programmänderungen
Änderungsdienst	Bezeichnung des gesamten Ablaufs bei Programmänderungen vom Änderungsantrag bis zur Änderungsfreigabe
ALGOL	problemorientierte Programmiersprache für mathematische Zwecke
Anwendungsprogrammierer	im Gegensatz zum Systemprogrammierer Fachkraft, die die individuellen Benutzerprogramme ausarbeitet
Anwendungssoftware	Begriff für die Summe aller Programme für die Aufgabendurchführung einer EDV-Anlage

Arbeitsanweisung	siehe Programminstruktion
Arbeitsprogramme	Teil der Systemsoftware, unterteilt in Dienst- und Übersetzungsprogramme
Arbeitsspeicher oder Hauptspeicher;	Teil der Zentraleinheit zur Aufnahme der gerade ablaufenden Programme und der jeweils zu bearbeitenden Daten
Arbeitsvorbereitung	Gruppe des Rechenzentrums, die die Planung und Vorbereitung der Arbeitsabläufe auf der EDV-Anlage durchführt
Assembler	maschinenorientierte symbolische Programmiersprache, gleichzeitig Bezeichnung für das Übersetzungsprogramm
Ausgabegeräte	Geräte einer EDV-Anlage, die ausschließlich zur Ausgabe von Verarbeitungsergebnissen dienen
Auskunftssystem	siehe Dialogverkehr
automatische Datenverarbeitung (ADV)	anderer Ausdruck für elektronische Datenverarbeitung

B

BASIC	spezielle problemorientierte Programmiersprache, vor allem für Datenfernübertragung und Dialogverkehr bei MDT-Systemen entwickelt
Bedienungskonsole	Tastatur, Schreibmaschine oder Bildschirmgerät für die Ein- und Ausgabe

	von Einzeldaten bei der Bedienung einer EDV-Anlage
Befehl	siehe Operation
Befehlsschlüssel	siehe Operationscode
Beleglesung	Vorgang, bei dem Daten vom Magnetschrift-, Klarschrift- oder Markierungsbeleg ohne Umwandlung in einen Datenträger direkt maschinell gelesen werden
Berichts- und Kontrollsystem	Management-Informationssystem, das vornehmlich zur Bereitstellung von Informationen für die operative Kontrolle dient
Bestandsdaten	auf Datenträgern und externen Speichern fortgeschriebene Datenbestände, z.B. Lagerbestände
Betriebssystem (engl. Operating System)	Steuerprogramm als Teil der Systemsoftware
Bewegungsdaten	im Gegensatz zu den Stamm- und Bestandsdaten handelt es sich bei den Bewegungsdaten um neue Geschäftsvorfälle
Bildschirmgerät oder Bildschirmarbeitsplatz	Dialoggerät bei EDV-Anlagen für die Eingabe und Ausgabe
Bildschirmmaske	optische Gestaltung der Bildschirmanzeige
Binärsystem oder Dualsystem;	Zahlensystem, auf der Basis 2 aufbauend

Binärzahl	Grundzahl des Binärsystems, nur aus den beiden Zahlen 0 und 1 bestehend
Bit (engl. Binary Digit)	kleinste Stelle bei der Datenspeicherung zur Aufnahme einer Binärzahl
Byte	englisches Wort für die Speicherung und Darstellung binärer Zahlen; ein Byte umfaßt 8 Datenbits und 1 Prüfbit und kann einen Buchstaben oder ein Sonderzeichen oder zwei Dezimalziffern aufnehmen

C

Cobol	problemorientierte Programmiersprache für kommerzielle Anwendungen
Codierblatt oder Codierschemata	Hilfsmittel zur Verschlüsselung von Programminstruktionen
Codierung	Verschlüsselung eines Programms
Closed-Shop-Betrieb	abgeschlossener Maschinenraum, zu dem nur bestimmte Personen mit Genehmigung Zutritt haben
COM-Gerät	Einrichtung für die Übertragung von Daten aus der EDV-Anlage, meist mit Hilfe eines Magnetbandes, in Mikrofilmaufzeichnungen
Compiler	Übersetzungsprogramm zur Übersetzung oder Umwandlung symbolischer Programme in die Maschinensprache
Computer	englischer Ausdruck für EDV-Anlage

Computer-Verbundnetz	siehe Rechner-Verbundnetz

D

Datei	Bezeichnung eines zusammenhängenden Datenbestandes; Beispiel: Personaldatei, Kundendatei, Artikeldatei
Dateiorganisation	Organisation der Speicherung und Wiedergewinnung von Daten in externen Speichern
Daten	in Form von Buchstaben, Sonderzeichen und Ziffern dargestellte Geschäftsvorfälle jeglicher Art
Datenbank	Ausdruck für die Sammlung und Speicherung einer meist größeren Datenmenge nach bestimmten Strukturmerkmalen
Datenbanksystem	Datenbank mit Zugriffs- und Verwaltungssystem in Form eines Softwarepaketes
Datenbanktechnik	Technik der Speicherung und Wiedergewinnung von in Datenbanken gespeicherten Daten
Datenendeinrichtung	Ausdruck für Eingabe- und Ausgabegeräte, Codier- und Decodiergeräte sowie Datensicherungsgeräte bei der Datenfernübertragung
Datenerfassung	Aufnahme der von äußeren oder inneren Stellen eingehenden Daten und ihre Übertragung auf maschinell lesbare Datenträger oder direkt lesbare Belege

Datenerfassungsbeleg	spezieller Beleg, von dem Daten auf Datenträger übertragen werden
Datenerfassungsgeräte	Geräte für die Übertragung der Daten von Datenerfassungsbelegen auf Datenträger
Datenfernübertragung (DFÜ)	System zur Übertragung von Daten zwischen EDV-Anlagen oder zwischen einer EDV-Anlage und Ein-/Ausgabegeräten mit Hilfe von Fernschreib-, Fernsprech- oder Sonderleitungen
Datenfernverarbeitung (DFV)	Datenfernübertragung mit anschließender Verarbeitung der übertragenen Daten und Rückübertragung der Verarbeitungsergebnisse
Datenfluß	Anordnung der Arbeitsschritte und des Belegflusses in der Reihenfolge ihres Ablaufs
Datenflußplan	graphische Darstellung des Datenflusses von der Datenerfassung bis zur Auswertung der Verarbeitungsergebnisse
Datenkanal	Verbindung zwischen Zentraleinheit und den Steuereinheiten der peripheren Geräte zur Übertragung der Daten zwischen Zentraleinheit und den peripheren Geräten
Datenmengengerüst	Datenanfall je Zeiteinheit und Arbeitsgebiet
Datensammelsystem	Datenerfassungsgeräte, die zu einem Zentralsystem zusammengeschlossen sind (Gegensatz: Dateneinzelerfassungsplätze)

Datenschutz	Ausdruck für den Schutz von Personen und Organisationen vor Mißbrauch der Datenverarbeitung
Datenschutzbeauftra - ter	Mitarbeiter des Unternehmens, der für den Schutz von Daten, Programmen und Dokumentationsunterlagen verantwortlich ist (entsprechend Vorschrift des BDSG)
Datensicherung	Sicherung der Daten, Programme und Dokumentationsunterlagen gegen Beschädigung, Zerstörung und Verlust
Datenstation (engl. Terminal)	Ein- und Ausgabegerät bei der Datenübertragung
Datenstruktur oder Datenhierarchie;	Anordnung der Daten in Dateien oder Datenbanken innerhalb einer bestimmten Ordnung
Datenträger	Mittel zur Erfassung und Speicherung von Daten der elektronischen Datenverarbeitung
Datenübertragung (DÜ)	Übertragung von Daten zwischen Zentraleinheit und lokal angeordneten Datenstationen
Datenübertragungseinrichtung	Geräte und Einrichtungen für die Datenübertragung
Datenverwaltungssystem	Teil eines Datenbanksystems, der der Speicherung und Sicherung der in der Datenbank aufbewahrten Daten dient
Datenzugriffssystem	Teil eines Datenbanksystems, der zur Verbindung von Anwenderprogrammen und

	gespeicherten Daten in der Datenbank dient
Detailorganisation	Projektstufe der Realisierungsphase, in der die organisatorischen Details festgelegt und die Programmvorgaben ausgearbeitet werden
Dialoggeräte	kombinierte Ein-/Ausgabegeräte zur Kommunikation zwischen Mitarbeiter und EDV-Anlage
Dialogverkehr	Kommunikation zwischen Mensch und EDV-Anlage
Dienstprogramm	Arbeitsprogramm, vom Hersteller der EDV-Anlage zur Verfügung gestellt; Beispiele für Dienstprogramme sind allgemein verwendbare Sortier- und Mischprogramme, Standard-Druckprogramme u.ä.
Direkteingabe	Eingabe von Daten in eine EDV-Anlage ohne Verwendung gesonderter Datenträger
Diskette	kleine Platte zur Aufnahme von Daten bei der Datenerfassung
Dualsystem	siehe Binärsystem
E	
EDV-Analyse	Voruntersuchung vor Beginn einer EDV-Umstellung
EDV-Anlage (EDVA)	elektronische programmgesteuerte Maschine, aus der Zentraleinheit und den peripheren Geräten bestehend

EDV-Antrag	Antrag für die Durchführung einer EDV-Analyse
EDV-Auftrag	Auftrag von einer Fachabteilung oder der Geschäftsführung an die EDV-Abteilung, ein bestimmtes Arbeitsgebiet auf der Grundlage der Ergebnisse aus der EDV-Analyse auf die EDV umzustellen
EDV-Ausschuß	EDV-Koordinierungsstelle im Unternehmen, als Ausschuß organisiert
EDV-Betrieb	anderer Ausdruck für Rechenzentrum
EDV-Budget	kurzfristige Planung von Personal, Maschinenausstattung und Kosten
EDV-Kontaktleute	Mitarbeiter in den Fachabteilungen, die aktiv an EDV-Prozessen teilnehmen
EDV-Gesamtkonzept	Grobkonzept über alle Arbeitsgebiete, die auf die EDV umgestellt werden sollen
EDV-Langzeitplanung	Vorausschau über EDV-Aufgaben, EDV-Personal, EDV-Maschinenausstattung und EDV Kosten für 5 bis 6 Jahre
EDV-Organisation	hier: Steuerung und Kontrolle der EDV-Aktivitäten durch die Geschäftsführung
EDV-Revision	Überprüfung der EDV-Abteilung, unterteilt in Programm- und Systemrevision
EDV-Stufen	Gliederung des qualitativen EDV-Einsatzes nach einfachen Abrechnungsaufgaben, dispositiven Aufgaben, Pla-

	nungs- und Informationssystemen und Gestaltungssystemen
EDV-Systemtechnik	Gruppe oder Abteilung der EDV, die Systemprogrammierung, das Datenbank-Management und die DFÜ-Spezialisten umfassend
Eingabegeräte	Einrichtungen für die Eingabe von Daten und Programmen in eine EDV-Anlage
Einführungsphase	siehe Systemeinführung
elektronische Datenverarbeitung (EDV)	Verarbeitung von Daten kommerzieller, technischer und wissenschaftlicher Art auf einer EDV-Anlage
Entscheidungssystem	höchste Stufe eines Managements-Informationssystems, bei dem durch die EDV Entscheidungsmodelle für das Management zur Verfügung gestellt werden
externe Speicher	im Gegensatz zum internen Arbeitsspeicher der Zentraleinheit zusätzliche Speicher, wie Magnetband, Magnetplatte oder Magnettrommel

F

FORTRAN	problemorientierte Programmiersprache für mathematisch-technische Zwecke

G

Generator	Übersetzungsprogramm für deskriptive Programmiersprachen wie RPG oder LPG

H

Halbleiterspeicher	interner Arbeitsspeicher auf der Basis der Halbleitertechnik
Hardcopy-Gerät	Ausgabegerät, an eine Datenstation angeschlossen
Hardware	englischer Ausdruck für alle technischen Einrichtungen zur Erfassung, Übertragung und Verarbeitung von Daten
Hardware-Diagramm	graphische Darstellung der Ausrüstung einer EDV-Anlage
Hardware-Steuerung	fest eingebaute Steuerungseinrichtungen in der Zentraleinheit einer EDV-Anlage
Hauptprogramm	im Gegensatz zum Vor- und Schlußprogramm umfaßt das Hauptprogramm alle sich wiederholenden Eingabe-, Verarbeitungs- und Ausgabeoperationen
Hauptspeicher	siehe Arbeitsspeicher
Hollerith	Erfinder der herkömmlichen Lochkartenmaschinen

I

Informationen	Nachrichten zur besseren Aufgabenerfüllung des Empfängers
Informationsbank	Datenbank zur Zwischenspeicherung von Informationen

Informationskatalog	Zusammenstellung der organisatorischen Einzelheiten zur Informationsbereitstellung
Informationspyramide	modellhafte Darstellung der Informationsversorgung nach Empfängerebenen
Informationssystem	Bereitstellung von Informationen innerhalb einer bestimmten Ordnung
Interpreter	Übersetzungeprogramm für BASIC-Programmiersprachen

J

Job	englische Bezeichnung für die Zusammenfassung mehrerer Programme zu einem Programmkomplex, der gemeinsam auf der EDV-Anlage abgewickelt wird
Job-Accounting	Programm zur Kontrolle der Maschinenauslastung und Verrechnung von Maschinenleistungen auf die einzelnen Kostenstellen
Job-Steuerung	Teil des Betriebssystems zur Steuerung von Programmkomplexen

K

Kettendrucker	Schnelldrucker einer EDV-Anlage, der als Typenträger eine umlaufende Druckkette benutzt
Klarschriftbeleg	Beleg für die optische Beleglesung
Klarschriftverfahren oder optische Beleglesung	Verfahren zum Lesen von Klarschrift mit Hilfe eines Klarschrift-Lesegeräts

Kompatibilität	Verträglichkeit von Programmen (Programmkompatibilität) oder Daten (Datenkompatibilität) zwischen verschiedenen EDV-Anlagen
Konsoloperator	Maschinenbediener, der die EDV-Anlage mit Hilfe der Konsoleinrichtungen steuert
Kontrolle/Abstimmung	Gruppe des Rechenzentrums für die Ein- und Ausgabekontrolle
Konzeptionsphase	Ausdruck für die Problemanalyse und Systementwicklung bei der Umstellung von Arbeitsgebieten auf die EDV

L

Laserdrucker	Schnelldrucker einer EDV-Anlage auf der Basis von Laserstrahlen
Lochkarte	Spezialkarton für die Aufnahme und maschinelle Verarbeitung von Daten in Lochschrift
Lochkartenlesegerät	Eingabegerät einer EDV-Anlage zum Abfühlen von Lochkarten
Lochstreifen	genormter Papierstreifen für die verschlüsselte Aufnahme und maschinelle Verarbeitung von Daten in Lochschrift
Lochstreifenlesegerät	Gerät für die Lochstreifeneingabe bei EDV-Anlagen
LPG engl.List Programm Generator	anderer Ausdruck für RPG

M

Magnetband	Kunststoffband für die verschlüsselte Aufnahme und maschinelle Verarbeitung von Daten in Form von Magnetpunkten
Magnetbandgerät	Gerät für die Speicherung und Wiedergewinnung von Daten auf Magnetband
Magnetbandkassette	Mini-Magnetband anstelle einer Spule auf einer Kassette untergebracht
Magnetdrahtspeicher	Arbeitsspeicher, bei einigen EDV-Anlagen verwendet
magnetische Beleglesung	siehe Klarschriftverfahren
Magnetkern	kleiner Eisenring als Bestandteil eines Magnetkernspeichers für die Aufnahme eines Bits
Magnetkernspeicher	der am meisten verbreitete Typ des internen Arbeitsspeichers, aus kleinen Magnetkernen aufgebaut
Magnetplatte	hochpolierte Metallscheibe, auf deren beiden Flächen Daten in konzentrischen Spuren gespeichert werden
Magnetplattenspeicher	externer Speicher, bei dem die Daten auf den magnetisierbaren Oberflächen von Magnetplatten in Form von Magnetpunkten gespeichert werden
Magnetschriftverfahren	Verfahren der direkten Beleglesung, das Magnetschrift verwendet

Magnetschriftbeleg	Beleg, auf dem spezielle Schriftzeichen mit magnetischer Farbe geschrieben sind, für Menschen und Maschinen lesbar
Magnetstreifenspeicher	heute kaum noch verwendeter externer Speicher
Magnetträger	allgemeiner Ausdruck für Datenträger in Form von Magnetband, Magnetbandkassette und Diskette
Magnettrommelspeicher	externer Großraumspeicher, von einigen Großanlagen verwendet, bei dem die Daten auf der magnetisierbaren Oberfläche eines Metallzylinders gespeichert werden
Markierungsbeleg	Beleg für die Eingabe von Strichmarkierungen ohne Verwendung eines besonderen Datenträgers
Markierungsverfahren	Verfahren, bei dem die Belege selbst mit handschriftlichen Markierungen versehen für die Eingabe verwendet werden
Maschinenprogramm	siehe Objektprogramm
Maschinenraum	Teil des Rechenzentrums, in dem die EDV-Anlage einschließlich der Zusatzgeräte untergebracht sind
Maschinensprache	Programmsprache, der Struktur einer EDV-Anlage angepaßt
MDT-System	System der mittleren Datentechnik
Methodenbank	ähnlich der Datenbank, aber zur Aufbe-

	wahrung von Programmen für die Informationsverarbeitung
Mikrocomputer	Kleinstcomputer, mit neuartigen elektronischen Elementen ausgestattet
Mikrosekunde	der millionste Teil einer Sekunde
Millisekunde	der tausendste Teil einer Sekunde
Minicomputer	kleines EDV-System, vergleichbar einem MDT-System, vornehmlich für technische Anwendungen eingesetzt
mittlere Datentechnik	Ausdruck für den Einsatz eines MDT-Systems
Mixed Hardware	Ausstattung einer EDV-Anlage mit Geräten verschiedener Hersteller
Modem	zusammengesetzter Ausdruck aus Modulator und Demodulator; Modems werden für die Modulation bzw. Demodulation von Frequenzen bei der Datenfernübertragung benötigt
Monitor	hier: Einsatz von technischen oder programmtechnischen Einrichtungen zur Messung der Leistung bei EDV-Anlagen
Multiplexkanal	Datenkanal zur vergleichsweise langsamen Übertragung von Daten zwischen Zentraleinheit und peripheren Geräten
N	
Nanosekunde	der milliardste Teil einer Sekunde
numerische Daten	anderer Ausdruck für Ziffern bei der Datenverarbeitung

O

Objektprogramm	aus dem Quellenprogramm mit Hilfe eines Übersetzungsprogramms gewonnenes Maschinenprogramm
Off-Line	Datenübertragung, bei der Datenträger zwischengeschaltet sind
On-Line	direkte Übertragung von Daten zwischen einer EDV-Anlage und externen Geräten
Operand oder Operandenteil;	Teil einer Maschineninstruktion zur Aufnahme der Operandenadressen
Operation	Teil einer Instruktion mit Ausweis des Befehls, den die EDV-Anlage durchführen soll
Operationscode	Bestimmung der Operation (Befehlsschlüssel)
optische Beleglesung	siehe Klarschriftverfahren
Organisationsprogrammierer	Anwendungsprogrammierer, der nicht nur programmiert, sondern auch Aufgaben der Detailorganisation durchführt

P

periphere Geräte	Zusammenfassung aller Ein- und Ausgabegeräte, externer Speicher und Dialoggeräte einer EDV-Anlage
PL 1	Bezeichnung für eine neue problemorientierte Programmiersprache, die sowohl für kaufmännische als auch für technisch-wissenschaftliche Zwecke geeignet ist

Planungssystem	Management-Informationssystem, das Informationen für Planungsprozesse bereitstellen soll
Plattenzylinder	Ausdruck aus der Speichertechnik beim Magnetplattenspeicher; unter einem Plattenzylinder versteht man die übereinander liegenden Spuren aller Platten eines Magnetplattenstapels
Plotter	Zeichengerät als Ausgabegerät bei einer EDV-Anlage
Problemanalyse	erste Stufe der Konzeptionsphase zur Aufnahme und Analyse des organisatorischen Istzustands
Programmablauf	Folge der Einzelschritte eines Programms
Programmablaufplan	graphische Darstellung eines Programmablaufs
Programmbeschreibung	verbale Beschreibung eines Programmablaufs
Programmbibliothek	meist auf Magnetplatten gespeicherte Programme eines Unternehmens
Programmdokumentation	Niederschrift und Zusammenstellung aller Programmunterlagen für Prüfzwecke und Programmänderungen
Programmiersprache	im Gegensatz zur echten Maschinensprache eine symbolische Sprache, die vom Programmierer gehandhabt wird und noch in die Maschinensprache übersetzt werden muß

Programminstruktion	Arbeitsschritt eines Programms, bestehend aus der Operation (Befehl) und den Operandenadressen (Bezeichnung der Speicherplätze der zu bearbeitenden Daten)
Programmkarten	Lochkarten für die Aufnahme des Quellenprogramms
Programmrevision	Überprüfung von Programmen auf einwandfreie Funktion
Programmsteuerung	hier: Steuerung einer EDV-Anlage mit Hilfe eines eingegebenen Programms
Programmtest	Prüfung eines ausgearbeiteten Programms anhand von Testbeispielen mit Hilfe der EDV-Anlage
Programmverschlüsselung oder Codierung	Übertragung der einzelnen Schritte des Programmablaufplans in Instruktionen unter Benutzung der vorgeschriebenen Programmiersprache
Programmvorgabe	Aufbereitung einer Aufgabe mit allen organisatorischen Details für die Durchführung der Programmierung
Projektabwicklung	Umstellung eines Arbeitsgebietes auf die EDV
Projektsteuerung	Planung, Überwachung und Kontrolle von EDV-Projekten
Pufferspeicher oder Puffer	Zwischenspeicher zur vorübergehenden Speicherung von Daten bei den langsam arbeitenden Ein- und Ausgabegeräten, um eine bessere Auslastung der Zentraleinheit sicherzustellen

Q

Quellenprogramm	Programm in einer symbolischen Programmiersprache, das in das Maschinenprogramm (Objektprogramm) übersetzt werden muß

R

Realisierungsphase	Ausdruck für die Durchführung der Detailorganisation und Programmierung bei der Umstellung von EDV-Projekten
Recheneinheit oder Rechenwerk	Teil der Zentraleinheit zur Durchführung der Rechen- und logischen Maschinenoperationen
Rechenzentrum	Zusammenfassung der Stellen und Räume für die Abwicklung der maschinellen Datenverarbeitung, üblicherweise unterteilt in Arbeitsvorbereitung, zentrale Datenerfassung, Maschinenraum und Kontrolle/Abstimmung
Rechner-Verbundnetz	Verbindung verschiedener EDV-Anlagen und/oder MDT-Systeme mit gemeinsamer Steuerung durch einen größeren Universalrechner
RPG engl. Report Program Generator	problemorientierte Programmiersprache für einfache Anwendungen

S

Satellitenrechner	kleine Rechenanlage oder MDT-System, an eine große EDV-Anlage gekoppelt
Satzaufbau	Struktur eines Datensatzes mit Unterteilung in Satzfelder

Schnelldrucker	Ausgabegerät einer EDV-Anlage zum Ausdrucken der Verarbeitungsergebnisse
Schreib-/Lesekopf	Einrichtung bei magnetischen Speichern (Magnetbandgerät, Magnetplatteneinheit) zum Speichern und Lesen der Daten
Selektorkanal	Datenkanal für die schnelle Übertragung von Daten zwischen Zentraleinheit und externen Speichern
Software	Summe aller Programme für den Einsatz einer EDV-Anlage
Softwarepaket	anderer Ausdruck für Programmkomplex
Software-Steuerung	anderer Ausdruck für Programmsteuerung
Speicheradresse	numerische oder alphanumerische Bezeichnung der Speicherplätze
Speicherplatz	siehe Speicheradresse
Sprachausgabe	Ausgabe von Daten in akkustischer Form über Telefon
Stabdrucker	Schnelldrucker mit Typenstab
Stammdaten	Daten, die über einen gewissen Zeitraum hinweg nicht geändert zu werden brauchen
Standardsoftware	Summe aller Standardprogramme, die nicht von eigenen Programmierern ausgearbeitet wurden

Step	englischer Ausdruck für ein einzelnes Programm
Steuereinheit	Steuereinrichtung, den peripheren Geräten vorgeschaltet, zur getrennten Steuerung von Ein- und Ausgabevorgängen außerhalb des Steuerwerks der Zentraleinheit
Steuerkarten	für jedes Programm bzw. jeden Job anzulegende Vorlaufkarten, zur Mitteilung von programmindividuellen Steuermerkmalen an das Betriebssystem der EDV-Anlage
Steuerwerk	Teil der Zentraleinheit zur hardwaremäßigen Steuerung von Programmabläufen
symbolische Programmiersprache	Programmiersprache unter Verwendung leicht verständlicher Symbole
Systemeinführung	letzte Stufe der Projektumstellung, die die Übergabe und Einführung des umgestellten Programmkomplexes umfaßt
Systementwicklung	zweite Stufe der Konzeptionsphase, in der der neue EDV-Arbeitsablauf entworfen wird
Systemprogrammierer	Programmierer, der für die Betreuung der Systemsoftware verantwortlich ist
Systemrevision	Bezeichnung der Überprüfung aller EDV-Aktivitäten mit Ausnahme der einzelnen Programme (Programmrevision)

Systemsoftware	im Gegensatz zur Anwendungssoftware anwendungsunabhängige Programme zur Steuerung der EDV-Anlage und für generell durchführbare Aufgaben
Systemtest	im Gegensatz zum einzelnen Programmtest wird beim Systemtest der gesamte Programmkomplex auf Übereinstimmung mit der Wirklichkeit überprüft

T

Teilprogramm	in sich geschlossener Teil eines Programms, der getrennt ausgearbeitet und getestet wird
Testauswertung	Überprüfung der Ergebnisse eines Programmtests
Testbeispiele	simulierte Daten zur Überprüfung eines Programms
Testdaten	siehe Testbeispiele
Testhilfsprogramme	Dienstprogramme, vom Hersteller der EDV-Anlage zur Verfügung gestellt, die dem Programmierer das Testen von Programmen erleichtern sollen

U

Übersetzung	siehe Umwandlung
Übersetzungsprogramm	Programm zur Übersetzung aus der symbolischen Programmiersprache in die Maschinensprache
Übertragungskanal	Fernschreib-, Fernsprech- oder Sonderleitungen bei der Datenfernübertragung

Umwandlung oder Übersetzung;	Arbeitsablauf auf der EDV-Anlage zur Übersetzung eines Quellenprogramms in die Maschinensprache (Objektprogramm)
Umwandlungsliste	bei der Übersetzung vom Quellen- in das Objektprogramm von der EDV-Anlage ausgedrucktes Maschinenprotokoll
Unterprogramm	siehe Teilprogramm
V	
Voruntersuchung oder Vorkalkulation;	vor der Umstellung eines Arbeitsgebietes durchgeführte Untersuchung mit Überprüfung, welche Kosten für die Umstellung entstehen, welcher Zeitaufwand benötigt wird und worin die Einsparungen und Vorteile der EDV-Umstellung liegen
W	
Walzendrucker	Schnelldrucker mit Typenzylinder
Z	
Zeilendrucker	Schnelldrucker bei EDV-Anlagen; bei jedem Anschlag wird eine ganze Zeile auf einmal gedruckt
Zentraleinheit (engl. CPU)	zusammengefaßte Bezeichnung für das Steuerwerk, die Recheneinheit und den internen Arbeitsspeicher einer EDV-Anlage
Zugriffszeit	Zeit für das Auffinden oder Hinbringen eines Datensatzes im Speicher

Sachregister

FSC
www.fsc.org
MIX
Papier | Fördert
gute Waldnutzung
FSC® C083411

Zeitfracht Medien GmbH
Ferdinand-Jühlke-Straße 7
99095 Erfurt, Deutschland
produktsicherheit@kolibri360.de